GWARCHOD Y GAIR

ISBN 0 7074 0230 1

Dymuna'r cyhoeddwyr gydnabod cymorth Adrannau'r Cyngor Llyfrau Cymraeg.

Argraffwyr a Chyhoeddwyr:
GWASG GEE, LÔN SWAN, DINBYCH, CLWYD

GWARCHOD Y GAIR

Cyfrol Goffa

Y Parchedig

GRIFFITH THOMAS ROBERTS

Golygydd: OWEN E. EVANS

GWASG GEE
DINBYCH

Cynnwys

Cyflwyniad

Gan Y Parchedig Martin Evans-Jones, Cadeirydd Talaith Cymru o'r Eglwys Fethodistaidd.

Braint arbennig i mi yw cael cyflwyno'r gyfrol hon er cof am un a gyfrannodd gymaint i fywyd ein henwad ac i fywyd crefyddol Cymru. Y mae rhyw fath o olyniaeth apostolaidd i'm hatgofion i amdano. Yn ystod ei gyfnod fel myfyriwr ym Mangor bu'n lletya efo hen ewythr i mi, sef Edward Percival Jones (mab y Parchedig Edward Jones, Pwllheli gynt), a'i wraig Mari. Cymeriad doniol ac od oedd Percy, ond pan dderbyniwyd G.T.R. i'r Weinidogaeth yn 1930 cyflwynodd Percy iddo lyfr "gyda'r dymuniadau gorau am ei lwyddiant yn y dyfodol". Pan oeddwn innau, yn fy nhro, yn ymgeisydd am y Weinidogaeth yn 1967, at Griffith Thomas Roberts fel Cadeirydd y Dalaith yr euthum am gyngor, ac y mae ei lythyr calonogol gennyf hyd heddiw. Deuai i bregethu yn rheolaidd i Ebeneser, Blaenau Ffestiniog wedi iddo ddod i fyw at ei chwaer i Gongl-y-Meinciau, Botwnnog, a mynych y deuai i'n tŷ ni am fygyn. Ei lysenw yr adeg honno oedd "GTX" — am ei fod yn arfer rhoi help llaw i'w chwaer ar y pwmp petrol yng Nghongl-y-Meinciau! Ac os oedd "GTX" yn fath go arbennig o olew ceir, yn sicr yr oedd rhywbeth tra arbennig ynglŷn â "GTR" yntau. Ond darllenwch y llyfr ichwi gael deall beth ydoedd.

MARTIN EVANS-JONES.

Mehefin 1993.

Rhagair

Pan fu farw y Parchedig Griffith Thomas Roberts ym mis Mai 1991, ychydig o sylw a roddwyd gan y Cyfryngau a'r Wasg Gymraeg i'w ymadawiad o'n plith. Gwn i'r ffaith honno beri siom a gofid, a phenbleth nid bychan, i lawer o'i gyfeillion a'i gydnabod a'i edmygwyr yn yr holl enwadau a oedd yn ymwybodol ein bod fel cenedl wedi colli, trwy ei farwolaeth ef, un o'r meddyliau disgleiriaf ac un o'r arweinwyr amlycaf a gafodd yr Eglwys Gristnogol yng Nghymru yn yr ugeinfed ganrif.

Y mae esboniad syml — a chwbl nodweddiadol o'r gŵr ei hun — i'r ffaith ei fod wedi llithro o'n plith mewn modd mor dawel a di-sôn-amdano. Ef ei hun oedd wedi siarsio'i chwaer, ei berthynas agosaf, a'i gyfeillion mai angladd cwbl breifat a fynnai ac nad oedd neb i gael canu ei glodydd mewn marwgoffaon a theyrngedau cyhoeddus. Er mor anodd ganddynt oedd ymatal, parchwyd ei ddymuniad gan ei gydweinidogion a'i gyfeillion, ac ni chyhoeddwyd hyd yn oed yng Nghofnodion blynyddol y Gynhadledd Fethodistaidd ac yng nghyfnodolion ei enwad — *Y Gwyliedydd* a *The Methodist Recorder* — namyn cofnod moel o'i yrfa weinidogaethol gydag ambell gyfeiriad cynnil at ei ddoniau disglair a'i bersonoliaeth radlon a diymhongar.

Fodd bynnag, yn Hydref 1991 pan gyfarfu Pwyllgor Cymdeithas Hanes yr Eglwys Fethodistaidd yng Nghymru — Cymdeithas y bu G.T.R. ei hun mor gyfrifol â neb am ei sefydlu ac am lywio a hyrwyddo ei gweithgarwch dros gyfnod o hanner canrif fwy neu lai — penderfynwyd yn unfrydol na ellid gadael heb ei gydnabod, a heb ei gofnodi ar gyfer haneswyr y dyfodol, y cyfraniad unigryw a wnaeth G.T.R. i fywyd yr Eglwys Fethodistaidd (y Wesleaid Cymraeg) ac i'r Genhadaeth Gristnogol yn gyffredinol yng Nghymru ail hanner yr ugeinfed ganrif.

Y ffordd a ddewiswyd i goffáu'r cyfraniad hwnnw, a'r sawl a'i gwnaeth, oedd mynd ati i baratoi a chyhoeddi'r gyfrol hon. O barch i ddymuniad y gwrthrych ei hun, a'i annwyl chwaer hithau, cadwyd yn y cefndir yr elfennau cofiannol a berthyn i'r gyfrol, a rhoddwyd y pwyslais ar gasgliad o ysgrifau yn ymdrin â phynciau'n ymwneud â'r amrywiol feysydd — eglwysig, diwinyddol, hanesyddol, diwylliannol a chenedlaethol — y gwnaeth ein diweddar gyfaill gyfraniadau mor nodedig o gyfoethog a gwerthfawr ynddynt. Y mae pob un o saith awdur yr ysgrifau hyn, yn ogystal â bod yn arbenigwr yn y maes a drinir ganddo, wedi adnabod G.T.R. yn bersonol ac wedi cydweithio'n agos ag ef; yn wir, buont oll, fel awduron y cyfraniadau cofiannol hwythau, yn gyfeillion agos iddo. Cydsyniodd pob un o'r cyfranwyr yn llawen ac yn frwd â chais y Golygydd, gan ei chyfrif yn fraint cael mynegi yn y modd hwn eu gwerthfawrogiad o fywyd a gwaith eu diweddar gyfaill hoff a thalu eu teyrnged bersonol i'w goffadwriaeth. Barnwyd mai addas fyddai ychwanegu at yr ysgrifau un enghraifft gymharol fyr o waith y gŵr a goffeir, er mwyn i ddarllenwyr y gyfrol gael rhyw flas o'i ddoniau fel ysgolhaig, fel pregethwr, ac fel llenor; dewiswyd felly, yn ddiweddglo i'r gyfrol, yr anerchiad cofiadwy a draddododd ef ei hun o Gadair y Gymanfa Fethodistaidd ym mlwyddyn ei lywyddiaeth.

Trist yw gorfod cofnodi bod un o'r cyfranwyr, y Parchedig Huw Wynne Griffith, yntau wedi ei alw oddi wrthym cyn gweld cyhoeddi'r gyfrol yr oedd wedi edrych ymlaen mor eiddgar at ei hymddangosiad; wrth ddarllen proflen ei gyfraniad nodweddiadol ef, ni allwn lai na theimlo bod llawer o'r pethau a ddywaid ef am ei gyfaill yn wir hefyd — er mai ef ei hun fyddai'r olaf i gydnabod hynny — amdano yntau. Da gennyf gofnodi hefyd fod H.W.G., cyn ein gadael, wedi cael cyfle i ddarllen (ar gais yr awdur ei hun) cyfraniad y Parchg Meirion Lloyd Davies i'r gyfrol — sy'n ymwneud â phennod yn hanes Cristnogaeth yng Nghymru'r ugeinfed ganrif y bu gan H.W.G a G.T.R. fel ei gilydd rannau allweddol bwysig ynddi — ac wedi rhoi sêl ei fendith arni, er iddo bwysleisio nad oedd yn cytuno'n llwyr â'r safbwynt a fynegir yn adran olaf yr ysgrif! Coffa da amdano! Mawr yw fy ngwerthfawrogiad, fel Golygydd, o'i gefnogaeth frwd a'i gydweithrediad parod ynglŷn â'r gyfrol.

Y mae fy niolch yr un mor gynnes i bob un o'r cyfranwyr am eu cydweithrediad hynaws a phrydlon. Dymunaf ddiolch hefyd i Gadeirydd y Dalaith am ei Gyflwyniad i'r gyfrol, ac i Bwyllgor y Gymdeithas Hanes am ymddiried i mi y cyfrifoldeb — a ystyriaf yn fraint aruchel — o olygu'r gyfrol; i'r nifer sylweddol o gyfeillion ac edmygwyr G.T.R., oddi mewn ac oddi allan i'w enwad ei hun, a ymatebodd i'm hapêl am danysgrifwyr i'r gyfrol; i'r Cyngor Llyfrau Cymraeg am ei gyfraniad hael tuag at gostau ei chyhoeddi; ac nid yn lleiaf i Mr Emlyn Evans, Rheolwr Gyfarwyddwr Gwasg Gee, am ei ddiddordeb cyson, ei gyngor doeth a'i gydweithrediad hynaws, ac i staff y Wasg am eu gwaith glân a chrefftus wrth ddwyn y gyfrol i olau dydd.

OWEN E. EVANS,

Mehefin 1993 *Golygydd*

Byrfoddau

Defnyddir y talfyriadau arferol i gyfeirio at lyfrau'r Beibl: Gen., Ecs., etc.

adn.	...	adnod(au)
argr.	...	argraffiad(-ffwyd)
A.V.	...	*Authorized Version*
a.y.b.	...	ac yn y blaen
BCN	...	*Y Beibl Cymraeg Newydd*
Burd.	...	Buried
C II	...	*Gweithiau Williams Panty-celyn,* Cyfrol II, 1891
C.C.H.	...	*Cylchgrawn Cymdeithas Hanes y Methodistiaid Calfinaidd*
CH	...	*A Collection of Hymns for the use of the People called Methodists,* 1780
CNyB	...	*Cyfieithiad Newydd y Brifysgol,* 1921-45
cyf.	...	cyfieithydd (-thiad, -thwyd)
ed.	...	editor(-s, -tion, -ted)
e.e.	...	er enghraifft
f., ff.	.	a'r adnod(au) / tudalen(nau) sy'n dilyn
g.	...	(y) ganrif
gol.	...	golygydd(-ion -ygwyd)
gw.	...	gweler
GWWP	...	*Gweithiau William Williams Pantycelyn,* 1964
H.D.	...	Hen Destament
H.M.G.C.	...	*Hanes Methodistiaeth Galfinaidd Cymru*
h.y.	...	hynny yw
ibid.	...	yr un gwaith

JB	...	*Jerusalem Bible*
ll.	...	llinell(au)
M.C.	...	Methodistiaid Calfinaidd
n.	...	nodyn
NEB	...	*New English Bible*
NJB	...	*New Jerusalem Bible*
NRSV	...	*New Revised Standard Version*
O.C.	...	Oed Crist
op. cit.	...	y gwaith a nodwyd
par.	...	paragraff(au)
pen.	...	pennod / penodau
REB	...	*Revised English Bible*
RSV	...	*Revised Standard Version*
RV	...	*Revised Version*
sic	...	Felly yn y gwreiddiol
SPCK	...	*Society for Promoting Christian Knowledge*
SSPCK	...	*Scottish Society for Promoting Christian Knowledge*
St.	...	Sant
t., tt.	...	tudalen(nau)
T.N.	...	Testament Newydd
vol.	...	volume

SONED

GWILYM R. TILSLEY

G.T.R.

O linach ei hynafiaid yng Ngwlad Llŷn,
  Trwy aelwyd, ysgol, coleg, daeth efô
Mewn llawer maes yn fedrus ddawnus ddyn,
  Ac i aeddfedrwydd profiad yn ei dro;
Myfyriodd yn y Gair holl ddyddiau'i oes,
  A throes y geiriau iddo'n brofiad byw,
A gwelodd ef yn neges Gŵr y Groes
  Ddarlun i ddynion o dosturi Duw.
Treuliodd ei ddyddiau'n hau y dwyfol had,
  Ac er na welai egin yn y tir
Mewn ffydd a gobaith credodd air y Tad
  A bu i'w frodyr gwan yn gyfaill gwir.
Llawn o rinweddau Cristion ydoedd ef:
Bugail y defaid ac Offeiriad Nef.

G.R.T.

G. T. ROBERTS : AMLINELLIAD O'I YRFA

1912	Ei eni 7 Rhagfyr yn nhŷ capel y Tyddyn ar gwr Tredindywydd (Y Rhiw) yn Llŷn.
1923	Tua'r Pasg, symud i fyw i Gongl-y-Meinciau, Botwnnog
1917-30	Ei addysgu yn ysgolion Bryncroes a Phont-y-Gof, ac yna yn Ysgol Ramadeg Botwnnog.
1930	Ei dderbyn yn ymgeisydd am y Weinidogaeth yn yr Eglwys Fethodistaidd Wesleaidd.
1930-35	Myfyriwr yng Ngholeg Prifysgol Gogledd Cymru, Bangor.
1933	Graddio'n B.A. gydag anrhydedd yn y Dosbarth Cyntaf yn y Gymraeg.
1935	Graddio'n M.A. gyda Rhagoriaeth am astudiaeth o Fywyd a Gwaith Peter Bailey Williams.
1935-38	Myfyriwr yng Ngholeg Wesley, Headingley, Leeds.
1938	Graddio'n B.D.(Llundain) gydag anrhydedd.
1938-43	Gweinidog (ar Brawf, 1938-40) yng Nghylchdaith Tregarth (Rhiwlas).
1940	Ei ordeinio i gyflawn waith y Weinidogaeth Fethodistaidd yn y Gymanfa Gymreig yng Nghoedpoeth.
1943-45	Gweinidog yng Nghylchdaith Aberystwyth (Aberystwyth).
1945-50	Gweinidog yng Nghylchdaith Bangor (St. Paul a Glanadda).
1946-47	Golygydd *Y Winllan,* Cylchgrawn Ieuenctid Yr Eglwys Fethodistaidd.
1946-90	Golygydd (Cynorthwyol, 1946-70) *Bathafarn,* Cylchgrawn Hanes Yr Eglwys Fethodistaidd.
1950-55	Arolygwr Cylchdaith Tregarth (Tregarth).
1950-62	Ysgrifennydd Synod Ail Dalaith Gogledd Cymru.
1951	Traddodi Darlith Flynyddol y *Wesley Historical Society* yn y Gynhadledd Fethodistaidd yn Sheffield (ar y testun "Howel Harris").

1955-60	Gweinidog yng Nghylchdaith Porthmadog (Talsarnau).
1957-64	Cyd-ysgrifennydd Pwyllgor Cydweithredu y Tri Enwad (y Pedwar Enwad o 1962 ymlaen).
1960-65	Arolygwr Cylchdaith Dolgellau ac Abermaw (Abermaw).
1961-89	Ysgrifennydd Cydbwyllgor Cyfieithu'r Beibl i'r Gymraeg.
1962-74	Cadeirydd Ail Dalaith Gogledd Cymru.
1964-73	Cadeirydd Pwyllgor Cydweithredu y Pedwar Enwad.
1965	Traddodi Darlith Pantyfedwen yng Ngholeg y Brifysgol, Bangor (ar y testun *Dadleuon Methodistiaeth Gynnar*).
1965-70	Arolygwr Cylchdaith Biwmares (Llangefni).
1968-69	Llywydd Cymanfa Gymreig yr Eglwys Fethodistaidd.
1970-78	Gweinidog yng Nghylchdaith De Gwynedd (Pen Llŷn).
1978-91	Gweinidog Uwchrifol yng Nghylchdaith De Gwynedd.
1980-82	Cadeirydd Comisiwn yr Eglwysi Cyfamodol.
1991	Ei farw 24 Mai yng Nghongl-y-Meinciau, Botwnnog. Claddwyd ei weddillion ym mynwent Llandegwning.

CYHOEDDIADAU GRIFFITH THOMAS ROBERTS

EDWARD H. GRIFFITHS

Y mae'r llyfryddiaeth isod o weithiau cyhoeddedig Griffith Thomas Roberts mewn tair adran:

1. LLYFRAU A LLYFRYNNAU
2. CYFRANIADAU I WEITHIAU CYFANSAWDD
3. ERTHYGLAU MEWN CYLCHGRONAU A CHYFNODOLION

Rhestrir yr eitemau dan bob pennawd yn eu trefn amseryddol; yn adran 3 bydd is-bennawd ar gyfer pob cylchgrawn a chyfnodolyn unigol, a'r eitemau mewn trefn amseryddol dan bob un.

1. *LLYFRAU A LLYFRYNNAU*

Griffith T. Roberts, *Dysgeidiaeth Proffwydi'r Wythfed Ganrif,* Llawlyfr i Ddosbarthiadau Canol yr Ysgol Sul, Bangor: Gwasg Evan Thomas, 1948.

Griffith T. Roberts, *Dysgeidiaeth Proffwydi'r Wythfed Ganrif, y Maes Llafur Cydenwadol, 1948-49,* Glyn Nedd: argr. gan Tom Lewis a'i Feibion ar ran Pwyllgor Cydenwadol yr Ysgol Sul, 1948.

Griffith T. Roberts, *Howell Harris,* The Wesley Historical Lecture, No. 17, London: Epworth Press, 1956.

Griffith T. Roberts (gol.), *Paratoi'r Ffordd,* Anerchiadau ar Annibyniaeth, Methodistiaeth a Phresbyteriaeth, Liverpool: Gwasg Y Brython, 1960.

Griffith T. Roberts a G. O. Williams, *Gyda'n Gilydd: Sylwadau ar yr Argymhellion am Undeb rhwng Anglicaniaid a Methodistiaid yng Nghymru,* Llandybie: Llyfrau'r Dryw, 1965.

Griffith T. Roberts, *Dadleuon Methodistiaeth Gynnar,* Darlithiau Pantyfedwen, Abertawe: Gwasg John Penry, 1970.

Griffith T. Roberts (gol.), *Gyda'n Gilydd: Together in Worship,* Cyhoeddwyd gan Bwyllgor y Pedwar Enwad (Published by the Four Denominations Committee), Caernarfon: Gwasg Gwynedd, 1973.

Griffith T. Roberts, *Pan Oeddwn Fachgen . . .* Darlith Flynyddol Llŷn, Rhif 1, Caernarfon: Gwasanaeth Llyfrgelloedd Gwynedd, 1979.

Griffith T. Roberts (gol.), *Llyfr Gwasanaeth Yr Eglwys Fethodistaidd,* Cyhoeddwyd gan Llyfrfa Talaith Cymru, Tal-y-Bont: Gwasg Y Lolfa, 1986.

2. *CYFRANIADAU I WEITHIAU CYFANSAWDD*

22 o erthyglau yn *Y Bywgraffiadur Cymreig hyd 1940* a'r Atodiad iddo, *Y Bywgraffiadur Cymreig 1941-1950*, a gyhoeddwyd dan nawdd Anrhydeddus Gymdeithas y Cymmrodorion yn 118 Newgate, Llundain 1953 a 1970:

William Davies (1785-1851), William Davies (1820-1875), William Dykins (1831-1872), David Evans (1814-1847), Edmund Evans (1791-1864), William Evans (1799-1854), Hugh Hughes (1778-1855),), Lot Hughes (1787-1873), Rowland Hughes (1811-1861), Thomas Hughes (1814-1884), Thomas Jones Humphreys (1841-1934), Isaac Jenkins (1812-1877), Edward Jones (1775-1838), John Jones (1825-1889), Harri Llwyd (Lloyd) (?-1799), Lewis Meredith (1826-1891), Edward Phillips (1716-*c*.1776), Richard Prichard (1811-1882), David Rogers (1783-1824) Peter Bailey Williams (1763-1836), David Young (1844-1913), Thomas Isfryn Hughes (1865-1942).

"Yn ôl y Tair Efengyl Cyntaf", yn J. Wyn Roberts (gol.) *Sylfeini'r Ffydd, Ddoe a Heddiw,* Cyfrol o Ysgrifau Diwinyddol, Llundain: Gwasg Mudiad Cristnogol y Myfyrwyr, 1942, Pennod III, 32-40.

"Cariad Diderfynau'r Tad, Mathew 5, 45", Pregeth yn Simon B. Jones ac E. Lewis Evans (gol.), *Ffordd Tangnefedd,* Pregethau a Barddoniaeth, Llandysul, Gwasg Gomer, 1944, 49-55.

"Y Methodistiaid" yn Abel Ffowcs Williams (gol.), *Ffyrdd a Ffydd,* Ysgrifau ar Hanes, Daliadau a Bywyd rhai o'r Cyrff Cristnogol yng Nghymru Dinbych: Gwasg Gee, 1945, 98-111.

"Y Gorffennol: Yr Eglwys Fethodistaidd", yn Griffith T. Roberts (gol.), *Paratoi'r Ffordd,* 1960 (gw. Adran 1 uchod).

"Y Mudiad Cymreig a Diwygwyr Lloegr", yn Gomer M. Roberts (gol.), *Hanes Methodistiaeth Galfinaidd Cymru: 1. Y Deffroad Mawr,* Caernarfon: Gwasg Pantycelyn, 1973, Pennod VIII, 294-313.

"Howell Harris — Ymgeisydd am Ordeiniad", yn J. E. Wynne Davies (gol.), *Gwanwyn Duw,* Cyfrol Deyrnged i Gomer M. Roberts, Caernarfon: Gwasg Pantycelyn, 1982, 122-142.

"Methodism in Wales", in R. E. Davies, A. R. George and E. G. Rupp (ed.), *A History of The Methodist Church in Great Britain,* vol. III, 1983, Chapter 6, 253-264.

"Cyflwyniad", yn Eryl Wynn Davies (gol.), *Efrydiau Beiblaidd Bangor 4,* Cyfrol Deyrnged i Owen E. Evans, Dinbych, Gwasg Gee, 1988, 17-20.

3. ERTHYGLAU MEWN CYLCHGRONAU A CHYFNODOLION

A. *Bathafarn*, Cylchgrawn Hanes Yr Eglwys Fethodistaidd yng Nghymru.

"Seiadau Cynnar John Wesley yng Nghymru", 1 (1946), 25.
"The Wesleys and John Philipps of Picton Castle", 1 (1946), 74.
"Y Wesle Bach", 3 (1948), 42-52.
"Llanfihangel Anglesey" a "Trwydded Edmund Evans i Bregethu", 3 (1948), 57-59.
"Dr Thomas Coke", 5 (1950), 23-34.
"Rhai o Deulu Thomas Foulkes", 7 (1952), 38-40.
"Defnyddiau Crai: Llyfrgell Genedlaethol Cymru", 8 (1953), 27-29.
"Hugh Hughes (Tegai) a'r Wesleaid" (Darlith Flynyddol y Gymdeithas Hanes, 1953), 9 (1954), 5-17.
"Llyfryddiaeth Wesleaidd Gymraeg", 9 (1954), 45-46.
"Y Wesle Bach", 10 (1955), 52-53.
"Wesleaeth Gymraeg Cyn 1800" a "The Will of Robert Jones, Fonmon", 10 (1955), 54-55.
"Hen Addoldai Wesleaidd", 11 (1956), 54-56.
"John Wesley Visits Wales, October 15, 1741", 13 (1958), 47-49.
"Edward Phillips, Maesmynys", 14 (1959), 24-26.
"Tŵr Gwalia a'r Wesleaid", 14 (1959), 54-56.
"Gair i'r Methodist", 16 (1961), 47.
Nodiadau Golygyddol, 26 (1971-72), 3-5; 47-49.
Nodiadau Golygyddol, 27 (1973), 3-5.
Nodiadau Golygyddol, 28 (1974-76), 4-5.
Nodiadau Golygyddol, 29 (1977-86), 1a.
Nodiadau Golygyddol, 30 (1989-90), 3.

B. *Proceedings of the Wesley Historical Society*

"Charles Wesley's 'Right to Preach Throughout England and Ireland", xxi (1937-38), 31f.
"Notes and Queries (835): John Wesley and Merthyr", xxiv (1943-44), 119.
"The Wesleys and Anglesey Methodism", xxiv (1943-44). 121-25; xxv (1945-46), 4-8; 23-29.
"Thomas Prosser of Cardiff", xxv (1945-46), 56-60.
"Notes and Queries (857): Waterford and 'Thomas Williams' ", xxv, 95f.

"Robert Jones of Fonmon", xxvi (1947-48), 56-59, 80-83.
"Notes and Queries (883): John Acourt", xxvii (1949-50), 72.
"Wesley's First Society in Wales", xxvii (1949-50), 111-16, 125-28.
"Trefecka MMS", xxvii (1949-50), 178-80.
"Notes and Queries (937): Lord Mansell", xxix (1953-54), 95.
"Notes and Queries (942): Nathaniel Price of Cardiff", xxix (1953-54), 119f.
"Notes and Queries (962): John Cennick's Letters", xxx (1955-56), 71.
"Notes and Queries (1010): A Wesley Letter", xxxi (1957-58), 197.
"Notes and Queries (1037): John Wesley's Marriage", xxxii (1959-60), 118f.

C. *Cylchgrawn Cymdeithas Hanes Y Methodistiaid Calfinaidd*

"William Jones, Trefollwyn, a'r Brodyr Wesley", xxii (1937), 160-61.
"Wesley a Harris", xxx (1945), 65-72, 93-99.
"Morafiaeth ym Môn", xxxii (1947), 55-56.
"Nodiadau ar Fethodistiaeth Llŷn", xxxiv (1949), 2-6.
"Methodistiaeth yn Llanrug", xxxiv (1949), 41-44.
"Llythyr John Thomas, Gelli-Gaer, at Howell Harris", xxxvi (1951), 62.
"Llythyr Cyntaf Whitefield at Howell Harris", xxxvi (1951), 62-63.
"Morris Griffith", xxxvii (1952), 4-12.
"Portread o Ddiwygiwr", lv (1970), 49-55.

CH. *Trafodion Cymdeithas Hanes Sir Gaernarfon*

"Peter Bailey Williams", ix (1948), 66-81.
"The Troubles of a Pauper", x (1949), 109-114.

D. *Y Traethodydd*

"Hen Gerddi Duwiol", lvi (1951), 49-61.
"Cyfamodi yng Nghymru", cxxv (1970), 149-64.

DD. *Diwinyddiaeth*

"Y Weinidogaeth", vii (1957), 25-33.
Adolygiad ar Geoffrey F. Nuttall, *Howel Harris, 1714-1774: The Last Enthusiast,* xvii (1966), 45-47.

E. *Yr Eurgrawn*, Cylchgrawn Yr Eglwys Fethodistaidd (Wesleaidd) 1809-1983.

"Dafydd Nanmor", cxxiii (1931), 191-93.

"Tonau ac Emynau", cxxiv (1932), 192-94.

"Cywiriadau i'r Llyfr Emynau (1927)", cxxi (1933), 275.

"Canu Marwnadol Wiliam Llŷn", cxxv (1933), 343-45.

"Dydd y Pethau Bychain", cxxvi (1934), 240.

"Hen Emyn", cxxviii (1936), 157.

"Darn o un o Lythyrau Owen Davies", cxxix (1937), 270-71.

"Charles Wesley", cxxx (1938), 25-30.

"Mudiad John Wesley a Chymru cyn 1800", cxxx (1938), 227-32.

"Ymweliadau Charles Wesley â Chymru", cxxx (1938), 259-62, 298-302.

(G.T.R. a E. Wyn Williams) "Emyn Tröedigaeth Charles Wesley, 'Where shall my wandering soul begin' ", cxxx (1938), 302-4.

"Cyfarfod Taleithiol: Ail Dalaith Gogledd Cymru", cxxx (1938), 427-30.

Adolygiad ar E. T. Griffiths, *Yr Hogyn Pren,* cxxxi (1939), 80.

"Cyfarfod Taleithiol: Ail Dalaith Gogledd Cymru", cxxxi (1939), 270-74.

"Cyfarfod Taleithiol: Ail Dalaith Gogledd Cymru", cxxxii (1940), 383-86.

"William Owen Evans", cxxxiii (1941), 13-15; 41-45; 68-73; 97-101; 265-68.

"Cyfarfod Taleithiol: Ail Dalaith Gogledd Cymru", cxxxiii (1941), 188-91; 333-35.

"Yr oedd arnynt ofn", cxxxiv (1942), 358-62.

"William Jones, Trefollwyn", cxxxv (1943), 142-45.

Ysgrif-adolygiad ar Gomer M. Roberts, *Bywyd a Gwaith Peter Williams,* cxxxv (1943), 328-32.

Adolygiad ar W. Ambrose Bebb, *Yr Ysgol Sul,* cxxxvii (1945), 64.

Adolygiad ar George M. Ll. Davies, *Triniaeth Troseddwyr,* cxxxvii (1945), 94.

Adolygiad ar Alwyn D. Rees, *Sylfeini Gwareiddiad,* Edgar L. Chappell, *Llywodraeth Leol yng Nghymru,* a B. Bowen Thomas, *Y Colegau Sir,* cxxxvii (1945), 286-87.

Adolygiad ar George M. Ll. Davies, *Pererindod Heddwch,* cxxxviii (1946), 95-96.

Adolygiadau ar T. Trefor Jones, *Iechyd yng Nghymru,* a R. I. Aaron, *The Central Welsh Board as an Examination and Servicing Agency for Primary, Secondary and Further Education in Wales,* cxxxviii (1946), 255-56.

"Marwolaeth Y Parch. Lewis Edwards", cxxxviii (1946), 295-97.

Adolygiad ar H. Idris Bell (cyf. D. Tecwyn Lloyd), *Trwy Diroedd y Dwyrain,* cxxxix (1947), 31-32.

Adolygiad ar Tom Beynon, *Cwmsel a Chefn Sidan,* cxl (1948), 89.

Adolygiad ar G. Evans, *Four Essays on Christian Social Justice,* cxl (1948), 147-48.

Adolygiad ar Ewart Lewis, *The Church in Wales, The Catholic Faith and the Future,* cxl (1948), 340.

Ysgrif-adolygiad ar Aneirin Talfan Davies (gol.), *Gwŷr Llên,* cxli (1949), 125-28.

Adolygiad ar Alwyn D. Rees (gol.), *The Welsh Anvil, Yr Einion,* cxli (1949), 280.

Adolygiad ar Lydia S. Elliot, *Lake of Destiny,* cxli (1949), 223.

Ysgrif-adolygiad ar Gomer M. Roberts, *Y Pêr Ganiedydd (Pantycelyn),* cxlii (1950), 70-73.

"Robert ap Gwilym Ddu", cxlii (1950), 99-103.

Adolygiad ar Gwynfor Evans, *Plaid Cymru and Wales,* cxlii (1950), 252-53.

"William Salesbury", cxliii (1951), 12-17; 39-42; 71-75.

"Beth yw'r Groes heblaw Datguddiad", cxliv (1952), 99-102.

"Wrth Afonydd Babel", cxlvii (1955), 14-17; 35-39; 62-66; 92-96; 122-27; 147-50; 179-82; 226-30.

Adolygiad ar *Addolwn ac Ymgrymwn* (Llyfr Gwasanaethau dyddiol y B.B.C.), cxlviii (1956), 55-56.

"Hen Gyfrol 'AMRYW' ", cxlviii (1956), 95-100; 113-19.

"Daniel Owen", cxlix (1957), 174-77; 197-201; 238-42; 262-66; 289-93.

"Y Parchedig Robert G. Hughes, Porthmadog", cl (1958), 3-5.

"Lleu a Samson", cl (1958), 37-41.

"Rhai Llythyrau" (Llythyrau at D. Tecwyn Evans gan O. M. Edwards, David Williams, R. Williams Parry a Syr John Morris-Jones), cl (1958), 64-66; 89-90; 120-23; 141-42; 182-85; 204-7; 262-67; 292-95.

"Yr Iawn", clii (1960), 89-94; 116-21.

"Gerard Manley Hopkins", clii (1960), 181-85; 210-14; 232-36; 264-68.
"Cas Papur", cliii (1961), 317-21.
"Y Parch. R. G. Hughes" (Teyrnged Goffa), clv (1963), 22-24.
"Fel y Credo'r Byd", clvii (1965), 97-102.
"Y Cynllun Uno", clviii (1966), 126-31.
Adolygiad ar *Cyfansoddiadau a Beirniadaethau Eisteddfod Genedlaethol Aberafan a'r Cylch,* clviii (1966), 145-46.
"Y Newyddion Da", clx (1968), 120-26.
"Pregethu", clx (1968), 152-54.
"Goronwy Owen", clxi (1969), 88-95; 119-28.
"Y Parchedig Gwilym R. Tilsley, M.A. (Llywydd y Gymanfa)", clxi (1969), 107-9.
"Tros Gymru", clxii (1970), 136-40.
"Y Gair Cyfoes", clxiii (1971), 123-25.
Adolygiad ar Iorwerth Jones, *David Rees, Y Cynhyrfwr,* clxiii (1971), 166-70.
"Thomas Gwynn Jones", clxiv (1972), 156-62.
Adolygiad ar W. R. P. George, *Cyfaill Hoff . . . Detholiad o Lythyrau Eluned Morgan, gyda Rhagymadrodd a Nodiadau,* clxiv (1972), 185-86.
Adolygiad ar R. Gerallt Jones, *Ansawdd y Seiliau ac Ysgrifau Eraill,* clxv (1973), 188-89.
Adolygiad ar D. R. Ap-Thomas (gol.), *Efrydiau Beiblaidd Bangor:* Cyfrol Deyrnged i'r Athro Bleddyn Jones Roberts, M.A., D.D., clxvi (1974), 47-48.
Adolygiad ar E. D. Jones, *Ystyriaethau ar Undeb Eglwysig,* clxvii (1975), 42-44.
Adolygiad ar Eifion Evans, *Howell Harris — Evangelist,* clxvii (1975), 44-46.
Adolygiad ar Islwyn Ffowc Elis, *Harris,* (Drama), clxvii (1975), 91-92.
"Y Testament Cymraeg Newydd", clxvii (1975), 118-22.
Adolygiad ar Dewi Z. Phillips, *Athronyddu am Grefydd,* clxvii (1975), 142-43.
"Cwpled Hebraeg", clxviii (1976), 61-65.
"David Tecwyn Evans, 1876-1957", clxviii (1976), 148-62.
Ysgrif-adolygiad ar T. Glyn Thomas, *Dyddiadur Iesu o Nasareth,* clxix (1977), 22-26.
Ysgrif-adolygiad ar Gwilym H. Jones (gol.) *Efrydiau Beiblaidd Bangor 2:* Cyfrol Deyrnged i Dafydd R. Ap-Thomas, clxix (1977), 161-64.
"Yr Enw Mwyaf Mawr", clxx (1978), 10-16.

Adolygiad ar *Efrydiau Athronyddol 1978*, clxx (1978), 191.

Ysgrif-adolygiad ar Owen E. Evans (gol.), *Efrydiau Beiblaidd Bangor 3:* Cyfrol Deyrnged i Isaac Thomas, clxxi (1979), 19-23.

"Sylwadau gan N.H.", clxxi (1979), 44-48; 91-95; 142-45; 182-88.

"Sylwadau gan N.H.", clxxii (1980), 38-43; 144-48; 193-98.

"E. Tegla Davies: Llenor ac Athro", clxxii (1980), 56-61.

"Sylwadau gan N.H.", clxxiii (1981), 36-42; 72-77; 139-43.

"Nodiadau gan N.H.", clxxiii (1981), 183-87.

"Nodiadau gan N.H.", clxxiv (1982), 42-47; 90-96; 139-44; 159-65.

Adolygiad ar W. Rhys Nicholas (gol.), *Cyfansoddiadau a Beirniadaethau Eisteddfod Genedlaethol Abertawe a'r Cylch* a Gwilym Meredydd Jones, *Ochr Arall y Geiniog*, clxxiv (1982), 186-88.

"Nodiadau gan N.H.", clxxv (1983), 43-49; 87-92; 154-60.

F. *Y Winllan*, Cylchgrawn Ieuenctid Yr Eglwys Fethodistaidd (Wesleaidd)

Soned: "Bore o Wanwyn", lxxxii (1929), 110.

"Gweledigaeth Ryfedd", lxxxiii (1930), 210-11.

"Neges Gŵyl Ddewi", xci (1938), 50-51.

"Problemau Pobl Ieuainc", xcii (1939), 16-18; 26-28; 50-52; 82-84; 106-8; 131-32; 149-51; 178-80; 194-96; 221-23; 253-55; 272-74.

"Y Gwesty Rhyfedd", xcix (1946), 171-72.

*"Hwrê i Blant y Mis", xcix (1946), 198-200; 218-20; 238-40.

*"Geiriadur Diddorol", xcix (1946), 210-11.

*"Sylfaen Dda", xcix (1946), 212-14.

*"Newyddion Da", xcix (1946), 228-29.

*"Llywydd y Gymanfa: Y Parch. W. Morris Jones", c(1947), 241-42.

*"Hwrê i Blant y Mis", c(1947), 257-59; 276-79; 296-99; 318-20; 337-340; 357-60; 378-80; 399-401; 420-22; 440-42; 461-62.

*"Llyfrau Newydd", c(1947), 268-69; 290-91; 334-35; 355; 375; 459-60.

*"Dewi Sant", c(1947), 282.

*"Y Golygydd Cyntaf", c(1947), 301-2.

*"Y Sulgwyn", c(1947), 322-24.
*"Y Gwŷr Enwog: Gerallt Gymro, Iolo Morganwg a John Dafydd o Gaio", c(1947), 331-33.
*"Unllygeidiog: Stori Cawr ac Odyseus", c(1947), 348-51; 376-77.
*"Hen Olygyddion *Y Winllan*", c(1947), 352-54.
*"John Wesley yng Ngwynedd", c(1947), 390-93.
*"O'r Wasg", c(1947), 393.
*"Yr Eisteddfod", c(1947), 413-16.
*"John Evans, Eglwysbach", c(1947), 430-31.
*"Cynhadledd Pobl Ieuainc". c(1947), 432-34.
*"Pulpud y Plant: Y Gweddnewidiad", c(1947), 438-39.
*"Y Golygydd Newydd: Y Parch. Joseph Jenkins", c(1947), 463-64.
"Y Golygydd a Huw", ci (1948), 83-87; 103-6.
"Nonne's Priest Tale", cii (1949).
"Trydydd Jiwbili Wesleaeth Gymraeg", ciii (1950), 105-07.
"Ein Hiaith Ni", civ (1951), 49-51; 69-71; 89-91; 107-09; 129-30; 143-44; 188-89; 218-19; 224-26.
"Lleu a Samson", cxi (1958).
"Criw'r Bont", cxvi (1963), 34-36.

* Perthyn yr eitemau hyn i'r cyfnod pan fu G.T.R. yn Olygydd *Y Winllan* dros dro, yn dilyn marwolaeth y Golygydd, Y Parch. Lewis Edwards.

FF. *Lleufer,* Cylchgrawn Cymdeithas Addysg y Gweithwyr yng Nghymru

Adolygiad ar Griffith Evans, *Athrawiaeth y Gymdeithas Gyflawn,* D. Perry Jones, *Cofio Doe,* a Daniel Williams, *Pedwar Eisteddfodwr,* v (1949), 201-3.

Adolygiad ar Iorwerth C. Peate, *Clock and Watch Makers in Wales* xvii (1961), 43-44.

G. *Omnibus,* Cylchgrawn Coleg Prifysgol Gogledd Cymru, Bangor

"Y Rhamant Goll", xli (1932-33), 56-59.

"Celfyddyd", xliii (1934-35), 21-22.

"A'r Gân yn ôl y Patrwm", xliii (1934-35), 39-40.

NG. *Y Gwyliedydd Newydd,* Cyfnodolyn Yr Eglwys Fethodistaidd (nodir dyddiad(au) y rhifyn(nau) ar gyfer pob eitem).

"Y Pregethwr a'r Gymraeg", 13: 4: 33.
"A Oes Heddwch?", 29: 6: 33.
"Ffydd Cenedlaetholwr", 24: 8: 33.
"Llyfr Diddorol: Iorwerth C. Peate *Y Crefftwr yng Nghymru,* 17: 5: 34.
"Y Defnydd o Saesneg mewn Pregeth Gymraeg", 23: 3: 34.
"Offeiriad o Lanberis", 23: 7: 36.
"Wesley a'r Cymun Bendigaid", 8: 8: 36.
"La Trobe yn Neheudir Cymru", 13: 5: 37.
"Y Ffordd i Heddwch", 29: 9: 38.
"Y Maes Llafur: Actau 13-28", 3: 4: 39 — 28: 3: 40.
"Cymdeithasau Pobl Ieuainc", 14 a 21: 9: 39.
"Cynhadledd Heddwch — Yn Awr", 28: 3: 40.
"Y Maes Llafur: Haggai a Sechareia", 4: 4: 40 — 27: 3: 41.
"Y Cyfarfod Taleithiol: Ail Dalaith Gogledd Cymru", 9: 5: 40.
"Cyfieithiadau o Emynau Samuel Johnson ('City of God, how broad and far') a Henry Burton ('There's a light upon the mountains')", 20: 6: 40.
"Y Maes Llafur: Yr Efengyl yn ôl Luc", 3: 4: 41 — 25: 3: 43.
"Y Maes Llafur: Yr Efengyl yn ôl Marc", 1: 4: 43 — 23: 3: 44.
"Y Maes Llafur: Yr Efengyl yn ôl Ioan", 30: 3: 44 — 21: 3: 46.
Adolygiad ar R. S. Rogers, *Datguddiad Ioan,* 1: 6: 44.
Adolygiad ar E. Tegla Davies, *Yr Hyn a Gredwn,* 14: 12: 44.
"Wesley a Llanidloes", 30: 5: 46.
"Y Diweddar Barch. Lewis Edwards", 12: 9: 46.
"Dewi Sant", 3: 3: 49.
"Thomas Gwynn Jones (1871-1949)", 17: 3: 49.
"Ysgol Sadwrn Yr Ysgol Sul" ac "Adroddiad Arholiad Y Maes Llafur (Dosbarth III)", 9: 6: 49.
"Trysorfa Addysg Myfyrwyr", 1: 12: 49.
"Myfyrdod y Groglith", 6: 4: 50.
"Y Diweddar J. Celyn Jones", 29: 3: 51.
"Yr Hen Destament", 3 a 10: 5: 51.
Adolygiad ar Gomer M. Roberts, *Morgan Rhys,* 22: 11: 51.

"Y Gynhadledd Fethodistaidd yn Preston", 24: 7: 52.
"Gwibdaith yr Ail Dalaith", 2: 5: 53.
"Bywyd Hen Dref: Caernafon", 1: 4: 54.
"Dafydd Wiliam, Llandeilo Fach", 6: 5: 54.
"Llyfr Yr Ordinhadau", 24: 6: 54.
"Y Gynhadledd Fethodistaidd yn Llundain", 22: 7: 54.
"Gyda'r Haneswyr", 17: 11: 55.
"Esboniad Newydd: Vincent Taylor *The Epistle to the Romans", 5: 1: 56.*
"Yr Efengyl Heddiw", 19: 4: 56.
"Aelodau Iau", 14: 6: 56.
"Gair o'r Gynhadledd Fethodistaidd yn Leeds", 12: 7: 56.
Llythyrau yn trafod "Y Comisiwn a Adolygodd Y Gymanfa Gymreig a'r Gwaith yng Nghymru", 20: 9: 56; 18: 10: 56; 22: 11: 56; 17: 1: 57; 7: 3: 57.
"Englyn: 'Bro Fy Mebyd' ", 8: 11: 56.
"Y Gynhadledd Fethodistaidd yn Nottingham", 23: 7: 57.
"Y Gynhadledd Fethodistaidd yn Newcastle-upon-Tyne", 7: 7: 58.
"Y Parch. Robert H. Pritchard", 15: 2: 62.
"Eglwys Loegr a'r Methodistiaid", 14: 3: 63.
"Yr Efengyl a'r Unigolyn", 4: 7: 63.
"Y Diweddar Barchedig John Lewis", 4: 11: 65.
"Hyfforddi Arweinwyr", 2: 12: 65.
Adolygiadau ar Trebor Lloyd Evans, *Diddordebau Llwyd o'r Bryn* ac ar *Cyfansoddiadau a Beirniadaethau Eisteddfod Genedlaethol Aberafan a'r Cylch,* : 10: 66.
"Her Y Genhadaeth Gartref", 30: 11: 67.
"Dau Athro: Vincent Taylor a Karl Barth", 2: 1: 69.
"Cyfarchiad Llywydd Y Gymanfa", 9: 1: 69.
"Cymod ac Undeb: Sylwadau ar Gynllun Uno Yr Eglwys Anglicanaidd a'r Eglwys Fethodistaidd", 2: 2: 69.
"Y Gwasanaethau Diwygiedig", 25: 12: 69 a 8: 1: 70.
"Gohebiaeth o Gynhadledd yn Nottingham", 17: 8: 72.
"Yr Eglwys yng Nghymru a'r Eglwys yn Ne India", 14: 3: 73.
"Nodiadau o'r Gynhadledd yn Newcastle-upon-Tyne", 15: 8: 73.
"Undeb y Chwarelwyr", 21: 11: 74 a 5: 12: 74.
"Yr Is-bwyllgor Eciwmenaidd", 4: 12: 75.
"Yr Esgob David Daniel Bartlett", 5: 5: 77.

"Iachâd trwy Ffydd", 25: 12: 80.
"Y Cymun Sanctaidd", 18: 2: 82.
"Offeiriadaeth yr Holl Saint", 10: 4: 86.
"Gwirioneddau'r Gair", Mawrth, Ebrill a Mai, 1987.
"Mari, Percy a Griff y Lojar", Hydref a Rhagfyr, 1987; Ionawr a Chwefror, 1988.

Nodyn: O bryd i'w gilydd rhwng 1972 a 1976 adargraffwyd yn *Y Gwyliedydd Newydd* y Nodiadau ar Y Maes Llafur a gyhoeddwyd yn *Yr Herald Cymraeg a'r Genedl* (gw. H isod).

H. *Yr Herald Cymraeg a'r Genedl*

Cyfrannodd G.T.R. i'r cyfnodolyn hwn Nodiadau Esboniadol ar Feysydd Llafur Dosbarthiadau Oedolion Cyngor Cydenwadol yr Ysgolion Sul Cymraeg yn ddi-fwlch o 1948 hyd 1980. Rhestrir isod yr amrywiol feysydd a drafodwyd ganddo.

Actau'r Apostolion, 1948-50.
Detholiad o'r Salmau, 1950-51.
Epistolau Ioan, 1951 (Mawrth, Ebrill).
Yr Efengyl yn ôl Luc, 1951 (Ebrill)-1952.
Yr Epistol Cyntaf at y Corinthiaid, 1952-53.
Yr Efengyl yn ôl Marc, 1953-54.
Genesis-Joshua, 1954-55.
Yr Epistol at y Rhufeiniaid, 1955-56.
Yr Efengyl yn ôl Ioan, 1956-58.
Eseia, 1958-59.
Actau'r Apostolion, 1959-61.
Yr Efengyl yn ôl Mathew, 1961-63.
Yr Epistol at y Philipiaid, 1963 (Mawrth-Medi).
Epistol Cyntaf Pedr, 1963 (Medi)-1964.
Deuteronomium, 1964 (Mawrth-Rhagfyr).
"Y Bregeth ar y Mynydd" (Mathew 5-7), 1964 (Rhagfyr)-1965.
Yr Efengyl yn ôl Marc, 1965-66.
Yr Ail Epistol at y Corinthiaid, 1968-69.
Jeremeia, 1967-68.
Yr Epistol at y Galatiaid, 1968-69.
Datguddiad Ioan, 1969-70.
Hosea a Micah, 1970-71.
Yr Epistolau Bugeiliol, 1971-72.
"Yr Ysbryd Glân" (amrywiol destunau Beiblaidd), 1972-73.
"Y Creu a'r Cadw" (Genesis 1-11), 1973-74.
Ail Epistol Pedr ac Epistol Jwdas, 1974-75.

Detholiad o'r Salmau, 1975-76.
Yr Efengyl yn ôl Marc, 1976 (Mawrth-Awst).
Epistolau Ioan a'r Efengyl yn ôl Ioan, 1976 (Awst)-1977 (Awst).
Yr Efengyl yn ôl Luc, 1977-78.
Yr Ail Eseia, 1978-79.
Yr Efengyl yn ôl Mathew 1-14, 1979-1980 (Chwefror).

I. *Y Ddraig Goch*

"Cenedlaetholdeb a Heddwch", Mehefin 1935, 9.
"Ein Gelyn Sy'n Dod", Mawrth 1936, 4.
"Yn Eisiau — Arweinwyr Newydd", Rhagfyr 1942, 3.
"Hunan-lywodraeth i Bob Cenedl", Chwefror 1944, 1.

GRIFFITH THOMAS ROBERTS: PORTREAD

HUGH ROWLANDS

Os na adawodd y tad, Ellis Roberts, ei ddawn fel crefftwr i'w fab Griffith Thomas, cyfeiriodd ef yn gynnar yn llwybr gwybodaeth a diwylliant. Pan ymwelai Ellis Roberts â thre Pwllheli neu Gaernarfon, bron yn ddieithriad dychwelai â llyfr dan ei gesail, llyfr Cymraeg gan amlaf. Deuai'r *Daily Post* i'r tŷ'n feunyddiol, *Yr Herald Cymraeg* a'r *Faner* yn wythnosol. Darllenai'r tad hyd berfeddion nos, ac os digwyddai'r olew yn y lamp ddiffoddi goleuai gannwyll. Y tebygolrwydd yw fod y tad wedi sylweddoli'n gynnar mai coleg ac nid gweithdy oedd priod le ei fab; a diau bod darllen diwyd y tad yn symbyliad i'r mab ddal ati i geisio dysg a doethineb.

Gwraig dawel oedd ei fam, Sophia Mary, un a graffai ar ffyrdd tylwyth ei thŷ. Yn Llanengan y ganed hi, ond o Fethel, Arfon yr oedd y teulu'n hanu; teulu o dras Eglwysig, a gedy tras ei ddylanwad.

Peidiwn ag anghofio'r chwaer chwaith, a'i chyfraniad hithau. Y mae hi'n wraig dra deallus a doeth, yn llawn gras a synnwyr cyffredin. Tybiaf mai iddi hi y dylid priodoli'r ffaith fod yr "hen lanc", Griffith Thomas, mor gartrefol a chwbl naturiol yng nghwmni'r gwragedd, a hwythau'n hwyliog fwynhau ei gwmni yntau. Un hael ei chroeso a difyr ei chwmni fu Jennie erioed. Er i Griffith Thomas Roberts symud o fans i fans yn ystod ei yrfa, un cartref fu iddo, yr aelwyd lle trigai'r tad a'r fam a'r chwaer.

Wrth ddarllen ei ddarlith *Pan Oeddwn Fachgen . . .* — y gyntaf yng nghyfres Darlithoedd Llŷn — y mae'n hawdd synhwyro mai brogarwr oedd G.T.R. Iddo ef yr oedd pob ban yn Llŷn yn "dwyn ei geriwb a'i dragwyddol gainc", ac 'roedd Mynydd y Rhiw mor gysegredig iddo ag ydoedd Mynydd Gerisim i'r Samariaid. Anaml yr ymwelais â Chongl-y-Meinciau heb iddo awgrymu ein bod yn mynd am dro i Fynydd y Rhiw — ei Nebo ef! Ar gwr Tredindywydd, ar ochr ogleddol mynydd-dir y Rhiw, y ganed ef ac y treuliodd y deng mlynedd gyntaf o'i oes. Yn y ddarlith dywed: " 'Rwy'n gobeithio y cedwir yr enw Tredindywydd yn fyw gan drigolion Llŷn. Y mae'n hen enw, yn hen iawn . . . Byddai'n resyn colli enw fel hwn." 'Roedd ganddo barch i'w fro, ei thir a'i henwau, gan fod i enw hanes a chysylltiadau, anian a chymeriad, a golyga enw fod i'r person, y mynydd, y fro, yr afon, y pentref, arbenigrwydd. Yn ogystal parchai ei hiaith a'i diwylliant. Yn yr un ddarlith darllenwn: "Clywir llawer o siarad am ddiogelu'r iaith Gymraeg heddiw. Wel, yr oedd dyfodol yr iaith yn llawer mwy sicr pan oeddwn i'n fachgen am fod cymaint o bobl hŷn na mi yn Gymry uniaith. Y perygl mwyaf sydd wedi bygwth ein hiaith ni er y Ddeddf Uno yw'r anfadwaith a elwir yn addysg ddwyieithog, ac y mae'r perygl wedi dwysáu'n ddirfawr yn ystod fy mywyd." Wrth gloi ei ddarlith ddiddorol dywed: ". . . ond yr wyf wedi gweld digon ar y byd erbyn hyn i ddeall mai 'llygaid y ffyliaid sydd yng nghyrrau y byd'.

Digymar yw fy mro drwy'r cread crwn.

Ac yr wyf yn ddiolchgar y tu hwnt am gael cychwyn yr yrfa yma. A phan ddaw'r yrfa droellog hon i ben ni ddeisyfwn amgenach lle i hynny chwaith nag yn rhywle rhwng tair pont yn Rhyd-bach." Cafodd ei ddymuniad.

Ymledodd ei gariad i gofleidio'r genedl. Cymro i'r carn oedd Griffith Thomas Roberts. Nid yw'r wybodaeth na'r gallu gennyf i'w fesur na'i bwyso fel hanesydd, ond o deithio milltiroedd lawer yn ei gwmni led-led Cymru, rhyfeddwn at ei wybodaeth o hanes y fro y digwyddai inni fod yn gyrru trwyddi. Gwyddai ei hanes, ei chartrefi a'i henwogion. Gallasai'r ffordd fod yn ddieithr iddo, ond 'roedd yn gyfarwydd â'r fro, fel pe byddai yn ei gynefin. 'Roedd dylanwad ein doe ni fel Cymry yn drwm arno, fel pe bai hynt a helynt y genedl yn llifo yn ei wythiennau.

Er hynny nid dyn doe mohono, ond dyn heddiw. Anfynych iawn y llefarai o'r pulpud neu'r gadair yn nhermau gwleidyddiaeth bleidiol, ond 'roedd ganddo ddiddordeb byw mewn gwleidyddiaeth a gwleidyddwyr. Gwreiddiodd ei argyhoeddiadau gwleidyddol yn ei grefydd a'i genedl-garwch. Nid yn ei ddatganiadau cyhoeddus gweinidogaethol, ond mewn ymddiddan personol. y mynegai ei farn wleidyddol a chymdeithasol, a hefyd pan ysgrifennai dan y ffug-enw "N.H." yn *Yr Eurgrawn* yn y cyfnod o Wanwyn 1979 hyd Hydref 1983, pan ddaeth hir rawd y cylchgrawn hyglod hwnnw i ben ar ôl 175 o flynyddoedd. Mae'n ddiddorol sylwi ar y rheswm pam y dewisodd ysgrifennu'n ddi-enw: " 'Rwy'n ddiolchgar hefyd am gael ysgrifennu'n ddi-enw, a cheisiais gadw at un rheol yn ddi-wyro, sef peidio ag ymosod ar bersonau unigol dan gochl ffug-enw. Onid oes gan ddyn y gwroldeb i arddel ei enw ei hun wrth ymosod neu feirnadu, gwell iddo ymatal. Ar y llaw arall, y mae'n fantais trafod syniadau dan ffug-enw ambell dro, rhag i'r ddadl fynd yn bersonol. Nid *pwy* sy'n credu rhyw athrawiaeth neu'i gilydd sy'n bwysig, ond a yw'r athrawiaeth *yn wir* ai peidio" (*Yr Eurgrawn,* Hydref 1983, t. 159).

Yr oedd G.T.R. yn hoff o ddarllen am wleidyddwyr a gwleidyddiaeth. Pan ofynnais iddo prun o'r gwleidyddion a adawodd yr argraff ddyfnaf arno, atebodd yn syth "Saunders Lewis". (Y mae'n arwyddocaol fod ei rieni a'i chwaer yn bresennol yn y dorf ar faes Caernarfon pan groesawyd Saunders Lewis, D. J. Williams a Lewis Valentine yn ôl o'r carchar.) Y mae G.T.R. yn cadarnhau ei ddatganiad wrth adolygu llyfr J. E. Jones, Ysgrifennydd Plaid Cymru, *Tros Gymru* (*Yr Eurgrawn,* Hydref 1970, tt. 139-140). Ysgrifenna: "Ni all neb fy nghyhuddo o fod yn edmygydd mor anfeirniadol o Mr Lewis nes bod yn barod i'w ddilyn i bob man, hyd yn oed i'r Fatican, ond daliaf i gredu mai colled anfesurol i'n cenedl ni oedd ei ymneilltuad o'r byd gwleidyddol . . . Ond braint fawr i Gymru fu cael Cymro mwyaf yr ugeinfed ganrif, ac un o Gymry arbenicaf yr oesoedd yn llywydd i'w Phlaid Genedlaethol yn y cyfnod pan osodid sylfeini'r Blaid honno."

Blynyddoedd blin oedd y blynyddoedd Thatcheraidd yn ei olwg. Gyda'r tlawd a'r difreintiedig 'roedd ei gydymdeimlad, ac 'roedd ôl proffwydi Israel yn yr wythfed ganrif yn drwm ar ei argyhoeddiadau gwleidyddol a chymdeithasol. Er hynny ni chaniatâi i'w deimladau reoli ei synnwyr cryf. Yn Ionawr 1979, cyfnod y mynych streicio, pan oedd Callaghan yn Brif Weinidog, y mae G.T.R. yn ysgrifennu: "Yr wyf yn gadarn yn fy marn i y dylai'r gweithiwr gael yr hawl i atal ei lafur oddi wrth gyflogwr anghyfiawn . . . Ond wedi dweud hyn i gyd, fe erys y cwestiwn a yw'r Undebau yn rhy barod i ddefnyddio streic fel erfyn i hyrwyddo polisi. A yw'r duedd hon yn arwydd fod pobl yn colli eu hymddiriedaeth mewn rheswm?" Â ymlaen i ddweud: "Y mae'r un peth yn wir am ddefnyddio tor-cyfraith i hyrwyddo amcanion gwleidyddol. Ysgrifennodd Syr Robert Mark yn ddiweddar, 'I do not think that what we call "crimes of violence" are anything like as severe a threat to the maintenance of tranquility in this country as the tendency to use violence to achieve political ends'. Ac am hynny y mae rhai ohonom yn ei chael mor anodd i gyfiawnhau'r helyntion a ddigwyddodd yn y Llys yng Nghaerfyrddin yn ddiweddar, neu *antics* rhai o fyfyrwyr Bangor. Yr wyf wedi credu ar hyd y blynyddoedd mewn rhyddid a Senedd i Gymru, ond nid wyf yn siŵr a hoffwn i weld Cymru'n cael ei llywodraethu gan hwliganiaid, hyd yn oed petai'r rheini'n Gymry uniaith" (*Yr Eurgrawn,* 1979, tt. 45-46).

Ond nid ar wleidyddiaeth na chymdeithaseg, er eu pwysiced, y rhoes G.T.R. ei fryd na'i gred. Y mae'n ddigon gonest wrth gyffesu ei amheuon a'i ansicrwydd. Er enghraifft, y mae'n gofyn, yn wyneb y ffaith bod Llyfr Lefiticus yn gorchymyn lladd pob gwrywgydiwr (Lef. 20:13), a bod rhai, fel ef ei hun, yn erbyn y gosb eithaf mewn unrhyw achos, a yw'n iawn iddynt wrthwynebu'r gorchymyn beiblaidd. "Pa beth a olygir felly," gofynna, "wrth ddweud mai'r Beibl yw'r awdurdod terfynol i ni ar gred a buchedd?" Ychwanega, "Y mae'n amlwg, felly, nad yw *teimlad* personol yn arweiniad diogel ac anffaeledig ar faterion moesol . . . Daw hyn â ni yn ôl at ryw safon o'r tu allan i ni, ac yn annibynnol arnom. Ond beth yw'r safon honno, ac ym mha le y ceir hi? Dal i chwilio amdani yr wyf fi." Ac y mae'n bwysig sylwi ar y sylw olaf ganddo ar ôl darllen llyfr Hans Küng ar *Anffaeledigrwydd.* Meddai G.T.R., "Rhywbeth arwynebol iawn yw'r hyn a elwir yn wareiddiad, wedi'r cwbl; y mae'r bwystfil yn rhan o'n cyfansoddiad ni . . .

> Mae'r llaid cyntefig yn ein deunydd tlawd,
> Llysnafedd bwystfil yn ein mêr a'n gwaed . . .

Yr ydym o hyd mewn angen y dylanwadau hynny a'n gwna ni'n gariadlon ac yn addfwyn, dylanwadau'r Groes a Chalfaria fryn" (*Yr Eurgrawn,* Hydref 1979, tt. 143-45). Dyna paham yr ymrwymodd G.T.R. i bregethu'r Gair, i wasanaethu Crist yn ei Eglwys, ac i ymestyn terfynau ei Deyrnas.

Ordeiniwyd ef yng Nghymanfa Coedpoeth yn 1940 i Weinidogaeth y Gair a'r Sacramentau yn yr Eglwys Fethodistaidd. Ymhyfrydai yn ei Wesleaeth Gymraeg, ac ni bu neb yn fwy hyddysg yn ei hanes nag ef. Yn wir, gwyddai yn dda hanes Methodistiaeth yng Nghymru a Lloegr, ac 'roedd yn bur oleuedig yn natur a threfn Eglwysi eraill o fewn i'r Eglwys Lân Gatholig. Fel John Wesley ei hun, un "catholig" iawn ei wybodaeth a'i anian oedd G.T.R. — Wesla "Catholig".

Gan fod y Parch. Meirion Lloyd Davies mewn pennod arall o'r gyfrol hon yn trafod y Mudiad Ecwmenaidd yng Nghymru a chysylltiadau G.T.R. â'r mudiad hwnnw, y cwbl a wnaf fi yw nodi ei resymau ef ei hun dros uno'r Eglwysi: "Yn fy marn i, un rheswm digonol sydd dros geisio undeb, a hynny yw fod ymraniadau yn Eglwys Dduw yn groes i fwriadau ei Phen. Dyna paham y dylid ceisio undeb mewn cyfnod o lwyddiant yn ogystal ag mewn cyfnod o drai . . . Y mae hynny yn golygu mai'r nod yw undeb gweladwy holl bobl Dduw." Wedi dweud hyn â rhagddo i ddweud: "Yn ein trafodaethau ar undeb yr ydym wedi sôn llawer am gyfaddasu'r eglwysi ar gyfer eu cenhadaeth. a'n hangen pennaf — uwchben yr angen am undeb hyd yn oed — yw bywhau'r ymdrechion cenhadol . . . ein dewis o hyd yw efengylu neu drengi" (*Yr Eurgrawn,* Hydref 1982, t. 144).

Felly, ni ryfeddwn iddo ddewis yn destun i'w anerchiad o Gadair y Gymanfa Fethodistaidd yn Rhuthun, Mai 13, 1968, "Y Newyddion Da". Cyfrifai hi yn uchaf braint cael pregethu'r Efengyl. Am hynny bu'n fyfyriwr cyson yn yr Ysgrythurau. Sylwodd y Parch. John Roger Jones nad oedd gan G.T.R. lawer o lyfrau athronyddol yn ei lyfrgell. Gwyddai G.T.R. yn fras gynnwys athroniaeth a gogwydd meddwl yr oes, ond argyhoeddiad yr Apostol Paul oedd ei argyhoeddiad yntau: "Oherwydd gan fod y byd, yn noethineb Duw, wedi methu adnabod Duw trwy ei ddoethineb ei hun, gwelodd Duw yn dda trwy ffolineb yr hyn yr ydym ni yn ei bregethu achub y rhai sydd yn credu" (1 Cor. 1:21). Er mwyn pregethu Crist wedi ei groeshoelio yn allu Duw a doethineb Duw, bu'n ddiwyd fyfyrio y Beibl er mwyn dehongli a chymhwyso ei wirionedd ar lafar i bobl ei ofalaethau, ac i gylch ehangach drwy ysgrifennu colofnau dros flynyddoedd lawer yn *Y Gwyliedydd Newydd* a'r *Herald Cymraeg.* Nid pregethwr hwyliog, huawdl mohono, oblegid arswydai rhag unhyw fath ar goegwychder (*exhibitionism*) yn y pulpud, nac yn unman arall, o ran hynny. Nodweddid ei bregethu gan goethder ei iaith, eglurdeb ei feddwl, a grym ei argyhoeddiadau. Ar adegau byddai'n cael ei gynhyrfu gan ei genadwri, dan gyffyrddiadau'r Ysbryd Glân, a phryd hynny byddai grym a dylanwad rhyfeddol yn ei lefaru. Gosododd safon uchel iddo'i hun wrth bregethu, a hyd y Sul olaf ond un o'i fywyd bu'n paratoi porfa fras ac ir i'w braidd. Nid y deallusion yn unig oedd yn gallu gwerthfawrogi ei bregethu. Blaenor llawn gras, ac yn grefyddol ddiwylliedig, oedd Mr D. G. Williams, Soar, Talsarnau — un fyddai'n dal ar bob gair o bulpud ac yn ei ystyried yn ei galon. Y ddau bregethwr a roes iddo'n gyson faeth i'r meddwl a'r galon oedd T. Isfryn Hughes, sant a diwinydd hynod, a G.T.R. Dywedodd gŵr tra gwahanol ei anian i'r blaenor, un a ystyrid yn bechadur gan y bobl barchus, wrthyf mai G.T.R. oedd y pregethwr mwyaf a glywodd ef, ei fod yn cyffwrdd â'i galon a'i gydwybod. Clywais hefyd am ferch ifanc yn Llŷn yn dweud ar ôl yr oedfa am ei bregethu, " 'Roedd o'n *smashing*"! 'Roedd yn bregethwr i bawb a chanddo glustiau i wrando, ac 'rwy'n eiddigeddus o'r rhai fu wrth ei draed yn gyson pan agorai iddynt yr Ysgrythurau a chyhoeddi "Y Newyddion Da".

Braint gydradd â phregethu yng ngolwg G.T.R. oedd gweinyddu'r Cymun Bendigaid. Credai fod agwedd offeiriadol i waith y Weinidogaeth ordeiniedig, a bod hynny yn ei dro yn deillio o offeriadaeth Crist. "Iesu Grist," meddai, "yw *yr* Offeiriad, ac ohono ef y tardd pob offeiriadaeth arall" (*Yr Eurgrawn,* Gwanwyn 1975, t. 44). Cofiaf yn dda weld y dagrau'n treiglo i lawr ei ruddiau pan oedd yn gweinyddu'r sacrament, gan ddwyn ar gof "ddarfod i'r Arglwydd Iesu, y nos y bradychwyd ef, gymryd bara . . ." Cyfunai G.T.R. ynddo'i hun fel gweinidog swyddi'r proffwyd a'r offeiriad.

Eithr y mae gwedd hanfodol bwysig arall i waith y gweinidog, sef y fugeiliaeth — y gofal am eneidiau'r praidd a ymddiriedwyd iddo. Dyma farn G.T.R. ei hun: "Os unig ddymuniad dyn yw pregethu, digon i hwnnw yw mynd yn bregethwr cynorthwyol. Ond y mae gweinidog hefyd 'i weinyddu'r sacramentau sanctaidd yn y gynulleidfa', a gosodwyd arno ofal dros eneidiau . . . 'Rwy'n siŵr mai'r gofal hwn dros eneidiau yw'r dasg anoddaf i'w chyflawni, a'r dasg nad yw llawer ohonom yn prin gyffwrdd â hi. A'r dasg hon sy'n gwneud gwaith gweinidog yn waith amser llawn" (*Yr Eurgrawn,* Gaeaf 1979, t. 184). Yn sicr byddai'r mwyafrif ohonom yn cyffesu gyda G.T.R. mai hon yw'r "dasg nad yw llawer ohonom yn prin gyffwrdd â hi". Ar wahân i flynyddoedd cynnar ei weinidogaeth, amheuaf a fyddai llawer o aelodau ei eglwysi'n cyfeirio at G.T.R. fel ymwelydd cyson â'u cartrefi. Pa ryfedd o gofio y mynych alwadau am ei wasanaeth a'r trethu ar ei amser ar bwys ei waith fel Ysgrifennydd y Synod, yna fel Cadeirydd Talaith. Yn ychwanegol at y swyddi cyfundebol hyn, bu'n Ysgrifennydd y Cydbwyllgor a fu'n gyfrifol am *Y Beibl Cymraeg Newydd* o'r dechrau yn 1961 hyd gwblhau'r gwaith yn 1988; galwyd arno yn gyson i adolygu llyfrau; bu'n mynychu pwyllgorau ecwmenaidd yn barhaus ac yn llunio neu gyfieithu adroddiadau a dogfennau eraill iddynt; traddodai a chyhoeddai ddarlithoedd, a chyfrannai erthyglau yn gyson i wahanol gylchgronau (rhydd rhestr ei gyhoeddiadau, a gynhwysir yn y gyfrol hon, syniad i'r darllenydd am faint ac amrywiaeth rhyfeddol y gweithgarwch hwn); at y cwbl, byddai bob amser yn barod ei ymateb cymwynasgar i bob cais gan gyfeillion am wybodaeth a chyngor, neu am gywiro proflenni. Nid dyn i wrthod cymwynas i eglwys nac i unigolyn oedd y cyfaill hwn. Felly nid yw'n syndod ei fod yn ymddangos yn ŵr dieithr i rai o'i braidd. Ond os ymddangosai ef yn ddieithr iddynt hwy, nid oeddent hwy'n ddieithr iddo ef. Droeon rhyfeddais at ei allu i adnabod pobl, a hynny ar fyr o dro. 'Roedd yn eithriadol graff i ddirnad rhinweddau a ffaeleddau ei bobl. Y mae gofal am eneidiau yn cynnwys rhagor nag ymweld â chartrefi; golyga yn ogystal baratoi porfa i'r praidd, gwylio a gweddïo, a bod wrth law yn nydd angen ac argyfwng. Yn bersonol, buaswn i yn ei chyfrif yn fraint bod yn aelod dan ofal G.T.R. O'i bregethu cawn ddigonol faeth, o'i weinyddiad rywbeth o wefr y Swper Olaf; gallwn alw arno unrhyw adeg i ofyn cyngor neu gymwynas, i rannu cyfrinach ac i gyffesu bai, gan wybod y byddai'r cyngor yn ddoeth, y farn yn ddiogel, y gymwynas yn barod, a'r gyfrinach yn parhau'n gyfrinach am byth.

Heb os yr oedd G.T.R. yn hynod alluog ac yn eang ei wybodaeth. Clywais ddweud fod y diweddar Dr R. T. Jenkins a'r diweddar Dr Tom Richards, Llyfrgellydd Coleg y Brifysgol, Bangor, wedi barnu bod ganddo'r cymwysterau i eistedd mewn unrhyw un o dair cadair yn y Brifysgol. Gadawai'r argraff y gallasai fod wedi gwneud ei farc mewn rhagor nag un galwedigaeth. Yn ôl ei chwaer, pe na fuasai'n weinidog, byddai wedi hoffi bod yn feddyg, ac yn sicr pe gallasai ganfod (*diagnose*) natur clefyd yn debyg i'r modd y gallai adnabod anian pobl, eu rhinweddau a'u ffaeleddau, byddai wedi gwneud meddyg rhagorol. Wrth ddarllen ei adolygiadau ar lyfrau ac ar lenorion a llenyddiaeth Gymraeg a Saesneg, gwelir ynddo chwaeth a dirnadaeth beirniad llenyddol o'r radd flaenaf. Yr oedd ynddo hefyd y cymwysterau i wneud uchel-farnwr nodedig: 'roedd rheolau sefydlog yr Eglwys Fethodistaidd ar flaenau ei fysedd, a meistrolai adroddiadau dyrys fel y mae bargyfreithiwr medrus yn meistrioli ei "brief". 'Roedd ganddo ddawn i dynnu sylw at yr hanfodion mewn dadl, i symleiddio'r cymhleth, a'i farn bob amser yn glir a chadarn. 'Roedd ei arabedd yn gymorth hefyd; cofiaf gyfaill o weinidog yn ei holi mewn Cymanfa: "Yn y cyfieithiad newydd o'r Beibl Cymraeg a fyddwch yn dilyn patrwm bondigrybwyll y cyfieithiad Saesneg ac yn defnyddio'r 'chwi' (*you*) cwrtais yn lle'r 'ti' (*thou*) cyfarwydd?" Atebodd G.T.R. yn syth, "Na fyddwn; y mae'n arwyddocaol mai'r dull arferol o gyfarch yn y Beibl Cymraeg yw '*Ti* Dduw' a '*chwi* gythreuliaid'!"

Er hyn i gyd, y gwir yw mai ychydig — y tu allan i gylch ei gydnabod o fewn i wlad Llŷn a Wesleaeth Gymraeg, a rhai arweinwyr a haneswyr yn yr enwadau eraill — a wyddai am G.T.R. Hefyd rhaid cydnabod, er cymaint ei allu a'i wybodaeth, na chynhyrchodd *lyfr* o waith ysgolheigaidd safonol a fyddai'n gyfraniad arbennig ym maes efrydiau beiblaidd neu hanes eglwysig. Pam? Cyfeiriwyd eisoes at y ffaith mai gweinidog yr Efengyl a ddymunai fod. Diau mai doethineb ar ran ei Eglwys fyddai iddi fod wedi ei neilltuo i gadair mewn coleg (petasai gan ei enwad goleg diwinyddol yng Nghymru, diamau mai dyna fuasai ei hanes), oblegid nid gweinyddwr mohono wrth anian. Ond amheuaf a oedd G.T. yn dymuno dilyn llwybr academaidd, na byw mewn byd felly. Yng nghwmni'r werin gyffredin ffraeth y carai fod, yn gyfaill "i bublicanod a phechaduriaid" fel ei Athro gynt. Clywais ddweud mai ei arferiad pan ddychwelai i Fotwnnog ar ei wyliau o'r Coleg oedd anelu'n syth i gyrchfan llanciau'r fro ger Swyddfa'r Post, er mwyn cyfranogi yn eu hwyl a'u direidi fel un ohonynt. Y mae brawddeg sy'n awgrymu llawer ym mharagraff olaf *Pan Oeddwn Fachgen* . . . Dyma hi: "Byd cyfyng oedd ein byd ni, a hwnnw'n ein gwneud braidd yn ddihyder ar ôl troi allan ac ym mhresenoldeb dieithriaid. Os ydym yn gallu bod yn ddigon swnllyd ar ein tomen ein hunain, yr ydym yn dra thawedog mewn lle dieithr . . ." Os digwyddai G.T.R. fod yn y golau (*limelight*), nid o'i fodd, ond o ufudd-dod i eraill y byddai yno. Gŵr gostyngedig, cwbl ddiymhongar ydoedd, na chyfeiriai byth at unrhyw beth a wnaeth neu a ddywedodd, nac at unrhyw orchest o'i eiddo. Cyfrifai hunan-ganmoliaeth yn bechod, a ffieiddiai wag ymffrost ac uchelgais. Ei gred oedd, "Ac felly, ni all unrhyw ddyn ymffrostio gerbron Duw . . . y sawl sy'n ymffrostio, ymffrostied yn yr Arglwydd" (1 Cor. 1:29-31).

Ar aelwyd agored a chroesawus Congl-y-Meinciau, yn ddedwydd yng nghwmni ei bobl ei hun, y gellid ei adnabod orau. Tystia Jennie, ei chwaer, fod "Griffith Thomas yn un hawdd byw hefo fo". Tystia eraill i hyfrydwch ei gymdeithas a'i gyfeillgarwch. Yn nyddiau'r coleg ym Mangor, 'roedd yn bennaf ffrind i Mr Ellis Wynne Williams, Abergele, cyn-brifathro a hanesydd rhagorol. Mewn llythyr ataf, cyfeiria Mr Williams at bythefnos a dreuliodd yn Ysbyty Môn ac Arfon, Bangor, o ganlyniad i ddamwain ar gae pêl-droed. Ysgrifenna: "Deuai Griff i'r ysbyty braidd bob nos, a llwyth o lyfrau i mi gael copïo ei nodiadau ef. Galwai drannoeth amdanynt, a gorfodai hynny fi i'w codi heb golli amser. Cymwynas fawr oedd hon . . . Cysondeb, cywirdeb, cymwynas-garwch — dyna Griff." Dyma dystiolaeth arall i rin ei gyfeillgarwch. Ym misoedd olaf ei fywyd, oherwydd musgrellni ei gerddediad trefnodd G.T.R. fod cyfaill iddo, un na fynychai moddion y Sul, yn ei gludo i'w oedfaon. Arhosai'r cyfaill yn yr oedfa, er mwyn ei gludo'n ôl adref. Bu farw G.T.R. — ond y mae'r cyfaill yn parhau i fynychu'r addoliad.

Y mae'n werth syllu'n hir ar y llun rhagorol ohono ar wynebddalen y gyfrol hon. Y mae'r wyneb yn ddrych o'r dyn. Gwelir ynddo bryd y meddyliwr diwylliedig, cadernid a thynerwch yn gymysg, ac yn y llygaid braffter, ac awgrym o ddireidi yng nghil y llygad.

Y tro olaf y clywais ef yn pregethu, ei destun oedd "Beth yw dy enw?" (Marc 5:9). Pregeth ragorol. Terfynodd y bregeth drwy ddyfynnu'n ddwys ac effeithiol emyn J. E. Davies (Rhuddwawr):

Un cais a geisiaf, Arglwydd glân,
Un sain yn unig sy'n fy nghân;
Pechadur wyf, pechadur mawr,
Yn methu cael fy meiau i lawr.
O! Iesu byw, dy fywyd Di
Fo'n fywyd yn fy mywyd i.

'Roedd G.T.R. yn fyw iawn iddo'i hun fel "pechadur mawr, yn methu cael fy meiau i lawr"; ond ynddo a thrwyddo 'roedd Iesu'n fyw i mi, ac i lawer.

Rhwydd hynt a bendith i'r cannoedd sy'n pererindota'n flynyddol i Enlli, gorweddfan dwy fil o saint medd hanes. Fe gyrchaf finnau at feddrod yn Llandegwnin, ac i mi fe fydd y pridd yno yn fwy cysegredig na phridd Enlli hyd yn oed; oherwydd yno caf ddwyn i gof un o'r saint a adnabûm i yn gyfaill, a byddaf ddiolchgar.

GRIFFITH THOMAS ROBERTS: ATGOFION CYFAILL

ERIC EDWARDS

Cyn cael ei dderbyn, yn 1930, yn ymgeisydd am Weinidogaeth yr Eglwys Wesleaidd (yr enw cyn 1932), bu raid i Griffith Thomas Roberts, fel pob ymgeisydd arall, eistedd arholiad a phregethu "pregeth brawf" mewn oedfa gyhoeddus. Yn bresennol yn yr oedfa hon yr oedd tri gweinidog a thri lleygwr a oedd wedi eu penodi i roi adroddiad i Eisteddiad Gweinidogion y Synod ar gymhwyster yr ymgeisydd fel pregethwr ac arweinydd mewn oedfa. Yn ddiweddarach bu raid iddo ymddangos gerbron y Synod a cherbron pwyllgor ("Pwyllgor Gorffennaf") o Gynhadledd Brydeinig yr Eglwys Wesleaidd cyn cael ei dderbyn yn ymgeisydd cymwys.

Cynhaliwyd yr oedfa brawf yng Nghapel Ebeneser, Porthmadog, a hebryngwyd y pregethwr, a oedd eisoes yn "bregethwr cynorthwyol" yng Nghylchdaith Pwllheli, gan ei dad, a yrrai feic-fodur; teithiai'r mab dwy ar bymtheg oed, yn gwisgo cap ysgol, Ysgol Ramadeg Botwnnog, yn y seidcar. Yr oedfa honno ym Mhorthmadog oedd "dechrau'r daith" weinidogaethol i un a oedd, dros y trigain mlynedd dilynol, i roi gwasanaeth clodwiw i'w Gyfundeb, ac yn wir i'w genedl, ac i gael ei gyfrif ymhlith y galluocaf a'r amlycaf o weinidogion yr Eglwys Fethodistaidd yng Nghymru.

Gweinidog yr Efengyl a fynnai G. T. Roberts fod. Fe'i ganed yn nhŷ capel y Tyddyn, ac yno y treuliodd ei flynyddoedd cynnar. Weithiau byddai'n dianc i'r capel i ganu'r organ ac i gymryd arno bregethu o'r pulpud. Ac wedi tyfu'n ŵr, pregethu a wnaeth am iddo gael ei gymell gan Ysbryd Duw. Mewn llythyr a anfonodd imi rai blynyddoedd yn ôl, cyfeiriodd at yr adduned a wnaeth ar ddydd ei ordeinio, gan ychwanegu iddo geisio osgoi rhoi pwys ar swyddi eglwysig "fel petaent yn anrhydeddau bydol yn hytrach na chyfleusterau i wasanaethu", a mynegi'r hyder na byddai iddo gydio'n rhy dynn yn ei swyddi. Ni wnaeth hynny, oherwydd er iddo lenwi swyddi tra chyfrifol a phwysig — yn Ysgrifennydd Synod, yn Gadeirydd Talaith, yn Llywydd y Gymanfa Gymreig, yn aelod o Gyngor y Llywydd ("Cabinet" yr Eglwys Fethodistaidd) — pregethwr ydoedd yn anad dim i'r diwedd; i'r gwaith hwnnw y cysegrodd ei wybodaeth enfawr a'i holl ddoniau disglair.

Adroddodd Dr Tegla Davies imi hanes rywdro am weinidog a chanddo "ddwy law chwith". Nid at G. T. Roberts yr oedd Tegla'n cyfeirio, eithr nid wyf yn cofio imi erioel weld yr un arf yn ei law yntau namyn ei bin-inc; yr oedd hwnnw ganddo wrth law yn wastad, ac ysgrifennai yn rhwydd a destlus a darllenadwy iawn. Nid wyf yn cofio imi ei weld yn teipio; yn wir, ni allaf gofio a welais deipiadur yn ei stydi. Saer a threfnydd angladdau oedd ei dad, a phan oedd yn llencyn ifanc cymerai'r mab arno'i hun ei helpu, ond "yr unig beth a gâi ei wneud i helpu," meddai ei chwaer Jennie, "oedd hoelio leinin arch"! Cafodd gynnig beic newydd unwaith, ond ei wrthod a wnaeth, ac ni fedrodd reidio beic. Ymhen hir a hwyr cafodd gar modur a dysgu ei yrru; ond nid oedd hwnnw o ddim mwy o werth iddo na modd i'w gludo i'w gyhoeddiadau.

O'i ddyddiau cynharaf yr oedd "Griffith Thomas" (enw cyson ei gartref a'i gymdogaeth arno) yn ddarllenydd cyson o gylchgrawn plant y Wesleaid, sef *Y Winllan* (y daeth yn ddiweddarach, dros dro, yn olygydd iddo). Yn rhifyn Mai 1929 (t. 110) o'r cylchgrawn hyglod hwnnw ceir soned ar y testun "Bore o Wanwyn" gan "G. Thomas Roberts, 16 oed". Byddai'n eistedd arholiadau ysgrifenedig yr Ysgol Sul yn rheolaidd, a'r un mor rheolaidd yn derbyn canmoliaeth uchel yr arholwyr. Un o'r arholwyr hynny, yn ei dro, oedd yr enwocaf o olygyddion *Y Winllan,* y Parchedig Ddr E. Tegla Davies, ac wedi canmol gwaith yr ymgeisydd disglair o Lŷn ni allodd Tegla ymatal rhag dweud fel y cafodd ei swyno gan enw ei gartref, sef Congl-y-Meinciau ym Motwnnog. Daeth dydd pan alwyd ar fab Congl-y-Meinciau yntau i baratoi gwerslyfrau i'r Ysgolion Sul ac i arholi'r plant. Am gyfnod, yn gynnar yn ei weinidogaeth, bu'n paratoi gwersi seiliedig ar Faes Llafur dosbarthiadau hynaf yr Ysgolion Sul i'w cyhoeddi yn *Y Gwyliedydd Newydd;* ac wedi bwrw ei brentisiaeth yn y cyfnodolyn enwadol hwnnw parhaodd am weddill ei oes i wneud yr un gymwynas i aelodau Ysgolion Sul yr holl enwadau yng ngholofnau'r *Herald Cymraeg.*

Dros y blynyddoedd cyfrannodd G. T. Roberts ysgrifau'n gyson i'r *Eurgrawn.* Ymddangosodd y gyntaf o'r ysgrifau hyn, sef ymdriniaeth â gwaith Dafydd Nanmor, yn 1931, yn ystod ei flwyddyn gyntaf fel myfyriwr yng Ngholeg Prifysgol Cymru ym Mangor, ac fel hyn y cyflwynodd golygydd y cylchgrawn, y Parchedig Ddr D. Tecwyn Evans, luniwr yr ysgrif:

> Os y Parch. Thomas Jones Humphreys, a ysgrifennodd i rifynnau Ionawr a Chwefror, yw'r gohebydd hynaf y gall *Yr Eurgrawn* ymffrostio ynddo, credaf mai'r gŵr ieuanc disglair Mr. Griffith Thomas Roberts yw'r ieuengaf oll — nid yw ond deunaw mlwydd oed. Derbyniwyd ef yng Nghynhadledd 1930 fel ymgeisydd am ein gweinidogaeth, er ei ieuanged; ac ni synna neb a'i hedwyn at hynny (*Yr Eugrawn,* Mai 1931, 191).

Trwythodd G.T.R. ei hun yn gynnar yn hanes Wesleaeth Gymraeg, a daeth yn ddiweddarach yr un mor hyddysg yn hanes Wesleaeth Saesneg ac yn hanes Methodistiaeth (yn ystyr ehangach y term) yng Nghymru a Lloegr a'r tu hwnt iddynt. Pan ddechreuwyd cyhoeddi *Bathafarn,* Cylchgrawn Hanes yr Eglwys Fethodistaidd yng Nghymru, yn 1946, penodwyd G. T. Roberts yn is-olygydd iddo. Yn 1970, ar ymddeoliad y golygydd cyntaf, Mr. A. H. Williams, penodwyd ef yn olygydd, a than ei olygyddiaeth ef y cyhoeddwyd y cyfrolau olaf, sef rhifau 26-30. Gwelir cyfraniadau ganddo hefyd ym mhob un bron o gyfrolau 1-25. Yr oedd yn aelod o'r *Wesley Historical Society,* a chyfrannodd ysgrifau i *Proceedings* (sef cylchgrawn chwarterol) y Gymdeithas honno, ac yn y Gynhadledd Fethodistaidd yn Sheffield yn 1951 traddododd

Ddarlith Flynyddol y Gymdeithas, ar "Howell Harris". Y mae toreth ei gyfraniadau i gyhoeddiadau Methodistaidd yn fwy na'r eiddo unrhyw hanesydd arall yn y Weinidogaeth ("Wesleaidd") Gymraeg.

Dyn cymharol ddieithr i mi oedd G. T. Roberts cyn imi symud, yn 1947, i weinidogaethu yng Nghylchdaith Bangor a'i gael yn gydlafurwr; rhyngom gofalem am y pedair eglwys a oedd y pryd hwnnw yn ninas Bangor. Buan y deuthum i wybod ei fod yn ŵr o allu arbennig iawn ac o wybodaeth a barodd imi ryfeddu ati, ond ni fûm yn hir yn ei gwmni cyn cael sicrwydd ei fod yn barod i rannu â mi ei wybodaeth a'i gyfeillgarwch. Bu'n hawdd gennyf geisio ei farn, neu wybodaeth am y peth hwn neu'r peth arall; ac fel petai i wneud yn siŵr y byddwn yn deall, âi i'r drafferth i ysgrifennu ei atebion imi. Mae gennyf ddalennau lawer o'i nodiadau ar wahanol bynciau y buom yn eu hystyried gyda'n gilydd. Hyd yn oed wedi imi symud o Fangor i gylchdaith arall, cefais achos fwy nag unwaith i ofyn am ei help, a'i gael bob tro yn ddi-nacâd.

Ymwelai'n gyson ag aelodau dwy eglwys ei ofalaeth, ac nid oedd gartref na roddai groeso cynnes iddo. Cofiaf ei weld un tro wedi iddo fod yn ymweld â rhai o'i braidd. Cerddai o Fangor Uchaf â'i law dde y tu ôl i'w gefn, a phan ddeuthum yn agos ato gwelais mai tusw o flodau a gariai — ac nid un i gario blodau oedd G. T. Roberts! Yn gwrtais reit, 'roedd wedi canmol y blodau a gwraig y tŷ o'i charedigrwydd wedi eu rhoi iddo wrth iddo ymadael — ac yntau'n methu eu gwrthod rhag iddo ymddangos yn anghwrtais.

Ymwelai'n gyson hefyd â rhai afiach yn Ysbyty Môn ac Arfon, a rhyfeddais at ei wybodaeth o afiechydon. Pan ofynnodd imi untro holi am weinidog a oedd wedi ei daro'n wael, medrodd egluro imi'n fanwl yr achos am yr anhunedd. A thybiais mai o'i awydd i gyflawni'n well ei waith bugeiliol y cododd y diddordeb hwn mewn gwybodaeth feddygol.

Ar ddiwrnod "gwneud y Plan" cyfarfyddem â'n cyfaill a'n Harolygwr, J. T. Hopwood, a chaem gyfle i sôn am waith y gylchdaith, ac i adrodd hanesion am bethau y tu allan i'r gylchdaith nad oedd a wnelent ddim â'r Plan! A gallai G.T. adrodd stori ddoniol gyda'r goreuon! Am gyfnod buom ein dau yn ymddiddori mewn croeseiriau, ac ambell dro, yn hwyr y nos, deuai galwad ffôn o Fans Sant Paul i holi am y croesair, a minnau fel rheol heb fod yn agos i orffen ei ddatrys.

Ac yntau'n byw yn y Mans gerllaw y Llyfrfa Fethodistaidd ym Mangor, cafodd gyfle i fynd i chwilota yn ystafelloedd uchaf yr adeilad hwnnw, a gwelodd yno rai cofnodion Synodau a dogfennau eraill y credodd ef na ddylent fod ar gadw mewn lle mor gyhoeddus, gan fod ynddynt wybodaethau cyfrinachol. Pwysodd am gael eu symud, ac ers blynyddoedd bellach y maent ar gadw yn y Llyfrgell Genedlaethol yn Aberystwyth, gyda'r hysbysiad mai trwy ganiatâd Cadeirydd y Dalaith yn unig y ceir eu harchwilio.

Nid un i'w wthio'i hun i'r blaen oedd G.T.R. Tueddai, mewn man cyfarfod, i eistedd yn ôl os na fyddai ganddo gyfraniad i'w roi yn y cyfarfod. Mewn Synod, ac yntau yn y gadair, cadwai drefn a chadwai at y Rheolau Sefydlog, heb oddef i neb eu hanwybyddu. Bu'n graff i weld yr angen am newid neu wella ambell air neu gymal yn *Standing Orders* y Cyfundeb a oedd yn ymddangos yn amwys mewn perthynas â'r Taleithiau Cymraeg. Yr oedd yn hyddysg yng ngweithgareddau a threfn y Gynhadledd Brydeinig, a mynnai fod y Gymanfa Gymreig yn mabwysiadu rhywfaint o'r un drefn; er enghraifft, bu'n anfodlon ar y duedd i guro dwylo yn y Gymanfa, a hynny am na chaniateid y fath beth yn y Gynhadledd.

Yn briodol iawn i un a fawrhaodd gymaint y fraint o fod yn Fethodist o dras John Wesley, bu Griffith Thomas Roberts farw — yn frawychus o sydyn, ond yn dawel a di-ffwdan — ar Ddydd Dathlu Tröedigaeth John Wesley, 24 Mai 1991. Yn unol â'i ddymuniad, yn dilyn gwasanaeth cwbl breifat, claddwyd ei weddillion ym mynwent Llandegwning ger Botwnnog, yn yr un bedd â'i frawd-yng-nghyfraith, Griffith Owen Roberts, un y bu gwir gyfeillgarwch rhyngddo ag ef hyd ei farw cynamserol rai blynyddoedd ynghynt. Ar y garreg fedd ychwanegwyd yr arysgrif:

Y Parch. Griffith Thomas Roberts, M.A., B.D.
(Gweinidog yn yr Eglwys Fethodistaidd)
"*Da wladwr duwiol ydoedd,*
A gŵr i Dduw o'r gwraidd oedd." EBEN FARDD.

Teyrngedau Byr

Gan y Parchedicaf Alwyn Rice Jones, Archesgob Cymru, ar ran Yr Eglwys yng Nghymru.

Teyrnged i'r Parchedig G. T. Roberts

Pan oeddwn yn laslanc yn yr ysgol ac wedyn yn fyfyriwr Coleg, enw yn unig oedd Griffith Thomas Roberts i mi. Ef oedd awdur colofn ysgrythurol achlysurol yn *Yr Herald Cymraeg,* a oedd yn dod yn rheolaidd i'n tŷ ni. Ond pwy oedd y gwron hwn? I mi yr oedd "G.T." yn glamp o ddyn. Onid oedd yn ysgolhaig ac yn esboniwr praff a oedd bob amser yn gallu gwneud yr astrus yn glir?

Flynyddoedd wedi hynny deuthum i'w adnabod nid yn unig fel ysgolhaig praff ond hefyd fel arweinydd doeth. 'Roedd hyn tua 1965, a'r trafodaethau rhwng yr Eglwys yng Nghymru a'r Eglwys Fethodistaidd yn eu hanterth. Onid dyma weinidog oedd yn gallu sefyll gyfochr ag Esgob Bangor ar y pryd, y Dr. Gwilym Williams? Yn raddol deuthum i barchu ei arweiniad diogel a'i awdurdod. Buan iawn y deallais fod parch neilltuol i'w arweiniad ymhlith gweinidogion ac aelodau'r Eglwys Fethodistaidd a'r tu hwnt iddi. 'Roedd "G.T." yn sicr yn meddu ar y gallu i ddelio â phobl anhydrin iawn gyda pharch, addfwynder ac amynedd.

Yna daeth cyfnod y Cydbwyllgor Cyfamodi yng Nghymru, a minnau ar y pryd yn was digon di-nod yn Swyddfa'r Esgobaeth ym Mangor, gyda'r dasg o lywio'r adroddiadau drwy'r wasg. Y pryd hwnnw y deuthum i adnabod "G.T." fel llenor penigamp a oedd yn gallu ysgrifennu'n greadigol a chyfieithu o'r Saesneg i'r Gymraeg yn rhwydd. Buan y deuthum i ddeall ei dechneg, y pwysigrwydd nid o gyfieithu yn llythrennol o un iaith i'r llall ond o drosi syniadau yn naturiol i'r Gymraeg gan barchu pob priod-ddull.

Ond nid cawr o ysgolhaig yn unig oedd "G.T.", yn meddu ar grebwyll diwinyddol ac ysgrythurol arbennig ynghyd â gofal neilltuol am arddull odidog yn Gymraeg. 'Roedd hefyd yn gyfaill ac yn gynghorwr. Bu gyda ni ar yr aelwyd ym Mangor sawl tro. Hoffai alw i mewn am sgwrs rhwng cyfarfodydd neu alwadau eraill. O'i adnabod y pryd hwnnw deuthum i barchu ei gyngor ar waith bugeiliol gweinidog. Cofiaf ef un tro yn dweud wrthyf: "Alwyn, peidiwch byth â gosod problem fugeiliol astrus o'r neilltu ond ewch ati'n syth. Mi ffeindiwch yn fuan iawn nad yw hi gynddrwg ag y tybiwch ei bod hi." Oedd, 'roedd "G.T." yn weinidog doeth iawn, ac fe gyfrannodd yn helaeth at y gwaith o gyfoethogi a hyrwyddo undeb Eglwys Crist ar ddaear Cymru ei gyfnod. Yn sicr rhaid diolch i Dduw am ei roi ar fenthyg inni.

Gan y diweddar Barchedig Huw Wynne Griffith, ar ran Eglwys Bresbyteraidd Cymru.

Y Parchedig G. T. Roberts

Fe dreuliodd G. T. Roberts oriau dirifedi mewn pwyllgorau a geisiai uno Eglwysi yng Nghymru, a mawr fu ei gyfraniad iddynt. Gellir gwerthfawrogi maint y cyfraniad trwy oedi uwchben cyfansoddiad a gwaith unrhyw bwyllgor o'r math. Ffurfir pwyllgor undeb pan gyferfydd cynrychiolwyr a benodwyd iddo'n swyddogol gan eu Heglwysi hwy eu hunain. Gellir cymryd yn ganiataol fod gan bob aelod o'r pwyllgor fesur o wybodaeth am ei Eglwys ei hun, a mesur o deyrngarwch iddi. Yr oedd G.T. yn awdurdod ar hanes Methodistiaeth, adwaenai yr Eglwys Fethodistaidd trwyddi a thro ac yr oedd ei deyrngarwch iddi yn ddiamheuol.

Gan mai ceisio undeb ag Eglwysi penodol fyddai gwaith y pwyllgor, gellid cymryd yn ganiataol fod gan yr aelodau fesur o wybodaeth am yr Eglwysi hynny, a pharch tuag atynt. Yr oedd G.T. yn arbennig o hyddysg yn hanes Eglwysi Cymru, a gwerthfawrogai dystiolaeth pob un. Ond gan mai ceisio undeb fyddai gwaith y pwyllgor, gellid cymryd yn ganiataol fod yr aelodau yn feirniadol o'r Eglwysi, gan gynnwys eu Heglwys eu hunain, fel yr oeddent. Fel un a astudiodd ddadleuon diwinyddol y ganrif ddiwethaf gwyddai G.T. na ellid cyfiawnhau amrywiaeth Eglwysi Cymru ar y tir fod ganddynt seiliau diwinyddol gwahanol, nac ychwaith ar y tir fod unrhyw un ohonynt yn ddigonol ar gyfer cenhadaeth heddiw.

Yn y pwyllgorau a geisiai undeb yng Nghymru gellid cymryd yn ganiataol hefyd fod gan bob aelod fesur o barch i'r Gymraeg. Yn hyn eto rhagorai G.T. Yr oedd yn feistr ar yr iaith. Gallai ysgrifennu cofnodion Cymraeg ambell bwyllgor wrth i'r drafodaeth fynd rhagddi, a'u cyflwyno ar y diwedd i'r cadeirydd mewn Cymraeg cywir a chyhyrog. Pan fyddai galw am gyfieithiad Cymraeg o unrhyw ddogfen, neu am arolygu cyhoeddi unrhyw adroddiad, G.T. fyddai'n ysgwyddo'r baich, a hynny gyda'i wên hynaws.

Â'r fath gymwysterau ganddo, nid yw'n rhyfedd i'r pwyllgorau undeb ei wneud naill ai yn ysgrifennydd neu yn gadeirydd iddynt, a bod ei gyfraniad iddynt yn fawr. O ddadansoddi ymhellach waith pwyllgor undeb, daw natur a gwerth cyfraniad G.T. yn amlycach fyth. Faint bynnag fo parch pwyllgor undeb at y gorffennol, ei dasg yw ceisio perthynas newydd a rhagorach rhwng Eglwysi. Yn ymarferol golyga hyn geisio ar y naill law gytundeb diwinyddol nas mynegwyd o'r blaen, ac ar y llaw arall gyfundrefn eglwysig newydd, a hynny nid trwy fargeinio a chyfaddawdu ond trwy ymddiried yn arweiniad yr Ysbryd. Credai G.T. fod yr Ysbryd wedi gweithio yn yr Eglwys yn y gorffennol; credai hefyd fod yr un Ysbryd yn yr oes bresennol yn arwain yr

Eglwys i wirionedd pellach ac i weithredoedd mwy. Tra nad yw'n bosibl mesur ymddiriedaeth neb yn yr Ysbryd, gwyddai ei gydaelodau fod ymddiriedaeth G.T. ynddo yn fawr. Onid oedd ffrwyth yr Ysbryd yn amlwg yn ei bersonoliaeth ac yn ei ymddygiad? Er cymaint ei allu a'i ysgolheictod, gŵr tawel a diymhongar ydoedd: mwy parod o lawer i wrando barn eraill nag i siarad ei hun; un a ysgwyddai waith yn ddi-gŵyn ac a roddai bob cymorth i'w gydaelodau; un llawn o'r gobaith bywiol, amyneddgar a'i galluogodd i ddyfalbarhau pan oedd yr Eglwysi yn hwyrfrydig i ddilyn argymhellion y pwyllgorau.

Do, fe dreuliodd G.T. oriau dirifedi mewn pwyllgorau undeb eglwysig, a hynny am y credai fod undeb y disgyblion yn ganolog i lwyddiant cenhadaeth Crist ac i fwriad Duw i sicrhau undod y greadigaeth yng Nghrist. Ac odid na phrofodd yntau ynddynt gymdeithas ehangach a cyfoethach nag a geid mewn unrhyw enwad, rhyw ernes o Eglwys y dyfodol. Cyfrannodd yn helaeth i roi'r profiad hwnnw i eraill.

Gan y Parchedig Arthur Thomas, ar ran yr Annibynwyr Cymraeg.

Griffith Thomas Roberts

Clywswn gryn lawer amdano ymhell cyn imi ei gyfarfod yn 1958. Clywswn am ei lwyddiant mewn ysgol a choleg, am ddisgleirdeb a miniogrwydd ei feddwl ac am ei ymgysegriad fel Gweinidog i Grist. A thystiolaeth fy nhad-yng-nghyfraith, y Parch. J. Idris Owen, a fu'n gweinidogaethu ym Motwnnog, ardal ei faboed, oedd fod G.T.R. yn ifanc iawn wedi dangos addewid fawr a gallu meddyliol aeddfed a chraff. Ymhyfrydai Idris Owen yn aml fod ganddo ran yng nghychwyniad y llanc ifanc addawol hwnnw.

Ond ym Mhwyllgor y Tri Enwad, wedi i'r Annibynwyr ymuno mewn trafodaethau â'r Presbyteriaid a'r Methodistiaid yn 1958, y croesodd ein llwybrau gyntaf. R. M. Roberts, Trefaldwyn, oedd y Cadeirydd, a phenodwyd tri ohonom — Huw Wynne Griffith, G.T.R. a minnau — yn Ysgrifenyddion. Ac yn ystod y pymtheng mlynedd nesaf cyfarfyddem yn gyson ac aml. Rhyw ddwywaith neu dair yn y flwyddyn y cyfarfyddai'r pwyllgor llawn — am un diwrnod yn Amwythig fel rheol, ond weithiau am ddeuddydd neu dri yn y Coleg yn Aberystwyth neu ym Mhlas Gregynog, ac unwaith yr un hyd yn oed yng Nghaerdydd ac yn y Cilgwyn. Yr oedd isbwyllgorau yn trafod uno o safbwynt cyfraith ac eiddo hefyd yn cyfarfod yn achlysurol. Ond yr oedd "y pwyllgor bach" (y Cadeirydd a'r tri Ysgrifennydd) yn cyfarfod yn llawer amlach — bedair neu bum gwaith bob blwyddyn — yn enwedig yn y blynyddoedd cyntaf. Cofiaf inni gyfarfod cynifer â dengwaith yn 1962! A chyfarfod y byddai hwnnw bron y ddieithriad yn Ysgoldy Maengwyn, Machynlleth, gyda thoriad bach rhwng eisteddiadau'r bore a'r prynhawn i fwyta ein brechdanau ac yfed ein coffi. Ac yn yr ymlacio hwnnw y gwelais i'r wedd chwareus a doniol yn G.T.R. Yr oedd wrth ei fodd yn adrodd am droeon trwstan ac am gymeriadau lliwgar, a'i gorff i gyd yn chwerthin wrth iddo gofio am rai o'i brofiadau digrifaf. A ninnau, wrth gwrs, yn glustiau i gyd, ac yn llygaid i gyd o ran hynny. Yr oedd ei gof yn aruthrol, ac yr oedd ganddo ryw ddiddordeb anarferol yn y natur ddynol; ond ni synhwyrais erioed unrhyw falais yn ei hanesion, dim ond diddordeb iachus glân.

Ie, yn y "pwyllgor bach" hwnnw y deuthum i adnabod Griff mor dda ac y daethom yn gymaint o gyfeillion. Yng nghwrs y blynyddoedd, fe ddaeth tro ar fyd: bu farw R. M. Roberts, a dewiswyd G.T.R. yn Gadeirydd yn ei le; ac fe ymunodd y Bedyddwyr yn y trafodaethau a daeth T. R. Lewis i gryfhau'r Ysgrifenyddiaeth.

Yn y ddwy swydd, fel Cadeirydd ac fel Ysgrifennydd, fe ddangosodd Griffith Thomas Roberts fod ganddo nid yn unig allu rhyfeddol ond hefyd ddoethineb ac amynedd a dogn cynorthwyol iawn o hiwmor iach. Yn fuan iawn gwelwyd ei fod yn weithiwr caled a threfnus, ac yn ysgolhaig o'r iawn ryw. Gwn y byddai'r gweddill ohonom ar y "pwyllgor bach" yn barod iawn i gydnabod mai ef a ysgwyddai'r baich trymaf wrth baratoi deunydd ar gyfer y pwyllgor llawn, deunydd a ddaeth yn ei dro i gael ei gyhoeddi dan y penawdau "Tuag at Uno", a'r Atodiad i hwnnw ar Fedydd, a'r "Cynllun Uno" ei hun. A phan ddaeth hi'n amlwg, flynyddoedd yn ddiweddarach, nad oedd uno'r enwadau Ymneilltuol yn bosibl, canolbwyntiodd y pwyllgor ar gydweithredu, a chyhoeddwyd *Gyda'n Gilydd* i roi arweiniad i'r Eglwysi ar ddulliau posibl o gydweithio. Ond y cyhoeddiad cyntaf un, wrth gwrs, oedd y gyfrol *Paratoi'r Ffordd,* sy'n cynnwys yr anerchiadau gwerthfawr a draddodwyd mewn Ysgol Dridiau yn Aberystwyth. A G.T.R. fu'n gyfrifol am olygu hwnnw.

Gyda'i feistrolaeth ar iaith, yr oedd popeth a wnâi yn lân ac yn gymen, heb achos i gywiro dim. Fe'i hystyriaf hi'n fraint imi gael cydweithio mor agos ag ef, a hynny am dymor gweddol faith. Fe'i cofiaf fel gŵr llawen a chynnes, yn frwd a gweithgar dros yr hyn a gredai, ac nid anghofiaf fyth ei gwmnïaeth gyfoethog.

Gan y Parchedig Ifor Lloyd Williams, ar ran y Bedyddwyr Cymraeg.

G. T. Roberts: Cyfaill a Chydweithiwr

Gwerthfawrocaf y cyfle hwn i fwrw hatling i mewn i'r gyfrol hon o ddiolch a gwerthfawrogiad am fywyd a gwasanaeth y Parch. G. T. Roberts. Ni allaf honni imi ei adnabod yn dda, ond cefais ddigon o ymwneud ag ef yn ystod y blynyddoedd i'w edmygu'n fawr.

Y tro cyntaf imi ei weld a'i glywed oedd mewn oedfa ddechrau'r flwyddyn yn y Tabernacl, Deiniolen, ym mis Ionawr 1953. Newydd ddechrau yn y Weinidogaeth yr oeddwn i'r pryd hwnnw, ac yn falch o'r cyfle i wrando ar bregethwr adnabyddus o enwad arall. Cefais gyfle gan y cyfaill Mr Richard Jones, prifathro'r ysgol leol, a lywiai'r oedfa, i arwain y defosiwn. Cafwyd pregeth swmpus-sylweddol a gafaelgar yn seiliedig ar Josua 3:4, "Canys ni thramwyasoch y ffordd hon o'r blaen". Mentrais ddiolch i'r pregethwr am ei genadwri, ond mynnai ef ddiolch am y defosiwn! Wrth gerdded adref o'r oedfa yng nghwmni Mr E. V. Hanks, un o selogion y Tabernacl yr adeg honno, cyfeiriais at y bregeth odidog a gafwyd, ac meddai ef wrthyf, "Dyna'r wledd a gawn ni bob tro y bydd G. T. Roberts yn ein gwasanaethu yn y Tabernacl, hyd yn oed pan fydd ond ychydig ohonom yn bresennol." Dyna ganmoliaeth yn wir!

Gwefr arall a gofiaf am yr oedfa honno oedd y mwynhad pur a gefais o wrando ar gyfoeth y Gymraeg ac acenion swynol iaith lafar Llŷn. Fel un a fagwyd ar fratiaith un o gymoedd Sir Fynwy, yr oedd gwrando ar G. T. Roberts yn llefaru, a'i ymadroddion cyfoethog yn llifo'n ddilyffethair, yn brofiad trydanol i mi. Dros y blynyddoedd cefais ddigon o gyfle i wrando arno'n traethu'n ysgolheigaidd ac yn pregethu yn yr eglwysi lleol yma ym Mangor, a gwerthfawrogi bob amser ei baratoi manwl a'i ymdriniaeth oleuedig, wreiddiol o'i destun. I ni oedd yn perthyn i genhedlaeth iau, yr oedd G. T. Roberts yn batrwm rhagorol ac yn haeddu edmygedd.

Y mae ei ddarlith, "Dadleuon Methodistiaeth Gynnar" (Darlith Pantyfedwen), yn dod i'r cof ar unwaith wrth feddwl amdano fel ysgolhaig. Traddododd y ddarlith honno yng Ngholeg y Brifysgol, Bangor. Cofiaf Dr Tom Richards yn dweud wrthyf (gyda llaw, hysbys i lawer yw bod gan Dr Tom lawer iawn i'w ddweud wrth y Wesleaid gan mai Wesle oedd ei fam!) fod G. T. Roberts yn arbenigwr yn ei faes ac y gwyddai ef bopeth oedd i'w wybod am y Methodistiaid cynnar! Yr oedd y ganmoliaeth yma gan Dr Thomas Richards — nid un i wastraffu canmoliaeth mohono ef! —

yn glod aruchel i ddawn a gallu G. T. Roberts. Yr oedd y ddarlith honno yn enghraifft wych o ysgolheictod ar ei orau, a'r darlithydd yn cyflawni ei dasg enfawr mewn llai nag awr o amser. Yr oedd yr elfen ddiymwthgar, swil i raddau, yn gwbl amlwg yn ei ffordd o draddodi'r ddarlith, a'i bersonoliaeth hardd a'i feistrolaeth lwyr o'i bwnc yn sicrhau gwrandawiad astud.

Y mae'n dda gennyf gael y cyfle hwn i dystio i'r fraint a gefais o adnabod cynifer o weinidogion Methodistaidd a'u cael bob un yn gyfeillion cywir iawn. Cofiaf gyda diolch am y cwmnïwr dihafal Rufus Roberts, yr ymchwilydd dyfal William Llewelyn Jones, y bonheddwr urddasol Erfyl Blainey, a'r ysgolhaig diymhongar Islwyn Blythin, heb sôn am y brodyr da sydd gyda ni o hyd! Ond mentraf ddweud yn wylaidd fod G. T. Roberts yn frenin yn eu plith, a'i farwolaeth yn golled enbyd nid yn unig i Fethodistiaeth yng Nghymru ond i'r Weinidogaeth Gymraeg yn gyffredinol.

Y tro diwethaf imi ei weld ef, ac yntau bellach wedi ymddeol, oedd yn ardal ei febyd yn mynd am dro'n hamddenol ac yn ei fwynhau ei hun i'r eithaf wrth gerdded hen lwybrau Uwchmynydd. Yr oedd ei gorff efallai'n fregus, ond ei feddwl mor fyw ag erioed ac yn cofio'r cyfarfyddiad cyntaf hwnnw yn y Tabernacl, Deiniolen. Doniwyd ef â llawer o rasusau, ond cyfrannodd hefyd yn helaeth i waith teyrnas Iesu Grist, a braint yw ymuno â'i gyfeillion a'i edmygwyr i ddiolch i Dduw am ei fywyd ymroddedig a'i wasanaeth clodwiw.

Gan y Parchedig A. Raymond George, Llywydd y "Wesley Historical Society" a Chyn-lywydd Y Gynhadledd Fethodistaidd Brydeinig, ar ran y Methodistiaid Saesneg eu hiaith.

A Tribute from English-speaking Methodism

An interesting feature of Welsh Methodism is its close links with the Methodism of England and Scotland. While English and Scottish Methodists can meet the representatives of other Welsh denominations, such as the Presbyterian Church of Wales, originally Calvinistic Methodists, for the most part at ecumenical bodies such as the Free Church Federal Council or the Council of Churches for Britain and Ireland, the links between Wales and the rest of Great Britain are established for Methodists, originally Wesleyans, by the fact that we all belong to the same British Conference and that the Welsh-speaking Ministers attend the same ministerial training colleges as the English-speaking ones. Thus Welsh-speaking Ministers all know the English-speaking Ministers with whom they were in College, and those who like myself have taught for many years in the Colleges know many Welsh Ministers, as I am glad to know many of the contributors to this volume, and we are thus able to keep in some touch with Welsh Scholarship, even though we cannot read what is written in Welsh.

G. T. Roberts was an exact contemporary of mine in the Ministry, but it was a few years before I got to know him. When I went to teach at Headingley, he was remembered as a former student there. I never knew him intimately, but on our occasional meetings I found him always most friendly and co-operative.

While he was still a student at Headingley, he contributed an article to the *Proceedings of the Wesley Historical Society*, XXI (1937-38), pp. 31-32 on "Charles Wesley's 'Right to

Preach throughout England and Ireland' ", not a Welsh subject, but later the same volume, p. 178, has a reference to him "keeping us in touch with what is going on" in connection with the formation of a Historical Society for Welsh Mehodists. He continued to be a faithful member of the Wesley Historical Society and made several further contributions to its *Proceedings.*

In 1951 he gave the Wesley Historical Society Lecture No. 17, *Howell Harris* (Epworth Press). His interest in one who was not a Wesleyan but was on friendly terms with John Wesley was in harmony with the valuable contribution he made to ecumenical relationships in Wales. He was thus the obvious choice to write on Welsh Methodism in *A History of the Methodist Church in Great Britain,* edited by Rupert Davies, A. Raymond George and Gordon Rupp, to which he contributed the sixth chapter in Volume Three, pp. 253-64 (Epworth Press, 1983). Professor W. R. Ward of Durham, in a somewhat unfavourable review of the volume as a whole, has this to say about the chapter: "The shortest chapter of all, that by Griffith Roberts on Wales, is admirably concentrated on the reasons, starting with Wesley himself, for the very limited penetration of the Welsh-speaking world by Arminian Methodism, and yields a splendid little cameo" (*English Historical Review,* 99 (1984), 577). This is a well-deserved tribute to a very lucid and informative account.

It is therefore a pleasure to me as President of the Wesley Historical Society, and indeed on behalf of English-speaking Methodism in general, to pay tribute to a Minister and a scholar who contributed so much to relations between our two linguistic groups.

Gan y Parchedig Ganon T. J. Prichard, ar ran y teulu.

Fy Nghefnder Griffith Thomas

Bu'r gyfathrach deuluol, rhieni a phlant fel ei gilydd, rhwng Congl-y-Meinciau a Thros-yr-Afon yn glòs erioed. Fel mab Tros-yr-Afon, yng Nghongl-y-Meinciau y bwyteais i fy nghinio trwy'r blynyddoedd y bûm yn Ysgol Botwnnog. Yr oedd Griffith Thomas bron i bedair blynedd yn hŷn na mi, ac felly, erbyn i mi gyrraedd Ysgol Botwnnog casglasai ef o'i gwmpas yn barod ryw hugan o arbenigrwydd. Ymhen blynyddoedd wedyn y cefais wybod am arbenigrwydd cynharach a amlygasid i blant Ysgol Bryncroes oherwydd ei arferiad o bregethu oddi ar graig mewn afonig a groesid ar y ffordd adref, gyda'i gyfoedion yn gynulleidfa iddo. Dilynais ef i Goleg y Gogledd, lle na bu'r cydoesi, oherwydd y gwahaniaeth oedran, yn hwy na rhyw flwyddyn, ond yn ddigon er hynny i'm galluogi i sylweddoli fod naws o neilltuolrwydd yn ei nodweddu yn yr amgylchfyd hwnnw yn ogystal.

Bûm yn ofalus i beidio â defnyddio ymadroddion a awgrymai ei fod wedi ymgeisio at ennill iddo'i hun unrhyw arbenigrwydd, oherwydd yr oedd ymfalchïo ac arddangos ei hun mor gwbl groes i'w natur ag i fod y tu hwnt i'w gymwysterau. Wedi gadael Bangor aethom i'n ffyrdd ein hunain, ond nid amharodd hynny ar y gyfathrach; byddai gwyliau'r haf yn cyfateb, a deuai ef a Jennie — chwaer iddo heb ei hafal — ar eu hynt i Forgannwg. Ar achlysur, cymryd mantais a wneid ar ryw alwad swyddogol neu wahoddiad i bregethu yn ardaloedd y De, a byddai ei fwynhad yn amlwg ar bob ymweliad. Yn un peth, arhosodd gydag ef ar hyd ei oes hyfrydwch plentyn o gael mynd am dro. Bu hynny'n amlwg ar ei ymweliadau gyda Jennie ac eraill o'r teulu — ac yr oedd ganddo le cynnes yn ei galon i bob un o'r tylwyth ymhell ac agos —â'r Amerig, ar wahoddiad eu cefnder (erbyn hyn y diweddar) Dr Ellis Roberts, Wilkesbarre. Bu'r ymweliad olaf yn odiaeth o bleserus iddo oherwydd ei wahoddiad i gymryd rhan yng Nghymanfa Ganu flynyddol y Cymru y tu hwnt i'r Iwerydd. Ar ryw ystyr mantolai hynny ag ymweliadau pur gyson Ellis Roberts â Llŷn, ymweliadau a gynhwysai fynychu'r Eisteddfod Genedlaethol.

Ond yr oedd gan Griffith Thomas y ddawn ryfeddol o ganfod boddhad pleserus, ar achlysur ei ymweliadau, mewn sefyllfaoedd a'u pegynnau gymaint ar wahân ag ymgolli mewn siop lyfrau neu mewn rhyw fangre hanesyddol neu mewn ymdriniaeth ddyrys ar y naill law, ac ar y llaw arall fod yng Nghwm Rhondda, yng Nghaerdydd neu yn Abertawe, yn unig er mwyn edrych o'i gwmpas a synhwyro eu neilltuolrwydd. Eto, pan wneid apêl at y stôr o wybodaeth y gallai ei chelu mor llwyddiannus, a chael ymateb parod bob amser, ni ellid ond edmygu'r trylwyredd, y manylder a'r gofal a nodweddai ei ysgolheictod. Nid pedant mohono er hynny, ac yr oedd yn perthyn iddo beunydd, fel y gŵyr pawb a'i hadwaenai, elfen o ddireidi diniwed, ond hynod ddiwylliedig, a welid yn chwarae yng nghil ei lygaid bron yn ddieithriad. Nid rhyfedd ei fod yn hoff o blant, a hwythau'n hoff ohono yntau — fel y gwn o ystyried agwedd ein plant ni ein hunain tuag ato. Yn gysylltiedig â hyn oedd ei drysorfa o ddywediadau ffraeth a throeon digri, a ddefnyddid nid yn unig i ddiddori ieuenctid ond gydag addasrwydd deniadol ar bob math o achlysuron.

Ni phylodd na'i gof na'i allu meddyliol yr un tipyn hyd ddiwedd ei oes, a chadwodd gysylltiad agos â gwahanol feysydd ei ddiddordebau crefyddol a diwylliannol, gan ddal i gyfrannu atynt yn llawen, heb orfod cario baich o gyfrifoldeb. Ar yr un pryd gallodd ymdoddi'n ôl yn hollol ddi-rwystr i hen fyd ei gynefin, fel ag i dynnu hyfrydwch a boddhad eto o bethau cyffredin ei fywyd beunyddiol. A'r cwbl gyda'i ymddiriedaeth yn gyflawn yng ngofalaeth Jennie ohono.

Gwna eraill llawer mwy cymwys na myfi, yn y gyfrol hon, gyfiawnder dyladwy ag agweddau crefyddol ac enwadol ei yrfa. Ond i derfynu, gallwn innau yn hyderus ychwanegu hyn: pe bai uno'r Eglwysi wedi bod yn fater a adawsid i'w benderfynu gan Griffith Thomas a minnau, fe gawsid cytundeb yn bur ddiymdroi.

Gan Mr Gruffudd Parry, ar ran Cymdogaeth Penrhyn Llŷn

Gŵr Cenedl a Chynefin

Fu erioed ŵr yn nes at galon ei gynefin na'r Parchedig Griffith Thomas Roberts, a chafodd cynefin neb erioed le cynhesach mewn calon. Dechreuodd ei yrfa yn Nhŷ Capel Tyddyn, y capel Wesleaidd bach ar ochr Mynydd y Rhiw, ac oddi yno yr oedd yn mynd i Ysgol Bryncroes, yr ysgol a gaewyd yn nechrau'r saith degau yn wyneb gwrthwynebiad hir a chaled gan rieni ac adalwyr. Pan oedd tua naw oed fe symudodd i Ysgol Pont-y-Gof ym Motwnnog, ond yr oedd plant Ysgol Bryncroes yn gwybod yn iawn mai pregethwr oedd o am fod ar ôl iddo fynd yn fawr. Gwireddwyd yr addewid a chadwyd yr adduned, a daeth yn un o weinidogion amlycaf ei enwad, ac fel eraill o weinidogion yr enwad hwnnw, daeth ei enw yntau yn ei dro yn adnabyddus drwy Gymru gyfan.

Pan oeddwn i yn las athro yn dechrau dysgu yn yr "Ysgol Ucha" ym Motwnnog yn gynharach yn y ganrif yma, yr oedd yn llyfrgell yr ysgol rifynnau o'r *Llenor* ac enw Griffith Thomas Roberts wedi ei ysgrifennu arnynt. Yr oedd yr enw'n gynefin ac yn wybyddus imi am ei fod yntau yn un o fyfyrwyr Bangor yn y blynyddoedd cyn yr Ail Ryfel Byd, ac yr oedd rhywbeth braf mewn teimlo, os oedd y plant a'r athrawon a'r ysgol yn newydd a dieithr, fy mod yn adnabod un o'r cyn-ddisgyblion yn dda. Ar y ffordd adref o'r ysgol ryw bnawn, sbel yn ddiweddarach, taro arno wrth y Post a sôn am *Y Llenor*. "O ia," meddai, a'r wên oedden ni'n adnabod yn goleuo'i wyneb, "yno ma' nhw i fod 'ysti." Gellid bod wedi dweud yr un peth amdano yntau yng nghyswllt ei enwad a'i gynefin.

Un o'r arwyddion — gwyrdro rywsut — o'r parch oedd gan Lŷn iddo oedd na ddefnyddiwyd erioed y teitlau parch allanol, arwynebol, wrth sôn amdano. "Griffith Thomas" oedd y plentyn oedd yn chwarae yn Ysgol Bryncroes. "Griffith

Thomas Congl Meinciau" oedd yr hogyn oedd yn mynd i'r weinidogaeth o Ysgol Botwnnog, a "Griffith Thomas" oedd yr ysgolhaig o weinidog ddaeth yn ôl i fyw at Jennie ei chwaer yng Nghongl-y-Meinciau ar ôl ymddeol. Er ei fod yn feistr mewn llawer maes, ac er ei fod yn barchedig ym mhob cylch, nid y "Mr" na'r "Parch" ddefnyddiodd pobl ei gynefin i ddangos eu hedmygedd ohono a'u hanwyldeb tuag ato.

Yn naturiol, yr oedd y doniau a ddaeth ag ef i amlygrwydd cenedlaethol yn cael eu parchu yn Llŷn, ond yr oedd yna bethau ar lefelau eraill hefyd. Yr oedd o yn arweinydd ysbrydol ar ei liniau wrth fyrddau Cymun Penrhyn Llŷn. Yr oedd o yn gawr o ddehonglwr ar ei draed yn y pulpudau. A phan fyddai Griffith Thomas yn bresennol ym mhwyllgor Cymanfa Bregethu Rhoshirwaun, lle'r oedd o yn arbennig o ffyddlon, mi fyddai'r Pwyllgor i gyd yn teimlo yn ddiogelach ac yn llawer mwy hyderus, a byddai gair neu ddau ganddo yn ddigon i greu gobaith a gwên. Fe gawsom ni gymorth ei gwmni ar aelwydydd profedigaeth; fe ddathlodd achlysuron ein llawenydd efo ni; croesawodd ni i'r tŷ a chynghorodd ni a dysgodd lawer i ni. 'Does ryfedd yn y byd fod atgofion Pen Llŷn amdano yn rhai mor annwyl ac eglur. Mae'n hawdd iawn cofio'r wên ddireidus yn ei lygad, ac mae'n hawdd iawn dychmygu y buasai'r llais cyfoethog yn dweud am yr atgofion hynny, "yno 'ma nhw i fod 'ysti".

Cyfieithu'r Salmau[1]

GWILYM H. JONES

O holl lyfrau'r Hen Destament, llyfr y Salmau sydd wedi bod amlycaf yn hanes cyfieithu'r Beibl. Cyn bod sôn am na Thestament Newydd William Salesbury na Beibl William Morgan, yr oedd rhai Salmau ar gael yn y ffurf-wasanaeth Catholig a elwir yn *Gwassanaeth Meir;* yna ychydig fisoedd cyn cyhoeddi'r Testament Newydd yn 1567 fe gyhoeddodd William Salesbury y Llyfr Gweddi Gyffredin yn Gymraeg ac yr oedd cyfieithiad o'r Sallwyr cyfan yn hwnnw. Hyd yn oed pan gyhoeddwyd y Beibl cyfan yn 1588, fe gyhoeddwyd y Sallwyr yn gyfrol ar wahân, a'r fersiwn oedd yn y gyfrol honno a gynhwyswyd yn y Llyfr Gweddi diwygiedig yn 1599. Fe gyhoeddwyd y Salmau ar wahân o dan gynllun cyhoeddi *Y Beibl Cymraeg Newydd* hefyd, a hynny naw mlynedd cyn ymddangosiad y Beibl cyfan. Ac fe gaed rhai cyfieithiadau diweddar eraill o rannau o lyfr y Salmau gan L. E. Valentine (1936)[2], gan J. D. Vernon Lewis[3] a chan awdur yr ysgrif hon.[4]

Barddoniaeth yw'r Salmau, ac o'r cychwyn cyntaf un fe geisiwyd eu mydryddu wrth eu cyfieithu. Y mae'r rhan fwyaf o'r Salmau a gynhwyswyd yn *Gwassanaeth Meir* wedi eu gosod allan yn gwpledi ar fydr; yn ddiweddarach ceisiodd Siôn Tudur roi naw o'r Salmau ar fesur cywydd. Ymhen wyth

[1] Seiliwyd yr ysgrif hon ar ddarlith a draddodwyd i Ysgol Lenyddol Gregynog, Gorffennaf 10, 1988.

[2] L. E. Valentine, *Detholiad o'r Salmau,* Abertawe: Gwasg Ilston, 1936.

[3] J. D. Vernon Lewis, *Llyfr y Salmau: Cyfieithiad Cymraeg o'r Llyfr Cyntaf sef Salmau 1-41, gyda Nodiadau ar y Testun Hebraeg,* Abertawe: Gwasg John Penry, 1967.

[4] Gwilym H. Jones, *Cerddi Seion,* Caernarfon: Llyfrfa'r M.C., 1975.

mlynedd ar ôl cyhoeddi Beibl William Morgan yr oedd Wiliam Midleton o Lansannan wedi mydryddu'r cwbl o'r Salmau, ac fe'u cyhoeddwyd yn 1603 yn fuan ar ôl ei farw; y mesurau caeth traddodiadol a ddefnyddiwyd gan Midleton. Bu eraill yn trïo'u llaw ar y gwaith: Edward Kyffin, James Parry a'i fab George Parry. Y cais enwocaf a mwyaf llwyddiannus oedd un Edmwnd Prys, Archddiacon Meirionnydd, a gyhoeddwyd gyda'r Llyfr Gweddi yn 1621; fe barheir i ganu ei drosiadau ef fel emynau. Fe gaed cyfieithiad mydryddol arall gan Morris William (Nicander) yn 1850.

Y mae'n rhaid sylwi, fodd bynnag, mai'r hyn a gaed yn y fersiynau mydryddol o'r Salmau oedd ymgais i'w rhoi ar fydr yn Gymraeg ac nid i'w cyfieithu yn ystyr arferol y gair. Er i Salmau Cân yr Archddiacon Edmwnd Prys gael eu canmol fel 'cyfieithiad hollol annibynnol' o'r Hebraeg, ni chafodd y Dr Isaac Thomas unrhyw dystiolaeth eu bod yn gyfieithiad newydd ac annibynnol o'r Salmau Hebraeg. Amcan Prys, yn ôl Isaac Thomas, oedd troi'r Salmau 'yn emynau canadwy' ac 'nid cyfieithu, fel y deallwyd cyfieithu gan Salesbury a Morgan'.[5]

Y mae sôn am y fersiynau mydryddol yn arwain at un agwedd bwysig ar gyfieithu'r Salmau, sef cyfieithu barddoniaeth un iaith i iaith arall. Y sefyllfa'n syml yw hyn: nid yw'r fersiynau mydryddol yn gyfieithiadau, ac nid yw'r cyfieithiadau cydnabyddedig yn fydryddol. Unwaith y ceisir mydryddu i gyfleu'r farddoniaeth Hebraeg yn y Gymraeg, fe symudir mor bell oddi wrth y gwreiddiol nes i'r ymgais beidio â bod yn gyfieithiad. Beth felly am y gwaith o gyfieithu'r farddoniaeth sydd yn y Salmau?

Y peth cyntaf i'w ddweud yw bod cryn ansicrwydd ynglŷn â hanfodion barddoniaeth Hebraeg. Yn wahanol i'r Groegwyr nid yw'r Hebrewyr wedi gadael inni unrhyw drafodaeth ar eu crefft farddol; nid oes na disgrifiad na dadansoddiad ar gael. O raid felly ni ellir ond tynnu casgliadau oddi wrth

[5] Isaac Thomas, 'Salmau Cân Edmwnd Prys: eu perthynas â'r Testun Hebraeg ac â'r Fersiynau Blaenorol', yn E. W. Davies (gol.) *Efrydiau Beiblaidd Bangor 4*, Dinbych: Gwasg Gee, 1988, 191-215.

y farddoniaeth sydd ar gael, a hynny heb ganllawiau na chyfarwyddyd. Un peth sydd wedi dod yn gwbl amlwg erbyn hyn yw bod barddoniaeth Hebraeg yn symud yn llinellau. Y mae'r cyfieithiadau hefyd wedi mabwysiadu'r drefn hon o'r *Revised Version* Saesneg (1885) ymlaen. Ac fe wneir hynny, wrth gwrs, yn *Y Beibl Cymraeg Newydd.*

Er y gellir rhannu'r farddoniaeth yn llinellau, nid oes sicrwydd beth sy'n pennu hyd a chyfansoddiad llinell. Ddiwedd y ganrif ddiwethaf a dechrau'r ganrif hon fe gaed amryw astudiaethau ar fydr barddoniaeth Hebraeg, a'r farn gytûn oedd mai cyfrif y prif acenion, cyfrif y trawiadau a wneid, ac nid cyfrif sillafau:

> yn - ffordd / pechaduriaid / ni - saif
> yn - eisteddfa / gwatwarwyr / nid - eistedd (1:1).

ac eto,

> gwasanaethwch / yr - Arglwydd / mewn - llawenydd,
> deuwch / o'i flaen / â chân (100:2).

Ac wrth rannu'r llinellau'n drawiadau fel yna, fe geir mesuriadau 3:2, 3:3, 4:4 a 2:2 i'r farddoniaeth. Er gwaethaf ambell ymgais ddiweddar i droi at y syniad o sillafau ac i ddweud bod angen rhoi sylw i sillafau di-drawiad yn ogystal â'r prif acenion, dyma yw'r ffordd arferol o hyd o feddwl am farddoniaeth Hebraeg. Y mae'r acennu'n drwm, ac y mae cymesuredd rhwng y llinellau. Oherwydd hynny, fe welir yma ac acw yn y Cyfieithiad Newydd rannu ambell adnod yn wahanol am fod hynny'n gwella'r cymesuredd rhwng llinellau. Dyma un enghraifft o hynny; fel hyn y mae Salm 44 yn agor yn yr hen gyfieithiad:

> 1 Duw, clywsom â'n clustiau, ein tadau a fynegasant i ni y weithred a wnaethost yn eu hamser hwy, yn y dyddiau gynt.
> 2 Ti â'th law a yrraist allan y cenhedloedd, ac a'u plennaist hwythau; ti a ddrygaist y bobloedd, ac a'u cynyddaist hwythau.

Ond pe byddai 'ti â'th law' yn cael ei ddarllen gyda'r adnod gyntaf yn lle'r ail, fe fyddai gwell cydbwysedd rhwng y ddwy adnod ac fe fyddai'r llinellau'n fwy cymesur:

[1] O Dduw, clywsom â'n clustiau,
dywedodd ein tadau wrthym
am y gwaith a wnaethost yn eu dyddiau hwy,
yn y dyddiau gynt â'th law dy hun.
[2] Gyrraist genhedloedd allan, ond eu plannu hwy,
difethaist bobloedd, ond eu llwyddo hwy.

Ac o gofio nad oedd doriadau clir rhwng adnodau, ac nad oedd na rhifau nac atalnodau yn yr hen lawysgrifau, y mae newid y toriad fel yna yn ddigon cyfreithlon.

Ar y cyfan, fodd bynnag, rhyw gadw golwg yn gyffredinol ac yn fras yn unig ar gymesuredd y llinellau y gellir ei wneud wrth gyfieithu. Ni ellir atgynhyrchu trawiadau'r Hebraeg heb fynd yn feichus o anghymreig. Ond rhaid cadw golwg ar arddull; o gadw'r mynegiant yn gryno a diwastraff fe ellir cyfleu rhyw gymaint o ddull cwta'r Hebraeg ac o gyfatebiaeth gymesur y llinellau i'w gilydd.

Heb amheuaeth y nodwedd amlycaf sy'n perthyn i farddoniaeth Hebraeg yw cyfochredd, ac fe gydnabyddir hyn yn gyson er pan gyhoeddodd yr Esgob Lowth ei ddadansoddiad yn 1753.[6] Yn fras gwelodd Lowth dri phatrwm yn y berthynas rhwng dwy linell a'i gilydd. Weithiau y mae'r ail yn adleisio'r gyntaf, ac fe'i gelwir yn gyfochredd cyfystyr:

Am hynny, ni saif y drygionus yn y farn
na phechaduriaid yng nghynulleidfa'r rhai cyfiawn (1:5).

Dro arall y mae'r ail linell yn croes-ddweud y gyntaf, ac fe'i gelwir yn gyfochredd gwrthgyferbyniol:

Y mae'r Arglwydd yn gwylio ffordd y cyfiawn,
ond y mae ffordd y drygionus yn darfod (1:6).

Dro arall eto y mae'r ail linell yn mynd â'r gyntaf yn ei blaen, ac fe'i gelwir yn gyfochredd cyfosodol:

Bydd i holl frenhinoedd y ddaear dy glodfori, O Arglwydd,
am iddynt glywed geiriau dy enau (138:6).

Heb ddosbarthu'r gwahanol fathau o gyfochredd yn fanylach na hyn, digon yw ail-ddweud mai dyma'r nodwedd amlwg ym

[6] R. Lowth, *De sacra Poesi Hebraeorum praelectiones academicae Oxonii habitae*, Oxonii, 1753.

marddoniaeth y Salmau. Yr oedd hon yn ystyriaeth bwysig wrth gyfieithu, ac yn un o'r pethau a oedd o raid yn mynd i'r fantol pan oedd eisiau pwyso'r dadleuon dros dderbyn ystyr newydd i air neu dderbyn darlleniad gwahanol. Nid, wrth gwrs, bod rhywun yn cyfieithu'n wahanol er mwyn sicrhau cyfochredd, ond yr oedd sicrhau cyfochredd yn ystyriaeth law yn llaw ag ystyriaethau ieithyddol a thestunol.

Dyma enghraifft i ddechrau o Salm 19, sy'n sôn am y nefoedd yn datgan gogoniant Duw a'r ffurfafen yn mynegi gwaith ei ddwylo:

> Eu *llinyn* a aeth trwy'r holl ddaear
> a'u geiriau hyd eithafoedd byd (19:4).

Fe fu cryn drafod dros y blynyddoedd ar y gair 'llinyn', a hynny heb lawer o oleuni ar ei ystyr. Erbyn heddiw fe wyddom fwy am y cwmpas o ystyron sydd i'r gair Hebraeg, ac yn ogystal â golygu rheffyn neu gortyn fe'i defnyddir hefyd i ddynodi cwlwm o nodau i wneud sain (yn union fel y Saesneg)[7]. Felly y Cyfieithiad Newydd yw:

> fe â eu *sain* allan drwy'r holl ddaear
> a'u lleferydd hyd eithafoedd byd.

Rhydd 'sain' gyfochredd perffaith i 'lleferydd'.

Dyma Salm 35:3 eto lle mae'r Salmydd yn gofyn am help Duw yn erbyn ymosodwyr; yn ôl yr hen gyfieithiad ei weddi oedd:

> Dwg allan y waywffon ac *argaea* yn erbyn fy erlidwyr.

Y mae'r gair 'argaea' yn ddigon derbyniol, a'r syniad yw cau i mewn amdano i'w warchod rhag y gelynion. Ond fe geir yr un gair yn union yn Sgroliau'r Môr Marw — yn y Sgrôl sy'n disgrifio'r Rhyfel Diwethaf — a'i ystyr yn y fan honno yw 'gwaywffon fain' neu 'bicell'.[8] Dyma'r Cyfieithiad Newydd:

> Tyn allan y waywffon a'r *bicell*
> yn erbyn y rhai sy'n fy erlid.

[7] G. R. Driver, 'Notes on the Pslams', *Journal of Theological Studies,* 36, 1935, 148.
[8] Y. Yadin, *The Scroll of the War of the Sons of Light against the Sons of Darkness,* London: Oxford University Press, 1962, 136-7.

Ac y mae hwn yn farddonol fwy derbyniol. Y mae'r adnod flaenorol yn sôn am gydio mewn dau arf, 'tarian a bwcled', a cheir gwell cyfatebiaeth felly wrth sôn am ddau arf arall yn yr adnod hon, sef 'y waywffon a'r bicell'.

Yn yr hen Feibl fe geir adnod fel hyn yn Salm 13:

> Pa hyd y cymeraf *gynghorion* yn fy enaid,
> gan fod blinder beunydd yn fy nghalon? (13:2)

Ymadrodd tywyll ei ystyr yw 'cynghorion yn fy enaid', ac fe ganolbwyntir sylw fel arfer ar y gair 'cynghorion'. Trwy gymorth tair o'r ieithoedd Semitaidd eraill, Aramaeg, Syrieg ac Arabeg, fe gafwyd bod gwreiddyn arall ar gael yn golygu 'caledi' neu 'loes',[9] a thrwy dderbyn yr ystyr hwnnw daw'r adnod yn llawer mwy ystyrlon:

> Am ba hyd y dygaf *loes* yn fy enaid,
> a gofid yn fy nghalon ddydd ar ôl dydd?

Sylwer eto mor berffaith yw'r cyfochredd rhwng 'loes yn fy enaid' a 'gofid yn fy nghalon'.

Yn Salm 34:10 fe geir geiriau fel hyn yn yr hen gyfieithiad:

> Y mae eisiau a newyn ar y *llewod ieuainc*; ond y sawl a geisiant yr Arglwydd, ni bydd arnynt eisiau dim daioni.

Yr hyn sy'n taro'n chwithig yn yr adnod yw bod 'llewod ieuainc' yn sefyll mewn gwrthgyferbyniad i'r 'sawl a geisiant yr Arglwydd'. Ond fe wyddom erbyn hyn bod gair cyfatebol yn yr Arabeg sy'n golygu 'troi'n anffyddiwr';[10] os derbynnir yr ystyr yna i'r gair Hebraeg, yna fe ddarllen yr adnod fel hyn:

> Y mae'r *anffyddwyr* yn dioddef angen a newyn,
> ond nid yw'r rhai sy'n ceisio'r Arglwydd yn brin o ddim da.

Ac fe geir cyfochredd gwrthgyferbyniol perffaith rhwng 'anffyddwyr' a'r 'rhai sy'n ceisio'r Arglwydd'.

Trown eto at Salm 29; ymhlith y rhestr o bethau a wneir gan 'lef yr Arglwydd' y mae adnod 9 yn nodi:

> Llef yr Arglwydd a wna i'r ewigod lydnu
> *ac a ddinoetha y coedydd.*

[9] G. R. Driver, 'Hebrew Roots and Words', *Die Welt des Orients* 1, 1947–52, 410.

[10] Cymh. D. Winton Thomas, *The Text of the Revised Psalter,* London: SPCK, 1963, 12.

Yr hyn sy'n annisgwyl ac yn anghydnaws yn yr adnod yw 'dinoetha y coedydd'; nid yw'n rhoi cyfochredd da i'r ewigod sy'n llydnu, a phrun bynnag y mae'r Salm eisoes wedi trafod yr hyn sydd i ddigwydd i'r coedydd a chedrwydd Lebanon. Yr Arabeg sy'n dod i'r adwy yma; ceir yno air tebyg i 'ddinoethi' sy'n golygu 'geni'n gyflym' ac un tebyg i 'goedydd' sy'n golygu 'anifail newydd anedig'.[11] O dderbyn y ddau awgrym hyn, fe geir wedyn linell sy'n rhoi cyfochredd perffaith i'r gyntaf:

> Y mae llais yr Arglwydd yn gwneud i'r ewigod lydnu
> *ac yn prysuro geni'r llwdn.*

Ar wahân i rymuso'r cyfochredd y mae ambell newid yn ychwanegu at werth y farddoniaeth trwy wneud y darlun yn fwy cyflawn ac yn fwy byw. Dyma Salm 18 yn sôn am ddarostwng gelynion:

> Maluriais hwynt hefyd fel llwch o flaen y gwynt;
> *teflais hwynt allan* megis tom yr heolydd (18: 42).

Nid yw 'taflu allan' yn parhau'r darlun o falurio sydd yn y llinell gyntaf, ac felly y mae'n gorffwys braidd yn anesmwyth. Ond trwy ymgynghori â'r llawysgrifau a'r fersiynau, a newid un llythyren fechan, neu yn wir ran fechan o lythyren, fe ellir cyfieithu'r adnod fel hyn:

> Fe'u maluriaf cyn faned â llwch o flaen y gwynt,
> *a'u sathru* fel llaid ar y strydoedd.[12]

Trwy barhau'r darlun yn y ffordd yma y mae'n fwy byw a grymus.

Ceir yn *Y Beibl Cymraeg Newydd* ambell newid mewn darlleniad am ei bod yn gwbl glir i lithriad neu gamgymeriad ddigwydd wrth gopïo'r llawysgrif — ambell dro llythyren yn syrthio allan, dro arall llythrennau'n cymysgu ac yn mynd i'r lle anghywir. Wrth ystyried beth all fod wedi mynd o'i le, y mae cyfochredd unwaith eto yn ystyriaeth a gaiff le. Yn Salm 11, er enghraifft, fe geir y geiriau hyn:

[11] G. R. Driver, 'Studies in the Vocabulary of the Old Testament, II', *Journal of Theological Studies*, 32, 1931. 255.
[12] G. R. Driver, 'Textual and Linguistic Problems of the Book of Psalms', *Harvard Theological Review*, 29, 1936, 171ff.

Ar yr annuwiol y glawia efe *faglau,*
tân a brwmstan, a phoethwynt ystormus.

Y gair 'maglau' sy'n peri anhawster, ac y mae'n anodd meddwl am yr Anfeidrol yn glawio'r rhain am ben dynion. Y tebyg yw i ddwy lythyren yn y gair fynd yn groes i'w gilydd, yn union fel pe bai rhywun yn digwydd ysgrifennu 'Bagnor' yn lle 'Bangor'. O gywiro'r camgymeriad bach yna, fe geir gwell cyfochredd a gwell darlun:

Y mae'n glawio *marwor* tanllyd a brwmstan ar y drygionus;
gwynt deifiol fydd eu rhan.[13]

Weithiau y mae'r camgymeriad yn fwy na chamosod llythrennau; y mae'n digwydd ar dro i ddau air tebyg iawn i'w gilydd gael eu cymysgu. Dyma enghraifft o ddechrau Salm 126:

Pan ddychwelodd yr Arglwydd gaethiwed Seion,
yr oeddem fel rhai *yn breuddwydio.*

A'r gair 'breuddwydio' sy'n peri trafferth, oherwydd y mae'r adnod sy'n dilyn yn sôn am bobl yn 'chwerthin' ac yn 'canu'. O dderbyn yr awgrym i ddau air gael eu cymysgu â'i gilydd, fe geir wedyn ddarlun sy'n fwy cyflawn:

Pan adferodd yr Arglwydd lwyddiant Seion,
yr oeddem fel rhai *wedi cael iachâd;*
yr oedd ein genau yn llawn chwerthin
a'n tafodau yn bloeddio canu (126: 1-2a).[14]

I grynhoi'r pwynt cyntaf yma, yr hyn y ceisiwyd ei ddangos yw bod angen ceisio cyfleu awyrgylch farddonol y Salmau Hebraeg wrth gyfieithu; fe wneir hyn wrth dorri'r brawddegau yn llinellau, wrth gadw golwg fanwl ar yr arddull a chadw cymesuredd y llinellau, wrth rymuso'r cyfochredd pan fo seiliau ieithyddol a thestunol dros hynny, ac wrth gryfhau a chwblhau ambell ddarlun yn y farddoniaeth pan fo eto sail dros wneud hynny. Ond y mae rhai pethau na cheisiwyd eu gwneud. Ni cheisiwyd anelu at fydr ac odl, gan y byddai hynny'n mynd â ni y tu hwnt i'r dasg o gyfieithu. Ni cheisiwyd

[13] D. Winton Thomas, *op.cit.,* 3.
[14] Cymh. J. Strugnell, 'A Note on Ps. cxxvi, 1', *Journal of Theological Studies,* 7, 1956, 241f.

cyfleu yr adleisio, cynganeddol bron, sydd yn yr Hebraeg mewn ambell fan, ac ni ddilynwyd y patrwm acrostig sydd mewn rhai Salmau, yn enwedig y Salm fawr (119). Di-fudd a di-awen, ac yn wir ffuantus braidd, fyddai anelu at rywbeth felly. Yn hytrach ceisiwyd cyfleu'r farddoniaeth mewn dull a fyddai'n argyhoeddi.

Y mae pwynt arall i'w wneud. Nid unrhyw farddoniaeth sydd yn y Salmau; barddoniaeth grefyddol a ddefnyddid mewn gwasanaethau ac mewn addoli ydoedd, mewn geiriau eraill, barddoniaeth oedd ynghlwm wrth seremoni a defod. A'r broblem wrth gyfieithu'r math yna o farddoniaeth yw penderfynu i ba raddau y mae ein gwybodaeth am y defodau i liwio ein cyfieithiad o'r Salmau. O'i roi yn syml y cwestiwn yw: i ba raddau y mae'r dehongli i ddylanwadu ar y cyfieithu? A yw'r esboniwr i ddylanwadu ar y cyfieithydd? Y mae'n rhaid cydnabod ar unwaith bod pob cyfieithiad i ryw raddau yn esbonio ac yn cynnig canllawiau esboniadol i'r sawl sydd am ddeall y testun. Ond wedi dweud hynny, y mae'n rhaid pwysleisio nad esboniad yw cyfieithiad, ac y mae'n rhaid gofalu na ddaw dull arbennig o esbonio i reoli'r cyfieithiad. Rhaid meithrin cynildeb llym, ac ni ellir caniatáu mwy o esbonio nag sy'n gwbl angenrheidiol i wneud synnwyr o'r testun. A cherdded y llwybr yma o ymatal gofalus a wnaed wrth gyfieithu'r Salmau.

Fel sy'n gwbl wybyddus, y dull arferol erbyn hyn o ddehongli llyfr y Salmau yw cysylltu'r Salmau â defodau a seremonïau'r deml; perthyn nifer ohonynt i amgylchiadau pwysig yn nefodau Israel, sef gorseddu brenin a dathlu brenhiniaeth fyd-eang Duw yng Ngŵyl y Flwyddyn Newydd. Gan mai ynglŷn â'r seremonïau yr adroddid y Salmau, y mae'n rhaid ceisio byw y seremoni a gweld yr hyn oedd yn digwydd er mwyn deall y farddoniaeth. Geiriau a gerddai law yn llaw â digwydd ydynt, a haerir na ellir deall y geiriau heb weld y digwydd. Ymhellach eto, medd rhai, y mae'n rhaid cyfieithu'r geiriau mewn ffordd sydd yn adlewyrchu'r seremoni ac yn adleisio'r digwydd. Gan mai gorseddu Duw oedd y peth canolog, a bod hynny'n digwydd ar yr ŵyl yn y deml, fe ddylid, meddir, cyfieithu'r frawddeg arferol, 'Yr Arglwydd sydd yn teyrnasu', fel 'Daeth yr Arglwydd yn frenin'. Y mae hynny'n cyfleu yn well y ffaith i'r peth ddigwydd y foment honno yn y deml ac i'r bobl weld hynny â'u llygaid eu hunain yn y seremoni. Ond y mae esbonwyr eraill yn mynnu nad oes resymau gramadegol dros gyfieithu'r frawddeg yn y ffordd hon; felly yr unig reswm dros ei chyfieithu yn y dull newydd yma yw'r esboniad. Ni ddylid gadael i'r esboniad lywodraethu'r cyfieithu, ac fe gadwodd *Y Beibl Cymraeg Newydd* rhag dilyn y trywydd hwn a rhoi lle i'r esboniad liwio'r cyfieithiad. Yr hyn a geir felly yw:

> *Y mae'r Arglwydd yn frenin;* y mae wedi ei wisgo â mawredd, y mae'r Arglwydd wedi ei wisgo, a nerth yn wregys iddo' (93 : 1).

Ambell dro, fodd bynnag, fe gyfieithir mewn ffordd sydd yn cynnal y dull cwltig, defodol yma o ddehongli'r Salmau. Ond pan wneir hynny, y mae'n rhaid pwysleisio mai am resymau ieithyddol, gramadegol neu destunol y dewisir y llwybr hwnnw, ac nid er mwyn cynnal yr esboniad. Gellir edrych yma ar y cyfieithiad o Salm 48 : 9. Yn yr hen gyfieithiad ceir:

> *Meddyliasom,* O Dduw, am dy drugaredd yng nghanol dy deml.

Ond cyfieithiad anfoddhaol o'r ferf Hebraeg yw 'meddyliasom'. Ystyr sylfaenol y ferf yw 'cyffelybu, gwneud yn debyg'; yn y testun yn y fan hon fe ddefnyddir ffurf gryf ac achosol o'r ferf, ac fel y dengys A. R. Johnson,[15] yr ystyron posibl yw 'cymharu' neu 'darlunio'. Nid yw 'cymharu' yn gwneud llawer o synnwyr yn yr adnod hon, ond y mae 'darlunio' yn addas iawn. Felly y cyfieithiad newydd yw:

> O Dduw, yr ydym *wedi portreadu* dy ffyddlondeb
> yng nghanol dy deml.

Dyna, wrth gwrs, yr union beth a wneid yn y ddrama gwltig — rhoi darlun, portreadu mawrion weithredoedd Duw. Y mae'r cyfieithiad hwn o adnod 9 yn cyd-fynd yn hollol â'r hyn

[15] A. R. Johnson, *Sacral Kingship in Ancient Israel,* Cardiff: University of Wales Press, 1955, 79.

a ddywedir mewn adnodau eraill yn ei hymyl. Wedi'r cyfeiriad yn yr agoriad at ddinas Duw, sef Seion, fe ddywedir amdani:

> Oddi mewn i'w cheyrydd y mae Duw
> wedi ei ddangos ei hun yn amddiffynfa (48:3).

Ac y mae'r gair 'dangos' yn y fan yna yn gwbl allweddol. Yn yr adnodau nesaf fe geir y geiriau:

> Wele'r brenhinoedd wedi ymgynnull . . .
> ond pan welsant, fe'u synnwyd (48:4-5).

Cyfeiriad sydd yn y fan yma, mae'n debyg, at y frwydr rhwng Duw a brenhinoedd y cenhedloedd a bortreadir mewn drama ar lawr y deml. Y mae'r cyfeiriad yn adnod 8 yn gliriach fyth:

> Fel y clywsom, felly hefyd y gwelsom
> yn ninas Arglwydd y Lluoedd,
> yn ninas ein Duw ni.

Yn yr addoliad yn y deml fe gaed adrodd yr hanes am fawrion weithredoedd Duw ('fel y clywsom'); law yn llaw â'r adrodd, fe gaed hefyd ddarlunio'r cyfan mewn drama, seremoni neu ddefod ('felly hefyd y gwelsom'). Ac yna i glensio'r cyfan fe ddywed adnod 9:

> O Dduw, yr ydym wedi portreadu dy ffyddlondeb
> yng nghanol dy deml.

Y mae'r cyfieithiad a'r esboniad yn cytuno'n berffaith; ond y mae'n rhaid cofio mai ystyriaethau ieithyddol ynglŷn â'r ferf sydd y tu ôl i'r cyfieithu, ac nid yr esboniad. Fel y gwelir oddi wrth y ddwy enghraifft hyn o'r Salmau, y mae'r ffin yn denau ac y mae'n rhaid cerdded yn rhyfeddol o ofalus ac ystyried pob achos ar ei ben ei hun. Yn yr enghraifft gyntaf a nodwyd, fe wrthodwyd y dull newydd a awgrymir o gyfieithu, a hynny am mai ystyriaeth esboniadol, yn hytrach nag un ieithyddol, fyddai'r rheswm pennaf dros ei dderbyn. Yn yr ail enghraifft fe dderbyniwyd y ffordd newydd o gyfieithu, a hynny am mai ystyriaeth ieithyddol, yn hytrach nag un esboniadol, yw'r rheswm pennaf dros wneud hynny.

Fe welir yr un egwyddor eto wrth drafod y dyfynodau a roddwyd i mewn yng nghyfieithiad *Y Beibl Cymraeg Newydd;* ni chafwyd dyfynodau yn *Y Salmau* (1979), ond y maent i mewn erbyn 1988. Yn ôl y dull diweddar yma o ddehongli'r Salmau yr oedd yna adegau yn y ddefod neu'r addoliad pan ddisgwylid ymateb gan Dduw. Ar ryw bwynt yn yr addoli, ar ôl gweddi ac ymbil gan y bobl, fe lefarid geiriau o gysur ac o gadarnhad, rhyw fath ar oracl ffafriol i roi hyder. Fe ddadleuir ymhellach mai gwaith proffwyd oedd llefaru'r geiriau yma yn ystod yr addoli, a bod enghreifftiau ohonynt ar gael yma ac acw yn y Salmau. Weithiau, wrth gwrs, fe nodir yn glir mai gair Duw oedd yr adnodau hyn, megis yn Salm 12:5.

> "Oherwydd anrhaith yr anghenus a chri'r tlawd,
> codaf yn awr," meddai'r Arglwydd,
> "rhoddaf iddo'r diogelwch yr hiraetha amdano."

Y mae 'meddai'r Arglwydd' yn y fan yna yn nodi'n glir mai Duw oedd yn siarad ac yn gwarantu gosod ei eiriau mewn dyfynodau. Dro arall ni roddir unrhyw bethau yn y testun i nodi mai ymateb Duw sydd yn rhai o'r geiriau; yr unig bethau sy'n awgrymu hynny yw toriad yn rhediad y Salm ac ystyr y geiriau. Ac mewn ambell achos felly fe fentrwyd gosod dyfynodau, fel y gwelir, er enghraifft, ar ddiwedd Salm 91. Sôn y mae'r Salm gyfan am y rhai 'sy'n byw yn lloches y Goruchaf', ac fe ddisgrifir eu hyder a'u diogelwch. Ond yna ar ddechrau adnod 14 fe geir toriad sydyn, ac ni ellir deall yr hyn a ddaw o'r fan honno hyd ddiwedd y Salm ond fel addewid Duw ynglŷn â'r sawl sy'n byw yn ei loches. Ymateb i'r rhan gyntaf o'r Salm y mae'r ail ran; felly gosodwyd y geiriau yna mewn dyfynodau gan awgrymu mai Duw ei hun, neu Duw trwy broffwyd, sy'n llefaru. Dyma'r ymateb:

> "Am iddo lynu wrthyf, fe'i gwaredaf;
> fe'i diogelaf am ei fod yn adnabod fy enw,
> Pan fydd yn galw arnaf, fe'i hatebaf;
> byddaf fi gydag ef mewn cyfyngder,
> gwaredaf ef a'i anrhydeddu.
> Digonaf ef â hir ddyddiau,
> a gwnaf iddo fwynhau fy iachawdwriaeth." (91: 14-16).

Gellir dadlau, wrth gwrs, fod gosod y dyfynodau am yr adnodau hyn yn gam pendant i gyfeiriad esbonio'r Salm; ond yr esboniad lleiaf posibl er mwyn gwneud y Salm yn ddealladwy ydyw.

Ceir geiriau o ymateb hefyd ar ddiwedd Salm 27, Salm sy'n haeru mai 'Yr Arglwydd yw fy ngoleuni a'm gwaredigaeth' ac yn herio gyda'r cwestiwn 'rhag pwy yr ofnaf?' Eir ymlaen wedyn i weddïo ar Dduw:

> Gwrando arnaf, Arglwydd, pan lefaf;
> bydd drugarog wrthyf, ac ateb fi (27:7).

Yna fe ddiweddir y Salm gyda'r geiriau hyn o anogaeth:

> Disgwyl wrth yr Arglwydd,
> bydd gryf a gwrol dy galon
> a disgwyl wrth yr Arglwydd (27:14).

Yr esboniad mwyaf naturiol o'r adnod olaf yw mai anogaeth gan broffwyd yn ymateb i'r weddi ydyw, ac y dylid felly ei gosod mewn dyfynodau. Ond, ar y llaw arall, fe ellid dadlau mai geiriau o hunan-anogaeth gan y Salmydd sydd yma. Am nad yw penderfynu rhwng y naill esboniad a'r llall yn gwneud gwahaniaeth mawr i'n dealltwriaeth o'r Salm, fe beidiwyd â gosod dyfynodau. Yn y fan yma eto y mae'r ffin yn denau, a rhaid rhoi sylw i bob achos yn unigol. Yn yr enghraifft gyntaf fe osodwyd dyfynodau a thrwy hynny awgrymu esboniad, am fod hynny'n gwbl angenrheidiol i ddeall y Salm. Yn yr ail enghraifft fe ymataliwyd rhag gosod dyfynodau am nad oedd hynny mor angenrheidiol i ddeall y Salm. Efallai yr ymddengys hyn fel hollti blew; ond y mae'n dangos mor ofalus y mae'n rhaid cerdded ar y ffin yma rhwng cyfieithu ac esbonio ac mor bwysig yw ymgadw rhag gwthio esboniadaeth ar gyfieithiad.

Fe nodir un enghraifft arall lle'r oedd y demtasiwn i roi dyfynodau yn un eithriadol o gref, gan y byddai eu cynnwys yn cynnig dull o esbonio sydd yn goleuo'r Salm i gyd. Salm 24 yw hi, ac y mae'n agor gyda geiriau côr y deml yn moli Duw:

> Eiddo'r Arglwydd yw'r ddaear a'i llawnder,
> y byd a'r rhai sy'n byw ynddo;
> oherwydd ef a'i sylfaenodd ar y moroedd
> a'i sefydlu ar yr afonydd (24:1-2).

Wrth i'r côr ganu, y mae gorymdaith o addolwyr yn dynesu at ddrws y deml, ac, fel yr oedd yn arferol yn y Dwyrain, yn holi am delerau mynediad i'r deml. Gellid felly osod cwestiwn yr orymdaith yn adnod 3 mewn dyfynodau:

> "Pwy a esgyn i fydd yr Arglwydd
> a phwy a saif yn ei le sanctaidd?"

Côr o offeiriaid o'r tu mewn oedd yn ateb, a gellid eto osod eu geiriau hwythau yn adnodau 4-6 mewn dyfynodau:

> "Y glân ei ddwylo a'r pur o galon,
> yr un sydd heb osod ei feddwl ar dwyll
> a heb dyngu'n gelwyddog,
> Fe dderbyn fendith gan yr Arglwydd,
> a chyfiawnder gan Dduw ei iachawdwriaeth.
> Dyma'r genhedlaeth sy'n ei geisio,
> sy'n ceisio wyneb Duw Jacob."

Wrth i'r addolwyr ddod i mewn i'r deml, y mae'n debyg eu bod yn cario'r Arch gyda hwy, sef y symbol o bresenoldeb Duw. Yr oedd defod yn ymwneud â'r Arch wrth y porth cyn iddynt fynd i mewn, a chwestiwn ac ateb oedd cnewyllyn y ddefod honno hefyd. Y mae'r orymdaith yn gweiddi am gael agor y pyrth, eto mewn dyfynodau (adnod 7):

> "Codwch eich pennau, O byrth!
> Ymddyrchefwch, O ddrysau tragwyddol!
> i frenin y gogoniant ddod i mewn."

Daw cwestiwn gan y porthorion o'r tu mewn, eto mewn dyfynodau (adnod 8):

> " Pwy yw brenin y gogoniant hwn? "

Y mae'r orymdaith yn ateb:

> " Yr Arglwydd, cryf a chadarn,
> yr Arglwydd, cadarn mewn rhyfel."

Ac fe ail-adroddir yn adnodau 9-10 y cylch hwn o gwestiwn ac ateb. I deall rhwydwaith y ddefod ac adeiladwaith y Salm, fe fyddai'n fantais fawr cael dyfynodau i wneud i'r gwahanol rannau a'r lleisiau sefyll allan. Ond fe ymataliwyd, am y byddai hynny'n gwthio ar y Salm un ffordd o'i hesbonio. Er ei fod yn esboniad credadwy a dengar, ac i'm tyb i, yn un sy'n gwneud y gorau o'r Salm, fe beidiwyd â'i wthio ar y cyfieithiad

Er y ceisiwyd ymatal rhag i'r cyfieithiad droi'n esboniad, ac i'r dull o drafod y Salmau fel barddoniaeth yn perthyn i sefyllfaoedd penodol liwio'r cyfieithu, nid oes amheuaeth nad yw'r ffordd y cyfieithir yn gosod canllawiau ar gyfer esbonio ac weithiau yn cynnal dull o drafod y testun. Gwelwyd hyn eisoes yn yr hyn a ddywedwyd am y frawddeg 'Yr ydym wedi portreadu dy ffyddlondeb' yn Salm 48:9. Fe roddir dwy enghraifft bellach i ddangos goblygiadau cyfieithu i esbonio; mater bach o atalnodi sydd yn un, a mater trymach o eiriad sydd yn y llall. Yn yr hen gyfieithiad y mae Salm 49:15 yn darllen fel hyn:

> Eto Duw a wared fy enaid i o feddiant uffern;
> canys efe a'm derbyn i.

Y dehongliad arferol yn y fan hyn yw y bydd dyn ar ôl iddo farw, a chael ei draflyncu gan Sheol, yn y man yn cael ei waredu, a Duw wedyn yn ei 'dderbyn' i'w bresenoldeb; yr un gair sydd yn yr Hebraeg am 'dderbyn' â'r gair a ddefnyddir am 'gymryd' Enoch a 'chymryd' Elias. Un anhawster gyda'r adnod yw ei bod yn anghymesur, y llinell gyntaf yn hir a'r ail yn fer, pedwar trawiad i un yn yr Hebraeg, yn lle tri i dri neu dri i ddau. Yr ateb syml, wrth gwrs, yw torri'r adnod yn wahanol, a dyna a wneir yn y cyfieithiad newydd:

> Ond bydd Duw'n gwaredu fy mywyd
> ac yn fy nghymryd o afael Sheol.

Y dehongliad sy'n codi'n naturiol o'r cyfieithiad hwn yw mai ymyrryd ar yr unfed-awr-ar-ddeg y mae Duw, a hynny pan fydd gallu afiechyd a marwolaeth bron â threchu a Sheol ar fin traflyncu. Y mae Duw yn adfer iechyd, yn gwaredu bywyd ac fel pe'n cipio'r gweddïwr o afael Sheol. Efallai yr ymddengys atalnodi a lleoliad y toriad mewn llinell o farddoniaeth yn faterion dibwys, ond yn y fan hyn y mae pwynt diwinyddol o bwys ynghlwm wrth hynny. O dderbyn yr hen gyfieithiad, yr esboniad mwyaf naturiol ar yr adnod yw ei bod yn cyfeirio at rywbeth sydd i ddigwydd ar ôl marwolaeth;

o dderbyn y cyfieithiad newydd, yr esboniad naturiol yw bod yma gyfeiriad at arbed bywyd a gohirio marwolaeth.[16]

Yr un pwnc sydd yn yr enghraifft nesaf hefyd, sef Salm 23. Ar ôl disgrifio'r bugail yn arwain ei braidd ac yn eu hadfywio trwy fynd â hwy i borfeydd breision ac at ddyfroedd tawel, fe ddywed adnod 4, yn ôl yr hen gyfieithiad:

> Ie, pe rhodiwn ar hyd *glyn cysgod angau,* nid ofnaf niwed.

Ac oherwydd y cyfeiriad yma at 'gysgod angau' y mae'r Salm o'r adnod hon i'r diwedd fel pe'n disgrifio gwynfyd y Salmydd ym mhresenoldeb Duw. Dyna pam y defnyddir hi mewn angladdau. Ond y mae'r cyfeiriad at 'cysgod angau' yn un amheus iawn yn ieithyddol, gan ei fod yn dibynnu ar hen esboniad poblogaidd o'r cytseiniaid sydd yn yr Hebraeg a'u cymryd fel gair cyfansawdd (*sêl* — 'cysgod' a *mâweth* — 'angau'). Erbyn hyn fe gredir nad yw'r esboniad poblogaidd hwn yn un cywir, ac mai un gair sydd yma (*salmuth*), a hwnnw'n golygu 'tywyllwch dudew'.[17] Dyma felly y cyfieithiad yn y Beibl newydd:

> Er imi gerdded trwy *ddyffryn tywyll du,*
> nid ofnaf unrhyw niwed.

Parhau'r darlun o nawdd y bugail a wneir yma; nid yn unig fe arwain y praidd i'r porfeydd ac at y dyfroedd, ond y mae hefyd yn eu cadw'n ddiogel wrth iddynt fynd trwy ddyffrynnoedd culion a cheunentydd tywyll bryniau Jwda. Y dehongliad naturiol o'r hen gyfieithiad yw bod Duw yn nawdd yng nghanol angau ac y daw â'i braidd i'w bresenoldeb yn y man; y dehongliad naturiol o'r cyfieithiad newydd yw bod Duw yn gofalu am ei braidd yn y bywyd hwn, yn eu bwydo a'u diodi a'u hamddiffyn rhag pob perygl. Y mae'r cyfieithu felly yn dylanwadu ar y dehongli.

Y mae un mater arall yn gofyn am sylw. Heblaw bod ambell awgrym cynnil o esboniad yn codi'n anochel o'r cyfieithu, a bod y cyfieithu o raid yn effeithio ar yr esbonio, y

[16] Gw. ymhellach A. A. Anderson, *Psalms* vol. 1, New Century Bible, London: Oliphants, 1972, 379-80.

[17] W. Baumgartner & J. J. Stamm, *Hebräisches und Aramäisches Lexikon zum Alten Testament,* iii, Leiden: Brill, 1983, 964.

mae rhai enghreifftiau clir lle mae dull arbennig o esbonio wedi effeithio ar yr hen gyfieithiad a lle mae'r cyfieithiad newydd am wahanol resymau yn gorfod dad-wneud yr esboniad hwnnw. Y mae rhyw gymaint o esbonio yn anochel mewn cyfieithiad, ac y mae rhyw gymaint o ddad-esbonio yn anochel mewn cyfieithiad newydd. Fe roddir dwy enghraifft i ddangos hynny. Daw'r gyntaf o Salm 2, sydd yn amlwg yn yr hen gyfieithiad yn cael ei chymryd fel cyfeiriad at Grist. Cyfeirir at 'ei Grist ef' yn adnod 2, ac ato ef hefyd y cyfeiria 'fy Mrenin' (gyda M fawr) yn adnod 5, 'Fy Mab' (gyda M fawr) yn adnod 7 ac 'y Mab' (gyda M fawr eto) yn adnod 12. Gyda'r adnod olaf y mae a wnelom ni'n arbennig yma:

> *Cusenwch y Mab,* rhag iddo ddigio a'ch difetha chwi
> o'r ffordd, pan gyneuo ei lid ef ond ychydig.

Y mae'n ddilyniant i adnod 11 sy'n galw, 'Gwasanaethwch yr Arglwydd mewn ofn', a rhyngddynt y mae'r ddwy adnod yn galw am barch i Dduw ac i'w Fab, y Crist. Gwnaed y dehongliad hwn yn gwbl glir yn yr hen gyfieithiad trwy ddefnyddio priflythrennau. Ond y mae amheuaeth ynglŷn ag adnod 12 ac ynglŷn â'r frawddeg 'ymlawenhewch mewn dychryn' yn yr adnod flaenorol. Y peth sydd yn gwbl an-nisgwyl yn adnod 12 yw defnyddio'r gair Aramaeg *bar* am fab yn lle'r Hebraeg arferol *ben.* Y mae'r hen gyfieithiadau Groeg ac Aramaeg, a hefyd Jerome a Symmachus, yn cerdded llwybrau gwahanol, a hynny'n awgrym pur bendant fod rhyw ddryswch ynglŷn â'r adnod. Yr hyn a gredir yn arferol yw bod y testun yn llygredig, gyda geiriau wedi eu cam-dorri a llythrennau wedi eu cymysgu. O geisio adfer y testun fe geir rhywbeth tebyg i'r hyn a roddir yn y cyfieithiad newydd:

> Gwasanaethwch yr Arglwydd mewn ofn,
> mewn cryndod *cusanwch ei draed,*
> rhag iddo ffromi ac ichwi gael eich difetha;
> oherwydd fe gyneua ei lid mewn dim (2: 11-12).[18]

Ceir peth cadarnhâd i'r frawddeg 'cusanwch ei draed' o hen

[18] D. Winton Thomas, *op. cit.,* 1; A. A. Anderson, *op. cit.,* 69-70.

destunau mewn Acadeg sy'n cyfeirio at hyn fel dull o dalu gwrogaeth ac o ymostwng. Felly fe ddilëir yn llwyr y cyfeiriad at 'y Mab' yn adnod 12 ac y mae hyn yn codi holl gwestiwn dehongli'r Salm. Fel y gwelir y mae *Y Beibl Cymraeg Newydd* yn rhoi 'ei eneiniog' yn lle 'ei Grist' yn adnod 2, yn darllen 'fy mrenin' a 'fy mab' heb briflythrennau yn adnodau 5 a 7, ac felly'n medru cynnal y dehongliad ohoni fel Salm gorseddu brenin yn Jerwsalem. Y mae'r ffordd y cyfieithir adnod 12 yn allweddol yn y dad-wneud yma ar y safiad esboniadol a gymerwyd yn yr hen gyfieithiad.

Gwneir dull esboniadol yr hen gyfieithiad yn glir eto yn Salm 45, Salm sydd yn sôn llawer iawn am y brenin, a'r gair yn yr hen gyfieithiad wedi ei briflythrennu yn adnodau 5, 11, 13, 14 a 15. Y mae hyn eto yn dangos mai fel Salm feseianaidd y dehonglid hi, oherwydd y rheswm am y priflythrennu oedd mai Crist oedd y brenin. Y mae'n ddigon naturiol felly dweud yn adnod 6:

> *Dy orsedd di, O Dduw, sydd byth ac yn dragywydd;*
> teyrnwialen uniondeb yw teyrnwialen dy frenhiniaeth di.

Ond ers blynyddoedd lawer bellach y mae'n gydnabyddedig nad am Grist y brenin y mae'r Salm hon yn sôn, ond mai Salm priodas brenin yn Jerwsalem ydoedd. Cyfarch y brenin ei hun a wneir yn adnodau 2-9, a'r briodasferch, y frenhines, yn adnodau 10-17. Y mae hyn yn codi problemau ynglŷn ag adnod 7; os cyfieithir hi yn 'Dy orsedd di, O Dduw . . .' fe olyga hynny ystyried y brenin yn fod dwyfol. Felly y cyfieithir hi gan lawer, gan ddadlau ei bod yn enghraifft ardderchog, yr unig un gwbl glir yn yr Hen Destament, o briodoli dwyfoldeb i'r brenin oedd ar yr orsedd yn Jerwsalem. Gan fod gwledydd eraill, yn enwedig yr Aifft, yn ystyried eu brenhinoedd yn ddwyfol, ni thybir bod hynny'n ddieithr yn Israel ychwaith; ac felly derbynnir y cyfieithiad. Ar y llaw arall, y mae rhai'n dadlau nad oedd gred o'r fath yn Israel, ac na fyddai yn dderbyniol o gwbl yno. Felly fe gyfieithir yr adnod fel hyn yn *Y Beibl Cymraeg Newydd*:

Y mae dy orsedd fel gorsedd Duw, yn dragwyddol,
a'th deyrnwialen yn wialen cyfiawnder.[19]

Gellir cyfiawnhau'r cyfieithiad, gan y ceir nifer o enghreifftiau o'r dull Hebreig o ddweud bod un peth yn rhywbeth arall i olygu ei fod yn debyg iddo. Y mae hon yn enghraifft arall o ddad-wneud yr esboniad oedd yn amlwg ynghlwm wrth yr hen gyfieithiad; wrth ei ddad-wneud bu'n rhaid troedio'n ofalus i gael cyfieithiad cywir o adnod 6.

Llyfr o farddoniaeth yw'r Sallwyr, ac fe geisiwyd nodi rhai o'r problemau y bu'n rhaid eu hwynebu wrth gyfieithu barddoniaeth Hebraeg i iaith arall. Barddoniaeth grefyddol sydd yn y Salmau, ac fe'u defnyddid i bwrpas arbennig ac mewn sefyllfaoedd defodol a seremonïol penodol; yr oedd hynny hefyd yn codi cwestiynau, a bu'n rhaid troedio'n ochelgar rhag i gyfieithydd y farddoniaeth droi'n esboniwr y Salmau.

[19] G. R. Driver, 'The Modern Study of the Hebrew Language.', *The People and the Book,* ed. A. S. Peake, Oxford: Clarendon Press, 1925, 115-6.

"Y Beibl Cymraeg Newydd": A oes angen ei ddiwygio?

OWEN E. EVANS

I

Brawddeg olaf y Rhagarweiniad i Destament Newydd *Y Beibl Cymraeg Newydd* (1988) yw:

> Gwir y dywedwyd mai proses ddiderfyn yw'r dasg o gyfieithu'r Ysgrythurau.

Daw'r sylw hwn ar derfyn paragraff sy'n egluro maint a natur y diwygio a fu ar fersiwn gwreiddiol Testament Newydd y *BCN*, a gyhoeddwyd yn 1975.[1] Yn yr un modd cyfeiria'r Rhagarweiniad i Hen Destament Beibl 1988 at y diwygio a fu ar fersiwn gwreiddiol y cyfieithiad o'r Salmau, a gyhoeddwyd yn 1919:

> Bu peth diwygio ar fersiwn 1979 o'r Salmau, o ganlyniad i ambell sylw ac awgrym a dderbyniwyd gan adolygwyr a darllenwyr, ac er mwyn sicrhau cysondeb â rhannau eraill o'r *Beibl Cymraeg Newydd.*

Yr oedd y Rhagair i Destament 1975 a'r Cyflwyniad i Sallwyr 1975 — y naill a'r llall wedi eu cyflwyno ar ran y Cydbwyllgor a fuasai'n gyfrifol am y cyfieithu gan ei Gadeirydd, y diweddar Esgob Gwilym O. Williams, a'i Ysgrifennydd, y diweddar Barchedig Griffith T. Roberts — wedi gwahodd

[1] Ymhelaethir ar yr eglurhâd hwnnw yn Owen E. Evans, "Y Berthynas Rhwng y Ddau Fersiwn o Destament Newydd Y Beibl Cymraeg Newydd", yn *Diwinyddiaeth,* XL (1989), 63-81.

darllenwyr i gynnig eu sylwadau ar y cyfieithiadau ac wedi addo y rhoddid ystyriaeth gan y cyfieithwyr i'r holl sylwadau a dderbynnid wrth iddynt baratoi'r argraffiad cyntaf o'r Beibl cyflawn, a oedd i'w gyhoeddi yn 1988. Er nad yw'r Rhagair i Feibl 1988 yn cynnwys gwahoddiad ac addewid i'r un perwyl, nid oedd ym mwriad y Cydbwyllgor i warafun i ddarllenwyr y Beibl cyflawn yr un hawl i gynnig sylwadau, beirniadaethau, awgrymiadau a gwelliannau y gellid eu cymryd i ystyriaeth wrth ddiwygio'r fersiwn ar gyfer argraffiadau pellach yn y dyfodol.

Wedi dwyn i ben y Cydbwyllgor gwreiddiol yn 1989, cyd-syniodd yr Eglwysi a gynrychiolasid arno — ar wahoddiad Cyngor Eglwysi Cymru, fel a ddigwyddodd yn 1961 — i sefydlu Cydbwyllgor newydd i fod yn gyfrifol am warchod buddiannau'r fersiwn newydd a llywio polisi ar gyfer argraffiadau'r dyfodol. Bu'r Cydbwyllgor newydd hwn ar waith ers 1990, ac eisoes penodwyd panelau o ysgolheigion a fydd (1) yn paratoi deunyddiau ar gyfer Argraffiad Astudio o'r *BCN* y gobeithir ei gyhoeddi yn y dyfodol gweddol agos, a (2) yn y tymor hwy, yn adolygu'r cyfieithiad yng ngoleuni'r sylwadau a'r awgrymiadau a ddaeth ac a ddaw i law oddi wrth ddarllenwyr, a hefyd yng ngoleuni datblygiadau mewn ysgolheictod beiblaidd — nad yw byth, fwy nag y mae unrhyw ddisgyblaeth academaidd arall, yn sefyll yn ei unfan — yn y meysydd testunol, beirniadol ac esboniadol.

Disgwylir y bydd yr Argraffiad Astudio y cyfeirir ato dan (1) uchod yn corffori cywiriadau i'r gwallau argraffu ac ambell wall arall na lwyddwyd i'w hosgoi wrth baratoi'r testun ar gyfer argraffiadau gwreiddiol 1988;[2] cysur i'r rhieni a gyflawnodd y dasg enfawr a chymhleth honno yw deall na lwyddodd unrhyw fersiwn arall o'r Beibl, na'r un gwaith llenyddol arall o gyffelyb faintioli, osgoi ei gyfran o wallau tebyg! Ymhlith y cywiriadau hyn a gorfforir yn yr Argraffiad

[2] Y mae rhai o'r gwallau cyntaf a ddaeth i'r golwg eisoes, yn wir, wedi eu cywiro yn yr argraffiadau print bras a gyhoeddwyd ychydig yn ddiweddarach, ac yn yr argraffiad maint poced o'r Testament Newydd (1989). Sylwer, er enghraifft, ar y cywiriadau yn 2 Sam. 12:1; Esec. 5:12; a 1 Cor. 12:7.

Asutdio bydd cryn nifer yn cysoni, o ran ffurf ac orgraff, yr amrywiadau anfwriadol a ddarganfuwyd mewn gwahanol gyfeiradau at yr un enwau priod; e.e., Ieabarim, Ije-abarim, Ije-Abarim; Naffoth Dor, Naffeth Dor, Naffath-dor. Ac eithrio'r cywiro a'r cysoni yma, fodd bynnag, ni bydd yr Argraffiad Astudio yn newid dim ar destun argraffiadau 1988; ni chynhwysir ynddo fersiwn *diwygiedig* o'r Hen Destament a'r Apocryffa yn cyfateb i'r fersiwn diwygiedig o Destament Newydd 1975 a gafwyd ym Meibl 1988. Cyfyd y cwestiwn felly: a ellir disgwyl, ac os felly pa bryd y gwelir y fath fersiwn diwygiedig o Feibl Cymraeg 1988 yn ei gyfanrwydd? O gofio bod fersiwn diwygiedig yr Esgob Richard Parry a Dr. John Davies, Mallwyd, o Feibl Cymraeg yr Esgob William Morgan (1588) wedi ymddangos yn 1620, a yw'n debygol y bydd galw am ddiwygiad o Feibl 1988 mor fuan â, neu hyd yn oed yn gynharach na'r flwyddyn 2020?

II

Wrth geisio ateb i'r cwestiwn hwn, priodol fydd olrhain ychydig ar hynt a helynt tri o'r prif fersiynau cyfoes o'r Beibl Saesneg. Gallwn ddechrau gyda'r *Revised Standard Version* Americanaidd (*RSV*), a gydnabyddir yn gyffredinol trwy'r gwledydd Saesneg eu haith fel y cyfieithiad Saesneg mwyaf cywir, cytbwys, cymeradwy ac awdurdodol. Cyhoeddwyd Testament Newydd y fersiwn hwn yn 1946 a'r Beibl cyflawn, yn cynnwys yr Hen Destament a'r Newydd, yn 1952 (ychwanegwyd yr Apocryffa yn 1957). Diwygiad ydoedd o'r *American Standard Version* (1901), sef yr addasiad Americanaidd o'r *Revised Version* Saesneg a gafwyd yn Mhrydain yn 1881-85. Addaswyd rhyw gymaint ar *RSV* yn 1977 gyda'r canlyniad ei fod o hynny ymlaen yn cael ei gymeradwyo'n swyddogol gan Eglwysi o bob un o'r prif draddodiadau — Protestannaidd, Anglicanaidd, Catholig Rhufeinig ac Uniongred Dwyreiniol. Yn 1989, fodd bynnag, ymddangosodd diwygiad trylwyr o fersiwn gwreiddiol *RSV*, a adwaenir bellach fel y *New Revised Standard Version* (*NRSV*). Cafwyd y diwygiad, felly, ymhen 37 o flynyddoedd wedi'r fersiwn gwreiddiol.

Trown yn awr at y fersiwn cyfoes o waith ysgolheigion Pabyddol sydd fwyaf poblogaidd ymhlith y Catholigion Rhufeinig, sef y *Jerusalem Bible* (*JB*). Ymddangosodd hwn yn Saesneg yn 1966 yn addasiad o *Bible de Jérusalem*, y fersiwn gwreiddiol a gyhoeddwyd yn Ffangeg yn 1956. Yn 1985 ymddangosodd y *New Jerusalem Bible* (*NJB*), yn seiliedig ar y diwygiad o'r fersiwn Ffrangeg a ymddangosodd yn 1973. Yn yr achos hwn, felly, y mae'r cyfnod rhwng y gwreiddiol a'r diwygiad yn 19 o flynyddoedd (17 yn y Ffrangeg), tua hanner y cyfnod y bu'n rhaid aros am *NRSV*.

Tebyg iawn yw hanes y prif fersiwn Prydeinig cyfoes o'r Beibl Saesneg, sef y *New English Bible* (*NEB*). Cyhoeddwyd Testament Newydd y fersiwn hirddisgwyliedig hwn yn 1961, a'r Beibl cyflawn, gan gynnwys yr Apocryffa, yn 1970. Ymhen pedair blynedd ar bymtheg, yn 1989, ymddangosodd diwygiad trylwyr o *NEB* dan y teitl *The Revised English Bible* (*REB*).

Wrth astudio'r diwygiadau a wnaed yn achos y tri fersiwn Saesneg a nodwyd, gellir sylwi ar nifer o egwyddorion a ddilynwyd. Yn adran nesaf yr ysgrif hon rhoddir ystyriaeth fesul un i'r egwyddorion hyn, a holi i ba raddau y gallant fod yn berthnasol i'r dasg o ddiwygio fersiwn Cymraeg cyfoes *BCN*.

III

1. Egwyddor sylfaenol pob cyfieithiad, wrth gwrs, yw bod rhaid iddo fod yn seiliedig ar y testun cywiraf a mwyaf dibynadwy sydd ar gael. Golyga hyn fod rhaid adolygu'r cyfieithiad yn gyson yng ngoleuni'r datblygiadau diweddaraf ym maes beirniadaeth destunol o'r Beibl. Dyna pam y bu'n rhaid diwygio T.N. gwreiddiol 1975, yn y lle cyntaf, trwy ei ddwyn i gysondeb â'r argraffiad newydd a diwygiedig o'r testun Groeg a gafwyd yn 1983.[3] Bob tro y diwygir ymhellach y testun Groeg sy'n gynsail iddo, daw galw eto am ddiwygio'r cyfieithiad o'r T.N. mewn rhai mannau. A bydd yn ofynnol i'r panelwyr a fydd yn gyfrifol am yr H.D., yn yr un modd,

[3] Gw. Evans, *op. cit.*, 64-69.

wylio unrhyw ddatblygiadau ym maes beirniadaeth destunol y Beibl Hebraeg. Nid yw'n debygol y bydd goleuni newydd ar y testunau gwreiddiol yn ddigon o reswm ynddo'i hun dros gyhoeddi fersiwn diwygiedig o *BCN*, ond pan ddaw galw, am resymau eraill, am fersiwn felly bydd rhaid manteisio ar y cyfle i gysoni'r cyfieithiad â'r testunau mwyaf dibynadwy a fydd ar gael erbyn hynny.

2. Egwyddor a ddilynir yn gyson yn *NRSV* a *REB* yw dileu y defnydd o ffurfiau'r ail berson unigol o'r rhagenwau personol a meddiannol ("thou", "thee", "thy") a oedd wedi eu cadw yn *RSV* a *NEB* (ond nid yn *JB*) mewn adrannau lle cyferchir Duw mewn gweddi. Yn y fersiynau modern Saesneg defnyddir yn gyson bellach y ffurfiau "you", "your" wrth gyfarch Duw, fel wrth gyfarch pob person unigol arall. Yr oedd y diwygio hyn yn anorfod yn Saesneg, gan na ddefnyddir mwyach yn yr iaith honno yr hen ffurfiau unigol o'r ail berson. Hyd yn oed mewn gweddïau yr oedd "thou", "thee", "thy" — a oedd yn dal yn weddol gyffredin hyd at y chwedegau — wedi eu disodli bron yn llwyr gan "you" a "your" erbyn yr wythdegau. Nid yw'n debygol y gwelir unrhyw fersiwn cyfoes o'r Beibl Cymraeg yn efelychu'r fersiynau Saesneg yn hyn o beth, gan fod y defnydd naturiol o ffurfiau'r ail berson unigol yn dal ar arfer beunyddiol yn y Gymraeg; yn wir fe'u defnyddir yn amlach, ac yn fwy cyffredinol mewn cylchoedd ehangach na chylch y teulu a chyfeillion agos, heddiw nag a wnaed ers cenedlaethau lawer. Ac yn sicr y mae'n anodd dychmygu unrhyw Gymro Cymraeg yn cyfarch yr Hollalluog fel "chwi"![4]

3. Gyda golwg, fodd bynnag, ar un o'r prif egwyddorion eraill a ddilynwyd mor gyson ag y gellid gan ddiwygwyr y tri fersiwn Saesneg dan sylw, y mae'n debygol y bydd yn rhaid i unrhyw ddiwygiad o'r *BCN* yntau roi ystyriaeth ofalus iddo. Cyfeirio yr wyf at yr egwyddor o fabwysiadu "iaith gynhwysol" er mwyn dileu pob awgrym o wahaniaethu annheg rhwng

[4] Am sylw ffraeth G.T.R. ei hun ar y pen hwn, gw. t.39 uchod.

gwryw a benyw (y term a ddefnyddir yn Saesneg yw "gender-inclusive language"). Pan yw'r Beibl, yn yr ieithoedd gwreiddiol ac yn y cyfieithiadau traddodiadol, yn defnyddio ffurf wrywaidd fel "dyn" wrth gyfeirio, nid at berson gwrywaidd penodol ond at "fod dynol" mewn ystyr gyffredinol (boed gwryw neu fenyw), dadleuir y dylid bellach, mewn oes oleuedig sy'n cydnabod cydraddoldeb llawn y gwryw a'r fenyw, ddefnyddio ymadroddion "di-ryw" fel "person", "un", "rhywun" a "bod dynol" (= "human being"). Dengys yr enghreifftiau canlynol y modd y parchwyd yr egwyddor hon gan rai o'r fersiynau Saesneg diwygiedig (myfi biau'r italeiddio):

> God created *human beings* in his own image . . .
> male and female he created them (Gen. 1 : 26 *REB*; cymh. *NRSV*, *humankind*. Deil *NJB* i ddefnyddio *man*).

> Happy is *the one* who does not take the counsel of the wicked for a guide (Salm 1 : 1 *REB;* cymh. *NRSV, those who do not follow; NJB, anyone*).

Gwelir mor anodd yw dilyn egwyddor "iaith gynhwysol" yn gyson o sylwi bod *REB,* ar ôl defnyddio *the one* yn Salm 1 : 1, yn syrthio'n ôl i "*His* delight . . . *his* meditation . . . *He* is like a tree . . ." yn adn. 2 a 3. Llwydda *NJB* i osgoi'r anghysondeb hwn trwy ddilyn *anyone* gyda "*whose* delight . . . *whose* meditation . . . *Such a one* . . ." Dull *NRSV* o ddatrys y broblem yw defnyddio ffurfiau lluosog yn lle'r unigol yn gyson trwy'r adran. Defnyddir y ddyfais hon yn fynych yn y fersiynau diwygiedig Saesneg, fel yn yr enghraifft hon o'r T.N.:

> *Some* judge one day to be better than another, while *others* judge all days to be alike. Let *all* be fully convinced in *their* own minds (Rhuf. 14:5 *NRSV*).

Ceisia *REB* wneud yr un peth yn yr enghraifft a ddyfynnwyd, ond syrth i brofedigaeth yn y frawddeg "*Everyone* must act on *his* own convictions" (y mae peth tebyg yn wir am *NJB* yntau)!

Nid yw problemau'r Gymraeg ynglŷn â'r "iaith gynhwysol" yma yn llai na'r eiddo'r Saesneg. Wrth gwrs, y mae'n bosibl i ninnau droi o'r unigol i'r lluosog mewn llawer man heb beri unrhyw newid i ystyr hanfodol y frawddeg. Yn 1 Ioan 3:24, er enghraifft, gellid newid

> y mae'r hwn sy'n cadw ei orchmynion ef yn aros ynddo ef

i

> y mae'r *rhai* sy'n cadw ei orchmynion ef yn aros ynddo ef

neu hyd yn oed, gan gadw'r ystyr unigol, i

> y mae'r *sawl* sy'n cadw ei orchmynion ef yn aros ynddo ef

Yn y cymal nesaf y cyfyd yr anhawster. Ni all "ac ef ynddo yntau" gynnwys y ddwy ryw, a gwrthun fyddai ysgrifennu "ynddo neu ynddi" neu "ynddo(i)" bob tro y digwydd y cyfryw anhawster. Ac y mae cadw at yr ymadrodd lluosog trwy gyfieithu "ac ef ynddynt hwythau" yn gwanhau'r cyfieithiad trwy gymylu'r berthynas bersonol rhwng Crist a phob credadun unigol. Mwy na hynny, y mae treigliadau'r Gymraeg yn cymhlethu'r broblem. Yn 1 Ioan 4:21 ceir y gorchymyn

> bod i'r hwn sy'n caru Duw garu ei frawd hefyd.

Hawdd yw newid "*hwn*" i "*sawl*", ond unwaith yr ychwanegir "ei *frawd*" fe â'r "sawl" yn ddiamheuol wrywaidd! A chyfyd y cwestiwn pellach: onid yw i garu ei *chwaer* hithau? Ac erys y broblem honno hyd yn oed os dilynnir "dyfais y lluosog" a chyfieithu

> bod i'r *rhai* sy'n caru Duw garu eu *brodyr* hefyd

Gellid wrth gwrs ddweud "garu eu brodyr a'u chwiorydd hefyd", ond byddai hynny'n golygu dod ag elfen o aralleirio i mewn i'r cyfieithu, sef cynnwys yn y cyfieithiad air neu eiriau nad oes dim yn cyfateb iddo(-ynt) yn y testun gwreiddiol. A bod yn fanwl, byddid eisoes wedi croesi'r llinell rhwng cyfieithu ac aralleirio wrth gyfieithu ffurfiau unigol y gwreiddiol â ffurfiau lluosog, a gwelsom wrth drafod 1 Ioan 3:24 fod perygl, mewn rhai mannau o leiaf, i'r ddyfais honno gymylu ystyr y gwreiddiol.

Y mae hyn oll yn awgrymu mai'r unig ffordd bosibl i gynhyrchu Beibl Cymraeg — neu Feibl Saesneg, neu fersiwn mewn unrhyw iaith gyfoes o ran hynny — a fydd yn mabwysiadu'n gyson "iaith gynhwysol", ac yn cydnabod yn llawn egwyddor cydraddoldeb rhywiol, yw trwy aralleirio i fesur llawnach nag a ganiateid gan egwyddor cyfieithu *BCN*.[5] Amcan cyfieithu yn ystyr gyfyng y gair yw cyfleu yn ffyddlon mewn iaith arall yr hyn a ysgrifennodd yr awdur gwreiddiol yn ei iaith ei hun; ac os yw dull mynegiant yr awdur gwreiddiol yn adlewyrchu'r rhagfarn o blaid y gwryw ar draul y fenyw a nodweddai oes ac amgylchfyd yr awdur ei hun, rhaid i gyfieithiad cywir a ffyddlon i'r gwreiddiol gyfleu yr un rhagfarn. Rhaid cofio bod dogfennau'r Beibl wedi eu cyfansoddi, nid mewn oes oleuedig fel yr eiddom ni pan yw egwyddor cydraddoldeb y rhywiau yn cael ei chydnabod yn weddol gyffredinol, ond mewn oes dra gwahanol cyn bod unrhyw sôn am y fath egwyddor. Ni ellir felly ddisgwyl i'r Beibl *fel y cyfryw* fod yn rhydd o'r math o fynegiant a ystyrir gennym heddiw yn annerbyniol am ei fod yn wrywaidd ei ogwydd. Y gwir yw bod y cwestiwn ynglŷn â chydraddoldeb y rhywiau, fel y cwestiwn ynglŷn â chaethwasiaeth, yn un sy'n perthyn, nid i ddisgyblaeth *exegesis* (sef esbonio ystyr y testun beiblaidd yng nghyd-destun y sefyllfa hanesyddol y cyfansoddwyd ef ynddi), ond yn hytrach i ddisgyblaeth *hermenewteg* (sef dehongli ystyr ac arwyddocâd y testun i ni sydd yn ei ddarllen yng nghyd-destun ein sefyllfa gyfoes). I gymryd un enghraifft amlwg iawn: y mae'r Beibl yn defnyddio'n gyson gategorïau gwrywaidd wrth sôn am Dduw fel "Arglwydd", "Brenin", "Tad", ac yn y blaen. Nid oes gan gyfieithydd cyfrifol unrhyw ddewis ond defnyddio'r un categorïau gwrywaidd. Ond y mae gan y dehonglydd diwinyddol cyfoes bob hawl (os nad yn wir bob dyletswydd) i bwysleisio bod holl briodoleddau benywaidd "Arglwyddes", "Brenhines" a "Mam", yn ogystal â phriodoleddau gwrywaidd "Arglwydd", "Brenin" a "Tad", yn perthyn i gymeriad Duw. Gyda golwg ar y defnydd cyffredinol, a geir yn fynych yn y Beibl, o'r gair "dyn" i ddynodi bod dynol yn hytrach nag unigolyn gwrywaidd ei ryw, gresyn efallai fod ystyr gysefin

[5] Gw. Rhagarweiniad Cyffredinol *BCN* (1988), xvi.

y gair Cymraeg (sef bod dynol beth bynnag fo'i ryw) wedi ei disodli mewn Cymraeg cyfoes nes bod "dyn" bellach, yn ddieithriad bron, yn golygu person gwrywaidd, yn wrthgyferbyniol i "ddynes" am berson benywaidd.

Diau y gellir diwygio *BCN* mewn amryw fannau er mwyn osgoi rhagfarn rywiol. Er enghraifft:

> Felly creodd Duw *fodau dynol* ar ei ddelw ei hun; ar ddelw Duw y creodd *hwy*; yn wryw ac yn fenyw y creodd hwy (Gen.1 : 27).
>
> Y mae pob bod meidrol fel glaswellt,
> a'i holl nerth fel blodeuyn y maes
> (Eseia 40 : 6; byddai problem yn codi petai'r cyfieithwyr wedi dewis "a'i gryfder i gyd" yn hytrach na "a'i holl nerth"!)
>
> Gwyn eu byd y rhai (sawl) na ddilynant gyngor y drygionus . . . (Salm 1 : 1; byddai'n rhaid addasu gweddill y Salm, wrth gwrs, at y rhif luosog).

Y cwestiwn y bydd yn rhaid i ddiwygwyr *BCN* ei ystyried yn ofalus dan y pen hwn yw: i ba fesur y gellir, ac y dylid, yng ngoleuni'r ystyriaethau a drafodwyd yn y paragraffau uchod, addasu'r cyfieithiad yn y modd hwn?

4. Egwyddor arall a ddilynwyd gan ddiwygwyr un o leiaf o'r fersiynau modern Saesneg yw'r ymgais i ddileu yr hyn a elwir yn *biblicisms* — ymadroddion "beiblaidd" eu naws. Enghraifft o ymadrodd felly yw defnyddio "O" mewn cyfarchiad, yn enwedig wrth gyfarch Duw mewn gweddi. Cadwyd yr arfer hwn yn bur gyffredinol yn *NEB,* ond ymadawyd ag ef yn *REB*. Er enghraifft, aeth "O my God" yn "my God" yn Salm 3 : 7, ac felly'n gyson trwy'r Salmau; ac aeth "O sir" yn "Lord" yn Ioan 11 : 32. Diddorol yw sylwi na fabwysiadwyd y diwygiad hwn yn *NRSV*, sy'n dilyn ei ragflaenydd *RSV* yn y defnydd o "O". Ar y llaw arall, nid oedd rhaid ei fabwysiadu gan *NJB* gan fod *JB* yntau eisoes wedi hepgor yr "O". Ychydig iawn o wahaniaeth sydd rhwng *BCN* a'r hen fersiwn Cymraeg yn y defnydd o'r "O". A chan na fu'n fwriad erioed gan gyfieithwyr *BCN* i osgoi ymadroddion beiblaidd yn unig am eu bod yn feiblaidd,[6] prin y mae angen

[6] "Nid diogelu urddas yr Ysgrythurau ar gyfer darllen cyhoeddus yw'r unig amcan wrth gyfieithu fel y gwnaed yma. ond hefyd (ac yn bennaf efallai) cadw cyswllt rhwng y Beibl a'n llenyddiaeth gyfoes" (Rhagarweiniad Cyffredinol *BCN*, xvii).

diwygio'r fersiwn yn hyn o beth. Ac o ran hynny, nid yw defnyddio "O" mewn cyfarchiad yn anghyffredin nac yn annerbyniol mewn Cymraeg cyfoes.

5. Yn ogystal â dileu "biblicisms", y mae diwygwyr *REB* wedi amcanu at ddileu'r hyn a alwant yn "briticisms", sef geiriau ac ymadroddion a allai fod yn ddieithr neu'n annerbyniol neu'n gamarweiniol mewn gwledydd y tu allan i Brydain lle'r arferir y Saesneg yn rheolaidd, ac yn arbennig yn yr Unol Daleithiau. Yr enghraifft fwyaf diddorol yw'r gair "ass", sydd wedi ei newid i "donkey" yn gyson yn *REB*! Gan nad yw'r Gymraeg yn iaith rhyng-genedlaethol fel y Saesneg, nid yw'r union broblem hon yn berthnasol i *BCN*, ond y mae'n bosibl i broblem gyffelyb godi o achos amryw dafodieithoedd y Gymraeg. Beirniadwyd *BCN* gan rai am adlewyrchu'n ormodol dafodiaith Gwynedd ar draul yr eiddo rhanbarthau eraill o Gymru. Os gwir hynny, nid oedd y fath beth ym mwriad na'r panelau cyfieithu na'r panel llenyddol a fu'n gyfrifol am y fersiwn. Ymhlith aelodau'r panelau hynny, ac aelodau'r Cydbwyllgor a arolygai'r gwaith hwythau, yr oedd deheuwyr a gogleddwyr fel ei gilydd, a'r amcan llywodraethol yn gyson oedd sicrhau geirfa a chystrawennau safonol a fyddai'n ddealladwy ac yn dderbyniol trwy Gymru gyfan. Un enghraifft a ddaw i'r cof sy'n gwrthbrofi'r cyhuddiad o ragfarn "ogleddol" yw mai "allweddau teyrnas nefoedd" a welir yn *BCN* yn Mth. 16:19 yn lle "agoriadau teyrnas nefoedd" yr hen gyfieithiad. Hyd yma ychydig o gwynion a ddaeth i law ynglŷn â'r defnydd o eiriau neu ymadroddion tafodieithol sy'n ddieithr i ddarllenwyr mewn rhannau o Gymru. Fodd bynnag, os daw unrhyw gwynion felly i'w sylw, bydd yn ddyletswydd ar ddiwygwyr *BCN* maes o law eu hystyried yn ofalus.

6. Math arall o ddiwygio y bu'n rhaid ei fabwysiadu wrth baratoi'r *REB*, yn yr H.D. yn fwyaf arbennig, oedd tocio o gyfieithiad *NEB* gryn nifer o'r trosiadau dyfaliadol, a mympwyol yn aml, a nodweddodd y fersiwn hwnnw o ganlyniad i orbarodrwydd ei gyfieithwyr i ddilyn damcaniaethau seiliedig naill ai ar ddarlleniadau Fersiynau cynnar o'r H.D. mewn

Groeg, Syrieg ac ieithoedd eraill, neu ar ystyron geiriau mewn ieithoedd Semitaidd eraill a oedd yn gytras â geiriau'r Hebraeg gwreiddiol. Methu ennill eu plwyf ymhlith trwch ysgolheigion yr H.D. a wnaeth cyfran helaeth o'r damcaniaethau hyn, ac o ganlyniad, tuedd bendant *REB* yw dychwelyd at egwyddor fwy ceidwadol, cyfrifol a chytbwys o gyfieithu yn y mannau dan sylw. Dylid ychwanegu na fu fersiynau *RSV* a *JB* hanner mor fentrus ac anghytbwys â *NEB* yn hyn o beth, fel nad oedd rhaid i'w diwygwyr hwy boeni cymaint (os o gwbl) am y math hwn o ddiwygio. Yr oedd agwedd cyfieithwyr *BCN* hwythau at eu tasg yn llawer mwy ceidwadol a chytbwys na'r eiddo cyfieithwyr *NEB;* gwelir hyn o ddarllen y Rhagarweiniad i H.D. 1988 ac o ystyried yn ofalus yr hyn sydd gan yr Athro Gwilym H. Jones i'w ddweud yn ei gyfraniad i'r gyfrol goffa hon.[7] Cyn gadael yr agwedd hon i'r drafodaeth, efallai y dylid nodi un enghraifft ddiddorol o'r math o ddiwygio a fu dan sylw yma. Yn Jos. 18:51, sy'n sôn am Achsa, merch Caleb, yn dod at ei thad i geisio tir ganddo ar gais ei gŵr, y mae *NEB* yn darllen:

> As she sat on the ass, she broke wind, and Caleb asked her, "What did you mean by that?"

Y mae cyfieithiad pob fersiwn arall, hyd y gwn i, yn cytuno o ran ystyr â darlleniad *BCN*:

> Wedi iddi ddisgyn oddi ar yr asyn, gofynnodd Caleb iddi, "Beth a fynni?"

Dylanwad ystyr a geir mewn Acadeg i air sy'n gytras â gair y testun Hebraeg oedd yn gyfrifol am ddehongliad ysgytwol *NEB*! Ys dywaid Roger Coleman yn ei gyfrol, *New Light and Truth: The Making of the Revised English Bible:*[8]

> Further reflection and research persuaded the revisers to revert to the more traditional rendering "she dismounted".

7. Beirniadwyd iaith *NEB* ar y tir ei bod mewn amryw fannau yn rhy academaidd ei naws; y term a ddefnyddiwyd

[7] Gw. tt. 61-79 uchod.
[8] Gweisg Prifysgolion Rhydychen a Chaer-grawnt, 1989. Gw. t. 51 am y dyfyniad.

gan y beirniaid oedd "donnish". Un arall o amcanion diwygwyr *REB*, felly, oedd cywiro'r duedd hon. Er enghraifft, newidiwyd "the effulgence of God's splendour" (Heb. 1:3) i "the radiance of God's glory", sydd nid yn unig yn symlach ond yn llawer nes at y cyfieithiad Saesneg traddodiadol; cymh. *BCN*, "Y mae'n adlewyrchu gogoniant Duw". Diddorol yw cofio bod *Cyfieithiad Newydd y Brifysgol* (1921-1945), casgliad o gyfieithiadau i'r Gymraeg o lyfrau'r T.N. a baratowyd gan banelau o ysgolheigion Cymraeg, clasurol a beiblaidd dan nawdd Adran Ddiwinyddol Urdd Graddedigion Prifysgol Cymru, wedi cael ei feirniadu am yr un duedd i ddefnyddio geirfa ac arddull rhy academaidd, a phendantig hyd yn oed. Yn ôl ein safonau ni heddiw, yr oedd y feirniadaeth honno'n ddigon cyfiawn. Gan ddysgu'r wers yn sgîl methiant cyfieithiadau'r Brifysgol i'w cymeradwyo'u hunain i'r werin Gymraeg, gwnaeth cyfieithwyr *BCN* ymgais fwriadol i osgoi'r un perygl, ac i sicrhau arddull lenyddol ystwyth a naturiol a geirfa gyfoes a dealladwy.[9] Y gobaith yw, felly, na fydd gormod o ymadroddion uchel-ael o academaidd i'w chwynnu o destun fersiwn 1988 pan ddaw'r amser i'w ddiwygio.

Mae'n wir, er hynny, fod *BCN* yn cynnwys cryn nifer o dermau *diwinyddol* traddodiadol y mae angen eu hesbonio i ddarllenwyr nad ydynt yn efrydwyr beiblaidd — termau fel "Teyrnas Dduw", "Meseia", "Mab y Dyn", "cyfiawnhad", "prynedigaeth", "cnawd", "yng Nghrist", ac eraill. Y mae hyd yn oed yn defnyddio rhai termau diwinyddol nad ydynt yn draddodiadol — termau fel "moddion puredigaeth" (Rhuf. 3:25; 1 In. 2:2; 4:10) a "diheuro" (Rhuf. 5:16; 8:33) — nad oes dim llai o angen eu hesbonio. Bydd y termau hyn, wrth gwrs, yn cael eu hesbonio yn yr Argraffiad Astudio sydd yn yr arfaeth, ond fel y pwysleisiwyd lawer gwaith, anelu at *gyfieithiad* cywir yn hytrach nag at *aralleiriad* esboniadol oedd amcan *BCN*. Ac ni ellir cyfieithiad o'r math a fwriadwyd heb ddefnyddio termau crefyddol a diwinyddol technegol.

[9] Am enghreifftiau o'r gwahaniaethau rhwng geirfa ac arddull *CNyB* a *BCN*, gw. Owen E. Evans, *Cyfieithu'r Testament Newydd i'r Gymraeg yn yr Ugeinfed Ganrif* [Darlith Goffa Henry Lewis], Coleg y Brifysgol, Abertawe, 1976, 26-30.

8. Nodwedd amlwg arall a berthyn i fersiynau cyfoes o'r Beibl yw'r modd y maent yn hepgor llawer o'r cysyllteiriau (e.e., "a", "ond", "felly", "yna") ar ddechrau brawddegau. Y mae'r ieithoedd Beiblaidd, Hebraeg a Groeg fel ei gilydd, yn arfer cysyllteiriau fel y rhain yn llawer iawn amlach na'r hyn sy'n naturiol i Gymraeg neu Saesneg. Yn y fersiynau traddodiadol, dan ddylanwad y gred fod pob gair unigol o'r Ysgrythur yn ysbrydoledig a chysegredig, cyfieithiwyd pob cysylltair mewn modd mor llythrennol ag oedd yn bosibl. Y mae'r fersiynau cyfoes yn hepgor cryn nifer ohonynt, ac yn cyfieithu'n llai llythrennol, gan geisio mwy o amrywiaeth a defnyddio cysyllteiriau sy'n fwy naturiol yn yr iaith fodern; e.e., defnyddio "ond" neu "yna" neu "felly" neu "eto" neu "er hynny" er mwyn osgoi cyfres undonog o frawddegau neu gymalau i gyd yn dechrau â'r cysylltair "a". Fel y gellid disgwyl, tuedd y fersiynau Saesneg diwygiedig yw cario'r broses yma o hepgor cysyllteiriau ymhellach nag a wnaed gan eu rhagflaenwyr. Yr oedd hynny'n fwriad pendant gan ddiwygwyr *REB*, a gredai fod gormod o gysyllteiriau dianghenraid wedi eu cadw yn *NEB*. Y mae'r un peth yn wir i raddau llai am *NRSV* o'i gymharu â *RSV*, ond y mae *NJB* yn eithriad yn hyn o beth (yn wir, y mae cymharu'r fersiwn diwygiedig â'r gwreiddiol yn yr achos hwn yn awgrymu bod y diwygwyr o'r farn bod eu rhagflaenwyr wedi mynd yn rhy bell gyda hepgor cysyllteiriau!).

Fel enghreifftiau o'r math hwn o ddiwygio, dewisais ar antur ddwy adran o ugain adnod yr un, y naill o'r H.D. (Genesis, pennod 12) a'r llall o'r T.N. (Marc 1:1-20). Yn Genesis 12 ceir yn *AV* y Beibl Saesneg a Beibl Cymraeg 1620, y naill a'r llall yn cyfieithu'r gwreiddiol yn gaeth o lythrennol, 27 o gysyllteiriau (22 ohonynt yn "and" yn Saesneg a 22 yn "a" yn Gymraeg). O'r cyfanswm yma y mae *RSV* yn cadw 19 (gyda 11 "and") a *NRSV* yn cwtogi'r nifer i 16 (8 "and"); y mae *NEB* yn cadw 10 (4 "and") a *REB* yn eu cwtogi i 7 (ond 5 yn "and"); 8 o gysyllteiriau a geir yn *JB* (2 ohonynt yn "and"), ond y mae *NJB* yn cynyddu'r nifer i 12 (gyda 6 "and"). Sut y mae *BCN* yn cymharu â'r ffigurau hyn? Y mae'n cadw 12 o 27 cysylltair y fersiwn traddodiadol (9 yn "a" neu "ac"). Yn yr adran o Marc, 17 o gysyllteiriau a geir yn *AV* a Beibl Cymraeg 1620 (14 "and" yn y Saesneg a 16 "a" yn y Gymraeg). Y mae'r ffigurau am y fersiynau Saesneg fel a ganlyn (gyda nifer "and" mewn cromfachau): *RSV* 14 (12); *NRSV*, 10 (8); *NEB*, 5 (5); *REB*, 4 (4); *JB*, 5 (5); *NJB*, 7 (7). Ffigurau *BCN* yw 8 (8). Efallai mai'r casgliad i'w dynnu o gymharu'r ystadegau hyn yw bod *BCN* (y mae ei ffigurau yn cynrychioli'n fras gyfartaledd o'r eiddo'r tri fersiwn *diwygiedig* Saesneg) eisoes wedi mynd yn ddigon pell i gyfeiriad hepgor y cysyllteiriau ac nad oes angen taer am unrhyw ddiwygio pellach. Ni olyga hyn, wrth gwrs, na ellir ailystyried achosion unigol a hepgor neu newid cysylltair lle bynnag y byddai hynny'n grymuso mynegiant y Gymraeg heb gymylu dim ar ystyr y gwreiddiol.

IV

Yn yr adran flaenorol trafodwyd rhai o'r egwyddorion a ddilynwyd gan ddiwygwyr *REB*, ac i raddau llai gan ddiwygwyr *NRSV* a *NJB*, a cheisiwyd awgrymu i ba raddau y gellir, ac y dylid cymhwyso'r egwyddorion hynny at *BCN*. Bellach rhaid ceisio crynhoi'r casgliadau sy'n deillio o'r drafodaeth honno.

Y prif gasgliad, yn ddiau, yw nad yw'n ymddangos yn debygol y bydd angen am fersiwn diwygiedig o *BCN* mor fuan ag a fu yn achosion *REB* a *NJB*, beth bynnag am *NRSV*. Fel y gwelsom, bydd y *cywiriadau* angenrheidiol i destun 1988 wedi eu cynnwys yn yr Argraffiad Astudio sydd eisoes ar y gweill, a bydd y nodiadau a gynhwysir yn yr argraffiad hwnnw yn cymryd sylw o unrhyw ddatblygiadau diweddarach mewn astudiaethau testunol, beirniadol ac esboniadol. Bydd yn bosibl adargraffu'r Argraffiad Astudio o bryd i'w gilydd gan ddiweddaru'r nodiadau yng ngoleuni datblygiadau pellach mewn ysgolheictod beiblaidd. Gyda golwg ar "iaith gynhwysol", gan gofio'r math o fersiwn yr anelwyd ato yn *BCN*, sef cyfieithiad ffyddlon i'r gwreiddiol, yn adlewyrchu syniadaeth y cyfnodau y cyfansoddwyd y dogfennau beiblaidd ynddynt, gwell ar y cyfan fydd peidio â cheisio addasu'r iaith i syniadaeth tra gwahanol ein hoes ni. Nid yw hyn yn golygu na ellir, ac na ddylid cynhyrchu fersiwn Cymraeg o'r Beibl a fydd yn cynnwys addasiad felly ac yn defnyddio "iaith gynhwysol". Yr wyf eisoes wedi dadlau bod pob cyfiawnhad dros gynhyrchu, ar y seiliau ysgolheigaidd a osodwyd i lawr yn *BCN*, gyfieithiad mwy poblogaidd ac aralleiriadol ei amcan, mewn ieithwedd nes o lawer at yr iaith lafar gyfoes.[10] Mentraf awgrymu mai mewn cyfieithiad felly, yn hytrach nag mewn cyfieithiad o natur *BCN*, y dylid adlewyrchu egwyddor gyfoes cydraddoldeb rhywiol, yn ogystal ag aralleirio termau ac ymadroddion diwinyddol a thechnegol y Beibl er mwyn gwneud ei gynnwys a'i neges yn fwy dealladwy a pherthnasol i anghenion darllenwyr sydd wedi eu dieithrio oddi wrth draddodiad Beiblaidd a Christionogol y gorffennol.

Nid yw'r ail gasgliad, o bosibl, namyn estyniad o'r cyntaf. Gellir dod ato trwy ein hatgoffa'n hunain o'r cwestiwn a ofynnid yn fynych, ym mlynyddoedd cyntaf y fentr, i gyfieithwyr *BCN*: At ba fath o fersiwn yr ydych yn anelu? Ai rhywbeth tebyg i *RSV*, nad yw'n proffesu bod yn ddim ond diwygiad o'r Beibl Saesneg traddodiadol, ai ynteu fersiwn mwy radical a mentrus fel *NEB*?

Yr ateb a roddid yn gyson i'r cwestiwn hwn oedd: Rhywbeth rhwng y ddau. Cyfieithiad a fydd yn fwy na diwygiad yn unig o Feibl 1620; cyfieithiad newydd yn seiliedig yn uniongyrchol ar y testunau gwreiddiol mwyaf dibynadwy, ond cyfieithiad mwy ceidwadol a llai mentrus na *NEB;* cyfieithiad nad yw'n ymwrthod yn ddiangen ag ymadroddion beiblaidd eu naws, na chwaith yn "llwyr golli rhin mynegiant yr hen gyfieithiad".[11]

Wrth gymharu'r fersiynau diwygiedig Saesneg diweddar, sef *NRSV*, *REB* a *NJB*, y mae'n amhosibl osgoi'r argraff fod y

[10] Gw. Owen E. Evans, "Braslun o Hanes y Beibl Cymraeg" yn Gwilym H. Jones ac Owen E. Evans, *Y Gair Ddoe a Heddiw*, Caernarfon: Gwasg Pantycelyn, 1988, 218-19.
[11] Gw. y frawddeg olaf yn Rhagarweiniad Cyffredinol *BCN*, xvii.

tri fersiwn hyn yn nes at ei gilydd o ran natur y cyfieithu ac o ran nodweddion ieithyddol nag oedd eu rhagflaenwyr, *RSV*, *NEB* a *JB*. Golyga hyn fod *NRSV* wedi symud — nid ymhell, efallai, ond peth ffordd — o begwn "ceidwadol" ei ragflaenydd i gyfeiriad y tir canol a ddewiswyd gan gyfieithwyr *BCN*. Ar y llaw arall, y mae *REB* a *NJB* wedi symud peth ffordd (*REB* efallai ymhellach na *NJB*) o begwn "radical" eu rhagflaenwyr i gyfeiriad yr un tir canol. Y mae'n wir bod gwahaniaethau sylweddol yn bod o hyd rhwng *BCN* a *NRSV*, ond y maent yn llai na'r gwahaniaethau rhwng *BCN* a *RSV*; ac y mae gwahaniaethau sylweddol hefyd yn bod rhwng *BCN* a *REB* neu *NJB*, ond y maent yn llai na'r gwahaniaethau rhwng *BCN* a *NEB* neu *JB*. I brofi dilysrwydd y gosodiadau hyn byddai'n rhaid cymharu'r gwahanol fersiynau yn fanwl a thrylwyr (pwnc traethawd M.Phil. i un o fyfyrwyr ymchwil y dyfodol o bosibl!). Ni allaf o fewn gofod yr ysgrif hon wneud mwy na nodi dwy enghraifft (un o'r H.D. a'r llall o'r T.N.) bob un o gymhariaeth rhwng *BCN* â'r tri phâr o fersiynau Saesneg. Ym mhob enghraifft gwelir bod y fersiwn diwygiedig yn y Saesneg yn debycach i'r Gymraeg nag oedd y fersiwn gwreiddiol:

	RSV	*NRSV*	*BCN*
1(a) Salm 23:4			
	through the valley of the shadow of death	through the darkest valley	trwy ddyffryn tywyll du
1(b) Phil. 3:20			
	our commonwealth	our citizenship	ein dinas-yddiaeth ni
	NEB	*REB*	*BCN*
2(a) Gen. 1:25			
	all reptiles	everything that creeps	holl ymlusgiaid
2(b) Rhuf. 1:17			
	Here is revealed God's way of righting wrong	in it the righteousness of God is seen at work	Ynddi hi y datguddir cyfiawnder Duw

	JB	*NJB*	*BCN*
3(a) Eseia 53 : 12			
	he was bearing the faults	he was bearing the sin	a dwyn pechodau
3(b) Rhuf. 6: 3-4			
	When we were baptised we went into the tomb with him and joined him in death	By our baptism into his death we were buried with him	Trwy'r bedydd hwn i farwolaeth fe'n claddwyd gydag ef

Os yw'r argraffiadau cyffredinol hyn a adawyd ar feddwl un efrydydd o leiaf gan y ceisiadau a wnaed i ddiwygio'r fersiynau Saesneg modern yn rhai cywir, y mae lle i gredu bod y Beibl Cymraeg Newydd wedi llwyddo i osgoi rhai o leiaf o'r cyfeiliornadau a wnaeth y diwygiadau hynny'n angenrheidiol. Nid yw honiad felly yn golygu nad oes modd gwella ar gyfieithiad 1988. Ni allwn ragweld i ba gyfeiriadau y bydd ysgolheictod beiblaidd yn datblygu yn ystod gweddill y ganrif hon a degawdau cyntaf y ganrif nesaf. Ni wyddom chwaith i ba raddau y bydd y math o Gymraeg llenyddol yr anelwyd ato yn *BCN* (yng ngeiriau'r diweddar Syr Thomas Parry, safonau'r "corff sylweddol o lenyddiaeth dda, yn farddoniaeth ac yn rhyddiaith, sydd wedi ei ysgrifennu yn Gymraeg yn y ganrif hon"[12]) yn gymeradwy gan ysgolheigion a llenorion yr iaith Gymraeg yn nechrau'r ganrif nesaf. Cyfrifoldeb Cydbwyllgor Cyfieithu'r Beibl i'r Gymraeg, a'r panelau o ysgolheigion beiblaidd sy'n gyfrifol iddo, a'r ymgynghorwyr llenyddol a fydd yn ceisio gwisgo mantell Syr Thomas Parry a'i gymrodyr, fydd gwylio'r datblygiadau yn y meysydd hyn ac adolygu'n gyson Beibl Cymraeg 1988 yng ngoleuni'r datblygiadau hynny. Bydd cyfrifoldeb hefyd ar bob darllenydd sy'n caru'r iaith a'i llên, a phob un sy'n ymdeimlo â phwysigrwydd lledaenu ymhlith Cymry Cymraeg wybodaeth a dealltwriaeth o "eiriau" yr Ysgrythurau er mwyn i werthoedd uchaf gwareiddiad ffynnu yn ein gwlad ac er mwyn i laweroedd ohonynt, gobeithio, gael eu dwyn i adnabyddiaeth o'r "Gair" ei hun — bydd cyfrifoldeb arnynt

[12] *Ibid*, xvii.

oll i anfon i'r Cydbwyllgor bob beirniadaeth ac awgrym adeiladol a all fod yn gyfraniad i'r dasg o ddiwygio a gwella'r fersiwn o'r Beibl Cymraeg a welodd olau dydd yn hanner olaf yr ugeinfed ganrif.

Ymddangosodd diwygiad 1620 o Feibl Cymraeg 1588 ymhen deuddeg ar hugain o flynyddoedd wedi i William Morgan gyhoeddi ei orchestwaith. Gwelsom mai prin y bydd galw am fersiwn diwygiedig o Feibl Cymraeg 1988 o fewn cyfnod o gwta ugain mlynedd fel yn achos *NEB* a *JB*. Ond beth am y cyfnod o 37 mlynedd rhwng *RSV* a'i fersiwn diwygiedig? Os *oes* diwygiad o Feibl 1988 i fod yn ystod degawdau cyntaf y ganrif newydd, pa achlysur gwell y gellid ei ddymuno ar gyfer ei gyhoeddi na blwyddyn dathlu pedwar-canmlwyddiant Beibl yr Esgob Richard Parry a John Davies, Mallwyd, yn 2020? Y mae'n ymddangos yn bell, ond cofier nad yw ddim pellach nag oedd 1988 ym mlwyddyn sefydlu'r Cyd-bwyllgor gwreiddiol yn 1961. A chysur yw gwybod fod ymhlith aelodau'r panelau sydd bellach yn paratoi Argraffiad Astudio rai ysgolheigion na fyddant, os cânt fyw, yn hŷn yn 2020 nag ydoedd llawer ohonom ni, gyfieithwyr y *BCN*, yn 1988! Boed bendith ar eu llafur!

Y Beibl yn yr Ieithoedd Celtaidd

J. E. Caerwyn Williams

Unwaith yr oedd cynnwys y Beibl, ac yn arbennig yr hanes a geir ynddo, wedi dod yn hysbys yn y Gorllewin, teimlodd y deallusion yno fod angen penderfynu perthynas hanes eu cenhedloedd hwy â hanes ei bobloedd ef, a pherthynas eu hieithoedd hwy â hanes yr ieithoedd hynny a ddaeth i fodolaeth ar ôl helynt Tŵr Babel. Ac ni fu deallusion y gwledydd Celtaidd ar ôl y lleill yn hyn o beth.

Clywsom oll am y Gymraeg fel 'Iaith y Nefoedd'. Mor ddiweddar â dechrau'r ganrif hon yr oedd ambell Gymro yn dal i gredu mai'r Gymraeg oedd Iaith Paradwys. A'r prawf? Wel, sut y cafodd y dyn cyntaf ei enw? Pan welodd Duw ei greadigaeth, beth a ddywedodd? Onid 'A! dda!'? Ac oni alwyd y mab cyntaf yn 'Gain' oherwydd i Efa ddweud, 'On' tydi o'n *gain*?' Ac wrth gwrs, rhaid oedd galw'r ail fab yn *Ab-el*, yn fab ail. Ie, hawdd yw gwenu, ond mae ysgolheigion wedi bod yn euog o'r un math o ffolinebau ar hyd yr oesoedd. Yn 1703 cyhoeddodd Paul Yves Pezron lyfr Frangeg, *Antiquité de la Nation et de Langue des Celtes autrement appelez Gaulois*, a gyfieithwyd yn ddiweddarach i'r Saesneg ac a gyhoeddwyd dan y teitl *The Antiquities of Nations* (1706). Ynddo profodd i'w fodlonrwydd ef ei hun mai Gomer, mab Japhet, oedd tad y Gomeriaid, a alwai'r Groegiaid yn *Galátai* yn ogystal â *Keltoí* ac a alwai'r Rhufeiniaid yn *Galli* yn ogystal â *Celtae*, a dangosodd ymhellach, eto i'w fodlonrwydd ef ei hun, y ffordd yr oedd y Groegiaid, y Rhufeiniaid a'r Tewtoniaid wedi benthyca o'r Gelteg fel yr oedd yr iaith honno wedi goroesi yn y Llydaweg a'r Gymraeg. Chwarae teg i Pezron: ni wnaeth lawer mwy nag ail wampio damcaniaethau'r Ffrancwr Jean Bodin a'r Almaenwr Philipp Cluver, ond fe ddylanwadodd yn fawr ar Rowland Jones, Y Weirglodd Fawr, plwyf Abererch, ac ar William Owen-Pughe, ac os coeliwch chwi Syr John Morris-Jones, ni wnaeth neb erioed yn ei ddydd fwy o niwed i'r Gymraeg na'r olaf.

Ond nid dyna'r trywydd a ddilynwn ni yma.

Daeth Cristnogaeth i Brydain tra oedd y Rhufeiniaid yn ei llywodraethu, ac erbyn hyn y gred gyffredinol ydyw fod yma eglwys Gristnogol pan ymadawsant. Mae'n bur sicr mai Lladin oedd iaith seremonïau'r eglwys honno, yn enwedig ar ôl i'r Ymerodraeth gydnabod Cristnogaeth a'i derbyn fel crefydd yn 313. Rhaid fod dieithrwch a mawredd y Lladin wedi chwanegu at yr elfen swyngyfaredd yn y seremonïau hynny, ac yn sicr 'roedd yn elfen bwysig yn ymerodraethedd cenhadol yr eglwys. Mae'n ffaith drawiadol iawn a thra arwyddocaol na chodwyd unrhyw wrthwynebiad i gyfieithu'r Beibl o'i ieithoedd gwreiddiol i ieithoedd brodorol y Dwyrain Canol, ond bod gwrthwynebiad wedi codi i'w gyfieithu o'r Lladin i ieithoedd brodorol y Gorllewin.

Yr oedd y Beibl Lladin, wrth gwrs, yn gysylltiedig â'r diwylliant Lladin, ac os nad oedd y diwylliant Lladin hwnnw mor gyraeddadwy i'r eglwys ym Mhrydain ar ôl dyfodiad y Sacsoniaid â chynt, yr oedd yno yn y cefndir, megis, a phan ddaeth hi dan ddylanwad y fynachaeth a oedd wedi treiglo o'r Dwyrain Canol ar hyd y Môr Canoldir, ar hyd ffyrdd y moroedd gorllewinol a thrwy wlad Gâl, daeth eilwaith yn fwy cyraeddadwy iddi.

Ceir syniad am ddiwylliant Lladin yr eglwys ym Mhrydain cyn ymadawiad y Rhufeiniaid ac yn union ar ôl hynny drwy gymharu diwylliant Pelagius a diwylliant Gildas.

Aeth Pelagius o Brydain i Rufain tua'r flwyddyn 400 O.C., a diau iddo chwanegu yno at ei ddysg gynnar, ond cred Pinval, un o'n hawdurdodau arno, ei fod wedi cyfarwyddo â gweithiau Terence, Virgil, Cicero, Sallust, Lucretius a Juvenal cyn iddo erioed adael Prydain, ac ni ellir gwadu nad oedd yn bosibl iddo wneud hynny mewn ysgol yno, hyd yn oed os trwy *florilegia,* llyfrau detholiadau, y gwnaeth hynny.

Wrth gwrs, gellir cyfeirio at awduron Lladin a godwyd ym Mhrydain rhwng amser Pelagius ac amser Gildas, e.e., Faustus o Riez, Fastidius, a Phadrig Sant, ond y mae Gildas yn dangos i ni'r diwylliant Lladin a oedd ar gael ym Mhrydain ryw gan mlynedd ar ôl amser Pelagius ac ar drothwy'r Diwygiad Mynachaidd. Gŵr oedd ef wedi ei drwytho yn y Lladin. Fe'i sgrifennai â chywirdeb sy'n profi nad ei iaith lafar mohoni. Ac yr oedd yn gyfarwydd â dull y llythyr-bregeth ac â hanesyddiaeth, esboniadaeth a hagiograffiaeth yr Eglwys. Gwyddai am gyfieithiad Rufinus o *Historia Ecclesiastica* Eusebius, am Orosius ac am ddarnau o waith Ierôm. Ond y pennaf peth a ddengys ei *De Excidio Britanniae* yw ei fod wedi ei drwytho drwodd a thro yn y Beibl Lladin. Ni all nad y Beibl Lladin oedd sail a sylfaen ei addysg ef — ie, a rhai tebyg iddo, oblegid rhaid nad oedd wedi ei addysgu'n hollol ar ei ben ei hun.

Addysgwyd Gildas mewn ysgol eglwysig Ladin, o bosibl, yn ôl rhai, yn Llanilltud Fawr. 'Roedd ysgolion o fath arall, yn ôl pob tebyg, yng Nghymru, ysgolion barddol. Yn un neu fwy o'r rheini yr addysgasid y beirdd hynny yr oedd yn well gan Faelgwn Gwynedd glywed ei ganmol ei hun ganddynt na chlywed moli Duw gan glerigwyr. Afraid i mi eich atgoffa, yr oedd y beirdd hynny'n anathema gan Gildas a phetasai ef wedi cael ei ffordd buasai wedi eu halltudio hwy a chau eu hysgolion. Ond sylwch, buasai wedi gwneud hynny nid yn gymaint ar sail cynnwys y Beibl — er bod hwnnw'n rhan o'r sail, bid sicr — ag ar sail ymerodraethedd diwylliant iaith y Beibl iddo ef, sef y Lladin. Meddyliwch, beth a fuasai wedi digwydd petasai Gildas a'i debyg wedi cael eu ffordd? Yn sicr, ni fuasai gennym draddodiad barddol i ymffrostio ynddo yn y Gymraeg, a bwrw y buasai gennym iaith Gymraeg o gwbl.

Ond dengys hanes y diwylliant Gwyddeleg nad oedd pob ysgolhaig eglwysig o'r un agwedd feddwl â Gildas.

Nid oes angen i mi ddweud mai o Gymru neu, o'r hyn lleiaf, o orllewin Prydain y cafodd Iwerddon ei Christnogaeth yn y lle cyntaf ac yn bennaf, a'i bod wedi ei chael heb iddi fod yn rhan o'r Ymerodraeth Rufeinig o gwbl. Brython oedd Padrig Sant, ie, a Chymro yn yr ystyr ei fod yn siarad Cymraeg, os coeliwn Syr Ifor Williams mai o'i enau ef y cawn ni'r ymadrodd Cymraeg llafar cofnodedig cynharaf, *muin Duiu braud,* sef 'myn Duw brawd' neu 'myn Duw('r) Farn'.

Anodd gorbwysleisio'r gyfathrach glòs a fu rhwng yr eglwys yng Nghymru a'r eglwys yn Iwerddon yn ystod y chweched ganrif ac am beth amser wedyn. Dyma gyfnod benthyca un haen o eiriau Lladin i'r Wyddeleg naill ai'n union o'r Gymraeg neu o'r Lladin gydag ynganiad Cymreig, ie, a chyfnod benthyca rhai geiriau Cymraeg. Dyma gyfnod gosod sylfeini'r Eglwys Geltaidd, cyfnod creu'r berthynas glòs rhwng eglwysi Cymru, Cernyw, Llydaw, Iwerddon, Manaw a'r Alban, a mabwysiadu arferion cyffredin fel y tonsur Celtaidd, dyddiad cadw'r Pasg, a.y.b. Ond y peth sylfaenol gyffredin i Iwerddon a Chymru, ie, ac i'r eglwys Geltaidd, oedd y ffordd y mabwysiadasant y fynachaeth newydd, a hynny mor drylwyr fel yr oedd pob eglwys o bwys yn eglwys fynachaidd ac fel yr oedd eu habadau yn bwysicach hyd yn oed na'r esgobion, os nad oedd yr esgobion yn abadau hefyd.

Derbyniodd yr Eglwys yn Iwerddon y ddysg Ladin yn angerddol frwdfrydig, ond rhaid pwysleisio eto, sylfaen y ddysg Ladin honno oedd astudiaeth o'r Beibl Lladin. Y Beibl hwnnw oedd y prif lyfr yn *scriptoria'r* copïwyr, ac o ystyried parch y rheini ato, nid yw'n syndod eu bod wedi cynhyrchu gwyrthiau o gelfyddyd gain fel *Llyfr Kells.* Yr un Beibl oedd y prif lyfr yng nghelloedd yr athrawon, ond yr oedd yn rhyfedd iawn gynifer o astudiaethau eraill y gallai astudiaeth o'r Beibl hwnnw eu cwmpasu.

Serch hynny, nid dyna arbenigrwydd yr Eglwys yn Iwerddon, eithr hyn: lle bu ysgolheigion yr Eglwys yng ngwledydd eraill y Cyfandir yn elyniaethus i ysgolheigion y diwylliant brodorol, yn Iwerddon aethant i gydweithio â hwy law-yn-llaw gyda'r canlyniad fod mwy o ddefnyddiau'r diwylliant brodorol hynaf wedi eu rhoi ar femrwn yn Iwerddon nag ond odid yn unrhyw wlad arall yn y Gorllewin, a chyda'r canlyniad fod y diwylliant brodorol wedi dod dan ddylanwad y diwylliant Lladin yn gynnar iawn. Gwelir y dylanwad hwn ar ryddiaith ac ar farddoniaeth gynnar Iwerddon. Fe'i gwelir yng nghynhyrchiad traethawd rhyddiaith fel *Aipgitir Chrábaid,* 'A-bi-ec duwioldeb', yr unig draethawd rhyddiaith, hyd y gwn i, i'w ysgrifennu mewn iaith frodorol ar ddechrau'r seithfed ganrif. Wrth gwrs, yr oedd gan Iwerddon gyfraith yn y seithfed ganrif, ond ar lafar yr oedd, ac ar fydr yn ôl pob tebyg, ac effeithiodd y Beibl ar honno hithau. Effeithiodd hefyd ar hanesyddiaeth Iwerddon. Diddorol yn y cyswllt hwn yw sylwi fod haneswyr Iwerddon wedi priodoli rhagwybodaeth o'r Ymgnawdoliad i'w paragon o frenin, Cormac Mac Airt, a'u bod wedi gwneud brenin Cú Chulainn, sef Conchobar Mac Nessa, yn gyfoeswr i Iesu Grist a hefyd wedi rhoi bedydd gwaed iddo.

Yr oedd y deffroad neu'r dadeni diwylliannol hwn yn cydredeg â deffroad ysbrydol. Amlygiad o'r olaf oedd ymddangosiad y pererinion cenhadol Gwyddelig niferus. Y ddau bererin cenhadol enwocaf o blith y rheini yn y chweched ganrif oedd y seintiau Columba a Columbanus. Aeth Columba neu Colum Cille, a rhoi iddo'i enw mwyaf cyfarwydd, i Iona a daeth yn Apostol y Prydyn. O Iona yr aeth Aidan ar gais Oswald i ennill y Northumbriaid i Grist. Bu farw Colum Cille saith niwrnod cyn i Sant Awgwstin, cennad y Pab Gregori Fawr, fedyddio Ethelbert, brenin Caint, ond fel y dywedodd yr Esgob Lightfoot, 'Augustine was the apostle of Kent, but Aidan was the apostle of England', ac wrth werthfawrogi cyflawniadau ysgolheictod y Sacsoniaid, ac yn arbennig ysgolheictod Beda, ei goron, ni ddylid anghofio mai'r Gwyddyl a roes sylfaen iddo. Aeth Columbanus i'r Cyfandir lle y sefydlodd fynachlogydd Luxeuil yn neau Ffrainc a Bobbio yng ngogledd yr Eidal. Cyn iddo ef fyned i'r Cyfandir, meddai ei fywgraffydd, nid oedd gan Gristnogaeth yno na meddyginiaeth penyd na chariad at ddisgyblaeth asgetig.

Aeth ton arall o bererinion o Iwerddon i'r Cyfandir yn sgîl ymosodiadau'r Northmyn yn y nawfed ganrif. Ysgolheictod yn hytrach na duwioldeb oedd eu pennaf nodwedd hwy, a'r ddau enwocaf ohonynt oedd Sedulius Scottus a John Scottus neu Eriugena.

Fel y gellid disgwyl, fe âi'r pererinion hyn â chopïau o'r Beibl neu o rannau ohono ac yn arbennig ran y Salmau, yr hoff ran, gyda hwy yn eu sgrepanau. Mae llawer o'r copïau hyn wedi goroesi ac i'w cael mewn llyfrgelloedd ac amgueddfeydd tramor, ond mae'n sicr fod llawer mwy wedi eu colli. Ymddengys fod dau Fersiwn o'r Beibl Lladin yn cael eu defnyddio yn y cyfnod hwn, sef y Fwlgat (neu'r *Gallicanum*) a'r *Hebraicum* (neu'r *Iuxta Hebraeos*). Defnyddid fersiwn arall, yr Hen Ladin, mewn ambell ranbarth. Nid oedd y Fwlgat mewn gwirionedd yn ddim ond yr Hen Ladin wedi ei gywiro wrth yr Hebraeg gan Ierôm Sant. Fersiwn wedi ei gyfieithu'n union o'r Hebraeg oedd yr *Hebraicum,* fersiwn a ddefnyddid yn bennaf gan ysgolheigion. Mae'n arwyddocaol fod ymhlith testunau'r Fwlgat a'r *Hebraicum* deuluoedd neu isddosbarthau Gwyddelig, tyst i ddyfalwch a diwydrwydd y Gwyddyl yn astudio'r Beibl, a phetai gofod yn caniatáu, byddai'n ddiddorol nodi'r lleoedd y mae copïau yn dwyn nodweddion yr isddosbarthau hyn i'w cael. Mwy pwrpasol i ni yw nodi fod ar glawr lythyr a briodolir i Sedulius Scottus yn trafod problem cyfieithu Llyfr y Salmau o'r Roeg i'r Lladin, a bod ar gael nifer o destunau o rannau o'r Beibl Lladin yn cynnwys glosau Gwyddeleg sy'n esbonio neu'n ceisio esbonio'r Lladin, ystyron geiriau a'r cystrawennau, ac sy wrth wneud hynny yn rhoi gwybodaeth amhrisiadwy i ni am Wyddeleg y cyfnod.

Ond er bod y Gwyddyl wedi astudio'r Beibl Lladin yn ddyfal ac yn ddiwyd ymddengys na theimlasant angen ei gyfieithu i'w hiaith eu hunain. Ni ellir dweud mai diffyg parch at yr Wyddeleg a barodd hynny. Gwyddom eu bod yn defnyddio'r Wyddeleg fel iaith llenyddiaeth ac ysgolheictod brodorol, a bod rhai o'r clerigwyr yn eu plith mor eiddgar yn hynny o beth â'r beirdd, y cyfreithwyr a'r haneswyr. Na, y rheswm, mae'n debyg, oedd mai Lladin oedd iaith yr Eglwys a chrefydd, ac mai Lladin oedd iaith dysg ar y gwastad cyd-wladol; Lladin oedd iaith darllen ac iaith ysgrifennu, gan mai Lladin oedd iaith addysg gan mwyaf. 'Roedd yn Iwerddon, fel yng Nghymru, ysgolion barddol, ac felly nid oedd hegemoni'r Lladin mor gyflawn yno ag mewn gwledydd eraill yn Ewrop. Ond rhaid cofio mai diwylliant llafar oedd diwylliant y beirdd tan ail hanner yr Oesoedd Canol ac na ddefnyddiasant hwy dechneg ysgrifenu nes i honno ddod yn fwy arferol y tu allan i'r Eglwys.

Ar y llaw arall, mae'r llawysgrifau Gwyddeleg yn tystio fod gan y Gwyddyl ddiddordeb mawr yn y llên apocryffaidd a oedd wedi tyfu o gwmpas y Testament Newydd ac i raddau llai o gwmpas rhai rhannau o'r Hen, a'u bod wedi dangos y diddordeb hwnnw drwy gyfieithu neu fras gyfieithu llawer ohoni i'r Wyddeleg. Un o'r testunau pwysicaf yn yr Wyddeleg o safbwynt llên Feiblaidd yw *Saltair na Rann,* 'Sallwyr y Caniadau' sy'n rhoi'r hanes cysegredig ac sy wedi ei seilio ar y Beibl ac mewn rhannau ar apocryffa (yn arbennig y rhan a ry hanes Adda ac Efa). Ymddengys fod y *Saltair* wedi ei gyfansoddi tua diwedd y 10g. (? O.C. 987). 'Roedd iddo'n wreiddiol 150 o ganiadau. Ychwanegwyd 12 ychydig yn ddiweddarach a gwnaed cyfieithiad rhyddiaith ohono tua 1000 O.C. A chofio diddordeb pobl yn gyffredinol mewn storïau, a thraddodiad llafar cryf y Gwyddyl, gellir mentro dweud fod fframwaith hanes y Beibl yn hysbys yn Iwerddon o gyfnod cynnar: os oedd llawer o bethau y tu mewn i'r fframwaith na wyddent, yr oedd llawer mwy o bethau y tu allan iddo y credent eu bod yn eu gwybod, pethau na allent eu gwybod ond fel Gnosticiaid!

Rhaid i mi wrthsefyll y demtasiwn i draethu ar gyfraniad y Gwyddyl i'r Dadeni Carolingaidd er mwyn dod i'r afael â'r Diwygiad Protestannaidd a lle'r Beibl yn hwnnw.

Ond cystal i mi ddweud gair yn gyntaf am gysylltiad y diwygiad hwnnw â'r Dadeni Dysg. Y duedd bellach, ac y mae'n duedd anochel mewn oes seciwlar fel hon, yw dyrchafu'r Dadeni ar draul y Diwygiad, dyrchafu Erasmus ar draul Luther. Ni welaf i angen o gwbl am hynny. Fe atgyfnerthodd y Diwygiad rai o ddylanwadau'r Dadeni. Cymerer y symbyliad a roes y Dadeni i fynd yn ôl at y ffynonellau, *ad fontes*. Fe'i cryfhawyd gan y Diwygiad, oblegid daeth yn rhan o gyfiawnhad y Diwygiad ei fod yn ailddarganfod ac yn adfer yr Eglwys Gyntefig a'i seiliau, ac i wneud hyn 'roedd rhaid mynd yn ôl at y dogfennau yn yr ieithoedd gwreiddiol, y Lladin, y Roeg a'r Hebraeg. Yn yr un modd rhoes y Diwygiad ei symbyliad ei hun i astudio hanes, oblegid yr oedd rhaid iddo astudio hanes yr Eglwys yng ngolau hawliau'r Eglwys Gatholig, a rhoi cyfrif am ei chyfeiliornadau hi heb golli gafael ar y ffaith ei bod hithau'n offeryn yn llaw Duw, a bod perthynas rhwng yr Eglwys Weledig a'r Eglwys Anweledig, a pherthynas rhwng y ddwy a Theyrnas Dduw. Rhoes y Diwygiad Protestannaidd, felly, hwb i ysgolheictod yn gyffredinol. Ond pwysicach na hynny, a mwy tyngedfennol fyth, yw'r hwb a roes Protestaniaeth i'r alwad am ddiwylliant ac am ledaenu diwylliant drwy addysg. Drwy wneud gwybodaeth o'r Beibl yn elfen anhepgor i waredigaeth y Cristion, gwnaeth Protestaniaeth radd o ddiwylliant a gradd o addysg yn anhepgor hefyd. Daeth llythrenogrwydd yn bwysig, daeth addysg yn bwysig i'r lliaws, a digwyddodd hyn oll pan nad oedd neb yn breuddwydio am amgen addysg nag addysg i glerigwyr ac uchelwyr. Afraid dweud fel yr oedd Luther a Chalfin yn ymwybodol o'r angen am addysg. Dyna pam y cawn Luther o 1523 ymlaen yn pwyso am sefydlu ysgolion bron â'r un sêl ag y pwysai am sefydlu eglwysi. 'Roedd y ddyfais argraffu wedi rhoi'r Beibl o fewn cyrraedd y lluaweroedd: rhaid bellach oedd rhoi'r Beibl yn iaith y llaweroedd hynny. Ymhlith y rheini yr oedd y Celtiaid diweddar, y Cymry, y Cernywiaid, y Llydawiaid, y Gwyddyl, y Manawiaid a Gaeliaid yr Alban.

Gadewch i ni ddechrau gyda'r Cernywiaid, neu'n hytrach gyda'u hiaith, iaith a fu farw cyn iddi gael cyfieithiad o'r Beibl. Mae'r ychydig lenyddiaeth a gadwyd yn yr iaith, y dramâu crefyddol, yn dangos un o'r ffyrdd a ddefnyddiai'r Eglwys Ganoloesol i ledaenu gwybodaeth o'r Beibl. Dyddir tair drama'r *Ordinalia* yn y bedwaredd ganrif ar ddeg. Ymwna'r gyntaf â hanes creu'r byd, yr ail â hanes dioddefaint Iesu Grist, a'r drydedd â'i atgyfodiad. Fe'u cyfansoddwyd, mae'n debyg, i'w hactio ar dri diwrnod yn olynol mewn *plen-an-gwary,* 'maes y chwarae', sef un o'r *'rounds'* a oedd i'w gweld un amser yng ngorllewin Cernyw. Maent yn cyflwyno gwybodaeth gyda chryn dipyn o hiwmor. Nid yw'r wybodaeth na chywir na manwl: gwnâi'r tro i'r Eglwys Ganoloesol ond ni wnâi'r tro unwaith yr oedd y Diwygiad Protestannaidd wedi cyrraedd. Eto parhaodd poblogrwydd dramâu fel hyn yn hwy yng Nghernyw nag yn Lloegr, a thebyg fod hyn yn arwyddocaol oblegid pan orfodwyd y Llyfr Gweddi Gyffredin Saesneg ar y Cernywiaid a dileu rhai o'u seremonïau crefyddol, cyffrowyd hwy i wrthryfela dan Syr Humphrey Arundel. Aflwyddiannus fu'r gwrthryfel, ond rhyfedd yw meddwl am y Cernywiaid yn gwrthryfela er mwyn cadw'r gwasanaethau Lladin pryd na allai eu gwybodaeth o'r iaith fod lawer os dim gwell na'u gwybodaeth o'r Saesneg. Ac eto rhaid fod eu gwybodaeth o'r Saesneg yn cynyddu'n gyflym, oblegid, er bod sôn wedi bod am gael y Llyfr Gweddi Gyffredin a'r Beibl yn y Gernyweg, ni wnaed dim ynglŷn â'r peth, ac mae'n sicr fod derbyn y Saesneg fel iaith swyddogol crefydd ar ben ei derbyn fel iaith llywodraeth wedi cyflymu tranc y Gernyweg tua diwedd y ddeunawfed ganrif.

Iaith Frythonig a fu farw yw'r Gernyweg. Yr iaith Oedelig a fu farw yw'r Fanaweg. Fel y mae'r gair 'Goedeleg' yn awgrymu, mae'r Fanaweg yn perthyn i Wyddeleg Iwerddon a Gaeleg yr Alban, a dyna a ddisgwylid yn iaith Ynys Manaw o ystyried ei lleoliad daearyddol. Fel y disgwylid hefyd, cymhleth fu hanes gwleidyddol yr ynys a'i hanes crefyddol, yn enwedig at ddiwedd yr Oesoedd Canol gyda'r esgob yn ymrafaelio ag abad mynachlog Sistersiaidd Rushen, a'r ddau'n ymrafaelio â llywodraethwr yr ynys, cynrychiolydd Gorsedd Lloegr. Derbyniwyd y Diwygiad Protestannaidd yn hollol oddefol ac ni ddaeth nemor fanteision yn ei sgîl. Yn wir, gwaethygu a wnaeth cyflwr yr Eglwys. Saesneg bellach oedd ei hiaith hi. 'Roedd iaith y Llywodraeth wedi bod yn

Saesneg ers talwm. Ond Manaweg oedd iaith y boblogaeth, a Manaweg fu hi hyd ddiwedd y bedwaredd ganrif ar bymtheg. Dywedir fod ugain mil yn byw ar yr ynys yn 1763 a bod y mwyafrif ohonynt heb fedru dim Saesneg.

Hyd y gwyddys, yr esgob Protestannaidd cyntaf i geisio paratoi defnydd crefyddol yn eu hiaith eu hunain i'r Manawiaid, John Phillips, gŵr prifysgol a Chymro ydoedd. Dysgodd y Fanaweg yn ddigon da i allu pregethu ynddi ac aeth ati i gyfieithu Llyfr Gweddi Gyffredin y Frenhines Elizabeth. Gorffennodd y cyfieithiad yn 1610 gan fwriadu ei gyhoeddi, ond ymddengys nad oedd y cyfieithiad wrth fodd pawb ac nis cyhoeddwyd ar y pryd. Ac eto pan gyhoeddwyd ef gan Gymdeithas y Fanaweg yn 1893 dan olygiaeth Arthur More a'r Athro John Rhys, dywedodd More fod y cyfieithiad yn 'syml ac uniongyrchol' ac yn berffaith ddealladwy i'r bobl a siaradai Fanaweg yr adeg honno. Dywedwyd gan James Challoner, un o lywodraethwyr yr ynys, fod Phillips wedi treulio naw mlynedd ar hugain yn cyfieithu'r Beibl i'r Fanaweg, a dywedodd Edward Lhuyd yntau fod Phillips wedi ei gyfieithu, ond os gwnaeth, diflannodd y cyfieithiad yn llwyr.

Y tri esgob a gaiff y clod am godi safon Eglwys Manaw oedd Isaac Barrow, Thomas Wilson, a Mark Hildesley. Ar ôl eu hamser hwy gostyngodd y safon a rhoddwyd lle i Ymneilltuaeth, yn fwyaf arbennig Wesleaeth, gael ei thraed dani, ac ni chododd y safon eilwaith tan ddiwedd y bedwaredd ganrif ar bymtheg.

Gwnaeth y tri esgob hyn lawer i godi safon addysg y clerigwyr, ond ymddengys mai Wilson a Hildesley'n unig a ddeallodd fod rhaid i'r clerigwyr ddefnyddio'r Fanaweg i gyrraedd y bobl.

Wilson a oedd yn gyfrifol am y llyfr Manaweg cyntaf erioed i gael ei gyhoeddi. Llyfr dwyieithog oedd, Saesneg a Manaweg, sef *Principles and Duties of Christianity . . . in English and Manx . . . with short and plain directions and prayers,* 1707. Fe'i galwyd yn aml 'Y Catecism Manaweg'. Wilson hefyd a ofalodd am gyfieithu Efengyl Mathew i'r

Fanaweg — fe'i cyhoeddwyd yn 1748 — ac am gyfieithu'r Efengylau eraill a Llyfr yr Actau, ond nis cyhoeddwyd hwy yn ystod ei fywyd. Nid oes sôn am Wilson yn dysgu'r Fanaweg, a llyfr dwyieithog, fel y gwelwyd, oedd *Principles and Duties.* Fe all, felly, mai ymrwymiad i'r Efengyl ac nid ymrwymiad i'r iaith a oedd y tu ôl i'w weithgarwch yn y cyfeiriad hwn.

Yr oedd y ddau ymrwymiad gan Mark Hildesley. Dysgodd ef yr iaith yn ddigon da i fedru pregethu ynddi — ar ei gyfer ef y cyfansoddodd John Kelly ei ramadeg a'i eiriadur Manaweg — a gresynai fod y Manawiaid mor ddifater ynglŷn â hi. Ymroes i gynnull clerigwyr at gyfieithu'r Llyfr Gweddi Gyffredin a'r Beibl. Argraffwyd y Llyfr Gweddi Gyffredin Manaweg yn 1765, ac argraffwyd cyfieithiadau'r ddau Destament, y naill yn 1763 a'r llall yn 1773. Bu Hildesley farw ym mis Rhagfyr 1772, ond 'roedd wedi gweld proflenni olaf yr Hen Destament cyn hynny, ac y mae'n resyn o'r mwyaf na fu byw i glywed geiriau'r hen wraig o ogledd yr ynys pan ymddangosodd y Beibl Manaweg cyflawn: 'Hyd yn hyn yr oeddem yn eistedd yn y tywyllwch!'

Pan ystyriwn yr anawsterau a wynebodd Hildesley, prinder clerigwyr yn medru'r Fanaweg ac yn medru cyfieithu iddi, anawsterau cael pobl i gysodi a chyhoeddi, ac anawsterau cael arian i dalu am yr holl fenter, ni allwn lai na rhyfeddu. Ond mae'n debyg mai'r hyn a achosai'r rhwystredigaeth fwyaf oedd y gwrthwynebiad i'r fenter. Wrth weld y Saesneg yn ennill tir, 'roedd llawer yn meddwl mai ofer oedd y cwbl. Ac i raddau yr oedd y rheini'n iawn. Cafwyd dau argraffiad cyflawn o'r Beibl Manaweg ar ôl 1775, un yn 1819, a'r ail yn 1979 dan olygiaeth yr ysgolhaig Manaweg, R. L. Thomson, a hynny nid yn gymaint fel Beibl eithr yn hytrach fel crair ieithyddol a llenyddol.

Y gwir yw na chynhyrchodd y Beibl Manaweg ddigon o ddarllenwyr yr iaith i greu diwylliant ynddi ar ben y diwylliant gwerin syml a oedd yno eisoes. Y gwaith llenyddol mwyaf uchelgeisiol a gynhyrchwyd oedd aralleiriad o Baradwys Goll Milton, *Pargys Caillit.* Cafwyd at hyn ambell lyfr crefyddol ac ychydig emynau, cyfieithiadau gan mwyaf, ond ar wahân i'r rhain, cynnyrch mwyaf nodweddiadol y Fanaweg yn y cyfnod diweddar fu baledi a charolau.

Awn yn ôl at iaith Frythonig, at y Llydaweg. Ni ddaeth Llydaw Lydaweg — a dylid sylweddoli fod yna Lydaw Ffrangeg fel yr oedd yna Iwerddon Saesneg ac Alban Saesneg — lawer dan ddylanwad y Diwygiad Protestannaidd. Catholig oedd hi cyn iddo ddigwydd ac ar ôl iddo ddigwydd, ac agwedd yr Eglwys Gatholig oedd ei hagwedd hithau at gyfieithwyr y Beibl. Fe'i mynegwyd yn y gân 'Admonition dan Gouir Christenyen, a Catholiquet Parfet' a ddyddir tua 1615; mae'n rhybuddio'r Llydawiaid rhag y cŵn sydd wedi llurgunio a gwyrdroi'r Ysgrythurau. Ond os oedd yr Eglwys Gatholig yn erbyn cyfieithu'r Beibl i'r Llydaweg, ac os oedd hi, fel y mae'n ymddangos, heb fawr gariad at y Llydaweg, yr oedd yna Lydawiaid a garai eu hiaith ac a deimlai fod angen cyfieithiad er mwyn yr iaith ei hun.

Un o'r ieithgarwyr hyn oedd Jean-François-Marie-Maurice-Agathe Le Gonidec. Fe'i disgrifiwyd gan Roparz Hemon fel y Llydawr cyntaf i fyw ei fywyd dros yr iaith, ac fel y cyntaf i geisio cyfuno'i thafodieithoedd — cofier fod pedair ohonynt, tair heb fod yn annhebyg iawn i'w gilydd, Kernev, Leon, a Treger, ac un dipyn yn wahanol i'r lleill, Gwened. Fe ellir disgrifio Le Gonidec hefyd fel y purdebwr Llydaweg cyntaf. 'Roedd yn gas ganddo'r Llydaweg a oedd yn frith o eiriau Ffrangeg, *Brezhoneg beleg pe Brezhoneg person,* Llydaweg offeiriad neu berson, fel y'i gelwid. Gwnaeth wasanaeth mawr i'r Llydaweg drwy roi iddi eiriadur a gramadeg, ac y mae'n arwyddocaol ei fod ar ddiwedd ei ramadeg wedi rhoi cyfieithiad o ddwy bennod gyntaf Llyfr Genesis: 'roedd yn amlwg am goroni ei wasanaeth i'r iaith drwy gyfieithu'r Beibl iddi. Byddai'r cyfryw gyfieithiad o gael ei ddarllen gan lawer yn gymorth i sicrhau iaith gyffredin yn ogystal â phedair tafodiaith, ac o gael ei dderbyn, byddai'n sicrhau iaith safonol lenyddol.

Ac os oedd yr Eglwys Gatholig yn Llydaw'n elyniaethus i gyfieithu'r Beibl, 'roedd yr Eglwysi Protestannaidd mewn gwledydd cyfagos yn barod i esbonio'r agwedd elyniaethus hon fel ymgais i gadw'r Llydawiaid dan lestr anwybodaeth rhag cael goleuni'r wir Efengyl. Ym mis Tachwedd, 1818, gresynai *Goleuad Cymru* fod y Llydawiaid 'yn cael eu gadael yn dawel dan iau haearnaidd pabyddiaeth, heb un ymdrech am eu dwyn o'u camsynied'. Tynnodd Thomas Price, Carnhuanawc, sylw'r Feibl Gymdeithas at y ffaith nad oedd ar gael gyfieithiad Llydaweg o'r Beibl, ond teg yw dweud nad efe oedd y cyntaf i dynnu sylw at y ffaith; 'roedd ysgrifennydd cymdeithas ym Mharis wedi achub y blaen arno, ysgrifennydd *La Société des Antiquaires de France.* Dechreuodd yr enwadau yng Nghymru ymwybod â rhyw ddyletswydd at y Llydawiaid. Os oeddent i anfon cenhadon, pa well maes na Llydaw lle'r oedd pobl a oedd yn perthyn rywsut i ni'r Cymry ac yn siarad iaith debyg i'n hiaith ni yn byw yn nhywyllwch Pabyddiaeth, tywyllwch yr oeddem ninnau wedi bod ynddo tan yn ddiweddar? Anfonodd y Bedyddwyr genhadwr i Lydaw, William Rogers o Flaenau Gwent, ond dychwelodd hwnnw ymhen ychydig fisoedd, wedi torri ei galon. Yn ystod Gaeaf 1824-5 aeth y Parchedig David Jones (1793-1825) yno dan nawdd y Feibl Gymdeithas i astudio sut y gellid cael cyfieithiad Llydaweg o'r Beibl. Clywodd ef am Le Gonidec ac argymhellodd i'r Gymdeithas roi ei chefnogaeth iddo. Bu farw David Jones yn 1825, a phenododd y Gymdeithas Garnhuanawc i oruchwylio gwaith Le Gonidec. 'Roedd Carnhuanawc wedi dysgu Llydaweg a theimlid fod angen goruchwylio gwaith Le Gonidec am mai o'r Fwlgat Lladin yr oedd ef yn cyfieithu. 'Roedd yna broblemau. Sut yr oeddid i gyfieithu 'Paenitentiam agite' (Mth. 3:2)? Ai'n llythrennol neu fel cyfieithiad o'r Groeg gwreiddiol *metanoeite,* 'edifarhewch'? At hynny yr oedd anawsterau. Cwynai Le Gonidec am ddiffyg adnoddau'r Llydaweg. Er gwaethaf y problemau a'r anawsterau, daeth cyfieithiad Le Gonidec o'r wasg yn 1827 gyda chymorth y Feibl Gymdeithas.

Cyfieithiad ysgolhaig Llydaweg oedd hwn. Dywedwyd na ddefnyddiwyd ganddo'r un gair nad oedd o darddiad Celtaidd a'i fod o'r herwydd yn annealladwy mewn rhannau i'r

Llydawiaid. Dywedwyd hefyd fod mwy o gopïau wedi eu gwerthu yng Nghymru nag yn Llydaw. Un rheswm am hynny oedd fod yr Eglwys Gatholig wedi gwrthod rhoi sêl ei bendith arno. 'Roedd hyn yn siom fawr i Le Gonidec oblegid yr oedd wedi gobeithio y byddai'r cyfieithiad yn dderbyniol gan Gatholigion a Phrotestaniaid; 'roedd wedi dangos copi o'i gyfieithiad o Efengyl Mathew i Esgob Kemper, a chanmolodd hwnnw'r cyfieithiad ond gwrthododd ei drwyddedu.

'Roedd yn nodweddiadol o Le Gonidec ei fod yn awyddus iawn i fynd rhagddo i gyfieithu'r Hen Destament a'i fod wedi gorffen ei gyfieithiad ohono ym mis Mawrth, 1835. Ond oherwydd siom gwerthiant cyfieithiad y Testament Newydd nid oedd y Feibl Gymdeithas yn barod i'w noddi, a bu Le Gonidec farw a'i gyfieithiad yn dal mewn llawysgrif, mewn dwy lawysgrif, mewn gwirionedd, y naill yn cynnwys yr Apocryffa a'r llall hebddo. Ond 'roedd ei fab yn benderfynol o weld cyhoeddi'r cyfieithiad, ac o'r diwedd cafwyd cyhoeddwr. Adolygwyd y cyfieithiad gan Troude a Milin, deuddyn cyfarwydd yn y Llydaweg, a chyhoeddwyd y *Bibl Santel* yn 1866, ddeugain mlynedd namyn un ar ôl cyhoeddi cyfieithiad y Testament Newydd. Mae'n arwyddocaol fod La Villemarqué wedi diolch i'r cyhoeddwr am ei gyfraniad i'r *Dadeni Llydaweg.* Iddo ef, fel i Le Gonidec, cam ar y ffordd i ddyrchafu'r iaith Lydaweg oedd cyfieithiad y Beibl.

Ond os ysgolheigaidd a llenyddol oedd eu prif ddiddordeb hwy, efengylaidd oedd diddordeb y Feibl Gymdeithas, ac ni theimlai hi ei bod wedi cael y maen i'r wal gyda chyhoeddiad y Testament Newydd Llydaweg yn 1827. Ac ar ôl i Fedyddiwr arall, John Jenkins (1807-1872), brodor o Langynidr, Powys, fynd drosodd i genhadu yn Llydaw a dechrau cyhoeddi yn ei hiaith, gofynnodd iddo ymgymryd ag adolygu Testament Newydd Le Gonidec gyda chymorth y bardd Ricou. Fel y gellid disgwyl, defnyddiodd Jenkins y Testament Newydd Groeg ac yr oedd y Testament Newydd Cymraeg wrth ei benelin. Symleiddiwyd orgraff ac arddull Le Gonidec a phan gyhoeddwyd y gwaith yn 1847, ugain mlynedd ar ôl cyfieithiad Le Gonidec, cafodd dderbyniad go ffafriol.

Nid oes ofod i sôn am gyfieithiadau eraill o'r Beibl neu o rannau ohono i'r Llydaweg, ond dylid crybwyll cyfieithiadau Guillaume Le Coat o'r Testament Newydd (1883) ac o'r Hen Destament (1889). Beirniadwyd y ddau. Mae beirniadaeth yr ysgolhaig Ernault yn ddiddorol. Beirniadodd ef Le Coat am ddefnyddio rhai o ffurfiau gwneud a chwithig Le Gonidec ar y naill law ac am gymysgu ffurfiau tafodieithol Leon a Treger ar y llaw arall. Fe'n hatgoffir o eiriau Jean Guillaume Henry a wnaeth drosiad Llydaweg o Lyfr Genesis, y trosiad gorau a wnaed yn y bedwaredd ganrif ar bymtheg, yn ôl rhai. Meddai ef: '*Strif a brezel a so enn hon touez* . . . Mae yn ein mysg gynnen a rhyfel wrth geisio gwybod sut orau i sgrifennu a siarad Llydaweg'. A dyna'r ddeilema. I gyfieithu mewn iaith a ddeallai'r bobl rhaid oedd defnyddio ffurfiau tafodieithol. Cyfieithodd rhai'r Ysgrythurau i'r Llydaweg er mwyn dod â'r Efengyl Brotestannaidd o fewn cyrraedd y Llydawiaid. Cyfieithodd eraill hwy er mwyn codi urddas y Llydaweg a chael iaith safonol ohoni. Prin y gellir credu fod y naill garfan na'r llall wedi llwyddo yn eu hamcan. Parhaodd y Llydawiaid yn Gatholigiaid, a gadawyd problemau'r iaith i'w chefnogwyr yn yr ugeinfed ganrif eu datrys.

Trown ein golygon at Iwerddon ac at yr Alban. Prin y mae angen dweud mai Henry VIII a aeth â'r Diwygiad Protestnnaidd i Iwerddon a hynny gyda'r un bwriad ag y daeth ag ef i Loegr a Chymru, sef ceisio sicrhau y byddai ef yn frenin unbenaethol ar deyrnas a fyddai'n gyfunrhyw o ran crefydd, arferion ac iaith. Dyna pam y gorchmynnodd fod pob deiliad iddo yn Iwerddon yn siarad yr iaith Saesneg ac yn codi ei blant i siarad Saesneg. Dyna pam y'i gwnaeth ef ei hun yn benarglwydd ar yr Eglwys yn ynysoedd Prydain ac y ceisiodd ddiddymu'r mynachlogydd yno. Ond yr oedd dwy Iwerddon, y fwyaf yn Wyddelig, y leiaf yn Seisnig, fel yr oedd dau ddosbarth o uchelwyr, yr uchelwyr Gwyddelig a'r uchelwyr Eingl-Wyddelig, dau ddosbarth a oedd wedi arfer gwneud fel y mynnent heb dalu nemor sylw i Orsedd Lloegr, dau ddosbarth a oedd wedi arfer proffesu Catholigiaeth. Dan Henry VIII daeth newid. Bellach nid oedd Gorsedd Lloegr yn fodlon i'r ddau ddosbarth hyn o uchelwyr wneud fel y mynnent; galwai am newid. Ac yn eu gwrthwynebiad i'r newid, daeth y ddau ddosbarth yn nes at ei gilydd, a daeth eu hymlyniad wrth eu hen grefydd, eu Catholigiaeth, yn symbol o'u gwrthwynebiad i Orsedd Lloegr. Nid bod pawb yn gwrthwynebu. Yr ydym o angenrhaid yn gorgyffredinoli.

Gwan iawn oedd yr Eglwys Gatholig yn Iwerddon ar y pryd. Dywedwyd nad oedd neb ynddi *'that useyth the wordde of God, saving the poor fryers'*, ond synhwyrodd y perygl iddi hi ei hun, synhwyrodd ei fod yn berygl mawr, ymglywodd â thymer yr uchelwyr, a chyn pen dim ar ôl i Henry alw am ddiddymu'r mynachlogydd ac am gael ei gydnabod yn ben-arglwydd yr Eglwys, ceir yr Eglwys Gatholig yn ymystwyrian i'w wrthwynebu, yn arbennig yn y rhannau mwyaf Gwyddelig o'r ynys, ac mor gynnar â 1539 cawn y *'poor friars'* yn annog y bobl yn Ulster i ymladd a rhyfela yn erbyn y Brenin ac yn addo nefoedd i eneidiau'r rheini a gollai eu bywydau wrth wneud hynny. Cafwyd pobl i ddioddef dros eu Ffydd. Cafwyd merthyron ac fe ailffynnodd y Catholigiaid. Pan godwyd Comisiwn Brenhinol i chwilio'r mater yn 1834, yr oedd dros 80% o bobl Iwerddon yn Gatholigiaid.

Cysylltid y Ffydd Newydd yn y rhannau Gwyddelig â'r iaith Saesneg. Cyfeirid at ei dilynwyr fel *bodaigh an Bhéarla*, 'taeogion y Saesneg', a gallesid disgwyl y byddai ymlyniad y bobl wrth yr Hen Ffydd wedi dwyn i'w ganlyn eu hymlyniad unfryd wrth yr iaith Wyddeleg. Ond nid felly y bu hi. Un o liaws paradocsau hanes Iwerddon yw cael yn y bedwaredd ganrif ar bymtheg Daniel O'Connell, yr ymladdwr mawr dros iawnderau Catholigiaid y wlad, yn dweud: *'I can witness without a sigh the gradual disuse of the Irish'*, a'r Protestant Thomas Davis ar y llaw arall yn dadlau dros gadw'r iaith ac yn dweud pethau fel hyn: *'To lose your mother tongue, and learn that of another is the worst badge of Conquest — it is the chain on the soul.'*

Ceisiodd Elizabeth I ddilyn polisïau ei thad yn Iwerddon ond gan fod y gwrthwynebiad iddynt wedi caledu, cafodd lai o lwyddiant, er ei bod efallai wedi haeddu mwy. Hi a sefydlodd Goleg y Drindod, Dulyn, yn 1592, gyda'r amcan o hyfforddi gweinidogion i wasanaethu yn rhannau Gwyddeleg yr ynys, ac ar y dechrau fe wnaeth y coleg hynny. Hi hefyd a yrrodd drosodd deip Gwyddelig. Ymddiddorodd ryw gymaint yn yr iaith: ysgrifennodd Críostóir Nuinsean ramadeg Gwyddeleg iddi yn 1565, ac yr oedd hi am gael cyfieithad Gwyddeleg o'r Testament Newydd.

Gan Wyddel wedi graddio yng Ngholeg y Drindod y cafwyd y cyfieithiad cyntaf o'r Testament Newydd a hynny yn 1603, gan William O'Donnell (er bod eraill wedi cychwyn y gwaith, Nicholas Walsh a Nehemiah O'Donnellan wedi ei gynorthwyo gan James Kearney), a chanddo ef hefyd y cafwyd y cyfieithiad o'r Llyfr Gweddi Gyffredin yn 1609.

Bu rhaid aros yn hir am gyfieithiad o'r Hen Destament, a chan Sais y cafwyd ef, yr Esgob William Bedell. Yn ŵr prif-ysgol, graddedig o Gaer-grawnt, yr oedd yn hyddysg nid yn unig yn y clasuron eithr hefyd yn y Syrieg, yr Arabeg a'r Hebraeg. Bu'n gaplan i lysgennad Lloegr yn Venice ac yno daeth i adnabod rhai o brif ysgolheigion yr Eidal a rhai ysgolheigion Iddewig; cafodd Feibl Hebraeg gan un o'r rheini. Ar ôl bod yn gofalu am Bury St. Edmunds gwnaed ef yn Brofost Coleg y Drindod, Dulyn, ac yna'n Esgob Kilmore ac Ardagh, ac fel Esgob Kilmore, ar ôl gollwng esgobaeth Ardagh, yr ymgymerodd â goruchwylio cyfieithu'r Hen Destament i'r Wyddeleg. 'Roedd wedi dysgu'r iaith ond bu'n ddigon doeth i ymorol am help siaradwyr brodorol. Mewn llythyr at yr Archesgob Ussher, dyddiedig 15 Chwefror, 1629-30, dywed fod James Nangle wrthi'n cyfieithu'r Llyfr Salmau a bod Murtach King yn cyfieithu'r llyfrau hanesyddol. Gwelir nad efe a oedd yn cyfieithu, eithr efe a oedd yn gofalu am gywirdeb y cyfieithu.

Nid yw cyfieithiadau'r ddau Destament yn ddi-fai. Dywedodd yr Athro Osborn Bergin fod peth o'r iaith lafar yn Nhestament Newydd O'Donnell, fod arlliw'r Saesneg ar rai o'r enwau, a bod ambell wall iaith. Am Hen Destament Bedell, mae rhai rhannau'n dda, a rhai rhannau'n wael, ac y mae rhai camgymeriadau cyfieithu. Diddorol yw sylwi fod Bergin yn gresynu na alwyd am gymorth bardd Gwyddeleg gan fod cymaint o farddoniaeth yn yr Hen Destament. I'r iaith Wyddeleg Glasurol y cyfieithwyd y Beibl, yr iaith lenyddol a oedd yn gyffredin i Iwerddon a'r Alban drwy gydol yr Oesoedd Canol, iaith dra urddasol ond iaith a wahaniaethai ryw gymaint oddi wrth iaith lafar y ddwy wlad.

'Roedd rhai'n gwrthwynebu menter y cyfieithu. Mewn confocasiwn eglwysig yn Nulyn yn 1634 dadleuodd un esgob na ddylid cyfieithu'r Beibl i'r Wyddeleg: byddai hynny'n groes i bolisi'r Llywodraeth i ddileu'r Wyddeleg o'r tir. Dadleuodd Bedell fod egwyddorion diwinyddol a lles eneidiau'r bobl yn hawlio ei gyfieithu. Bedell a gariodd y dydd.

Gorffennwyd y cyfieithiad tua 1638, ac ni bu ond y dim iddo fynd i golli yng Ngwrthryfel 1641. Bu Bedell farw yn 1642 ac nis cyhoeddwyd hyd 1685, diolch i haelioni Robert Boyle, mab i Iarll Cork a gŵr y clywodd llawer ohonom amdano gyntaf wrth ddysgu *Boyle's Law*.

Er gwaethaf y diffygion a grybwyllwyd, 'roedd y cyfieithiad Gwyddeleg yn gaffaeliad o'r mwyaf, ac mewn amgylchiadau gwahanol gallasai fod yn drysor ieithyddol a llenyddol, ond fel y digwyddodd ni chafodd nemor effaith ar dynged yr iaith nac ar ei harddull, ni chafodd ddylanwad ar addysg y Gwyddyl nac ar eu llythrenogrwydd.

Arferai'r Athro James Dillon ddweud hanes yr ysgolhaig Celtaidd Holger Pedersen yn mynd un noson i wrando ar storïwr Gwyddeleg yn difyrru ei wrandawyr ar aelwyd yn ynys Aran. Yng nghanol storïau eraill daeth y stori am Joseff, y siaced fraith, a'r brodyr. Pan ofynnodd Pedersen i'r storïwr b'le y cafodd y stori, yr ateb oedd: 'Clywais rywun yn ei darllen o lyfr mawr du.'

Y llyfr mawr du, wrth gwrs, oedd y Beibl, ond ni wyddai'r storïwr mo hynny oherwydd Llyfr y Protestaniaid fu'r Beibl i'r Gwyddyl hyd yn gymharol ddiweddar. Ac eto os y Beibl a gynhyrchodd y Diwygiad Protestannaidd ac os y Diwygiad Protestannaidd a gynhyrchodd y Gwrthddiwygiad Catholig, fe gafodd y Beibl ddylanwad enfawr ar ddysg a llên Gwyddeleg Diweddar.

Coleg y Drindod, Dulyn, fel y gwelsom, oedd canolfan y Diwygiad Protestannaidd yn Iwerddon. Coleg St. Anthony, Louvain, oedd canolfan y Gwrthddiwygiad. Yno y cychwynnodd y Tad Hugh Mac Ward, ac ar ei ôl ef, y Tad John Colgan, yr ymgais i achub rhag difancoll gymaint ag a ellid o hynafiaethau Iwerddon. Mae geiriau Charles Plummer yn disgrifio'r ymgais yn huawdl, ond nid yw'n dweud mwy na chalon y gwir.

> There is, indeed, hardly to be found in the history of literature a more pathetic tale than the way in which Colgan and his fellow workers . . . strove amid poverty and persecution and exile, to save the remains of their country's antiquities from destruction.

I derfynu fe gymerwn gipolwg ar hynt cyfieithu'r Beibl yn yr Alban Aeleg.

Cyhoeddwyd y llyfr Gaeleg cyntaf erioed yn 1567, yr un flwyddyn â blwyddyn cyhoeddi Testament Newydd Cymraeg William Salesbury, a chan fod Gaeleg a Gwyddeleg yr adeg honno mor debyg i'w gilydd, cymerir mai dyma hefyd y llyfr Gwyddeleg cyntaf erioed i'w gyhoeddi, ond nid cyfieithiad o'r Ysgrythurau mohono ond cyfieithiad o lyfr John Knox, *The Book of Common Order* dan y teitl *Foirm na n-Urrnuidheadh* (Ffurf y Gweddïau), a'r cyfieithydd oedd John Carswell. Mae ei eiriau ef yn ei 'Epistle to the Reader' yn ddiddorol:

> But, furthermore, we, the Gaels of Scotland and Ireland, have ever endured a great disadvantage and deficiency beyond the rest of the world in that we have never before had our Gaelic languages in print, as all other peoples in the world have had their tongues and languages in print; and we suffer from a lack greater than all other lacks, in that we do not have the Holy Bible in Gaelic print, as it is printed in Latin and English, and in every other tongue besides . . . .

Gall yr ymadrodd 'in Gaelic print' fod yn gamarweiniol. Y teip Rhufeinig a ddefnyddiodd Carswell, a chychwynnodd ffasiwn a ddilynwyd byth wedyn yn yr Alban. Y ffasiwn a ddilynwyd yn Iwerddon yn gyson hyd yn gymharol ddiweddar oedd defnyddio'r teip Gwyddelig nad yw mewn gwirionedd ond ffurf ganoloesol ar y teip Rhufeinig.

'Roedd Eglwys Ddiwygiedig yr Alban wedi ei chydnabod gan y Senedd yn 1560 er mai'n ddiweddarach y cydnabuwyd hi'n Eglwys Genedlaethol, yn 1690, ond mae'n bwysig cofio mai yn Iseldiroedd yr Alban yr oedd ei grym, ac mai'n araf iawn y dechreuodd ennill tir yn yr Ucheldiroedd, tiriogaeth yr Aeleg. Noddwr Carswell oedd Archibald, Pumed Iarll Argyll, a diddorol yw sylwi mai'r llyfr Gaeleg nesaf a gafwyd oedd cyfieithiad o *Catechismus Ecclesiae Genevensis* (Catecism Eglwys Genefa) a gyhoeddwyd yng Nghaeredin ond a wnaed, yn ôl pob tebyg, yn Argyll ac ar argymhelliad y Synod yno, synod a oedd yn goruchwylio pum Henaduriaeth neu Bresbyteriaeth: Inveraray, Kintyre, Dunoon, Lorn a Skye (gan gynnwys Lewis), h.y., y diriogaeth lle'r oedd cadarnle'r Aeleg. Nid oes amheuaeth nad oedd yn y diriogaeth honno nifer sylweddol o weinidogion a fedrai Aeleg Clasurol yn ogystal â Gaeleg llafar ac a allasai fynd i'r afael â chyfieithu'r Ysgrythurau, ond am ryw reswm nid dyna fu blaenoriaeth Synod Argyll, ond cyfieithu llyfrau'n rhoi hyfforddiant yn y grefydd ddiwygiedig. Yn 1653 dosbarthodd Synod Argyll gyfieithiad o Gatecism Byrrach Cynulliad Westminster. Nid oes copi wedi goroesi. Cafwyd ail argraffiad yn 1659. Mae iaith hwn yn llawer nes at Aeleg llafar na iaith cyfieithiad Catecism Eglwys Genefa.

'Roedd Trefn Gwasanaeth Genefa a fabwysiadwyd gan Eglwys Ddiwygiedig yr Alban yn gofyn am fersiwn mydryddol o'r hanner cant cyntaf o'r Salmau. Nid oedd llyfr Carswell wedi cynnig diwallu'r angen hwn yn yr Aeleg. Gofalodd Synod Argyll am gyfieithu'r rheini a'u dosbarthu gyda'r Catecism Byrrach. Dywedid mai Dugald Campbell (1599-1673) gyda chymorth ei fab Duncan a fu'n rhannol gyfrifol am gyfieithu'r salmau hynny, y Catecism Byrrach a'r Crynodeb Byr o Athrawiaeth Gristnogol.

Yn 1657 penderfynodd Synod Argyll symud i gael cyfieithiad Gaeleg o'r Hen Destament ac mae'n siŵr fod y cynllun yn cynnwys cael cyfieithiad o'r Testament Newydd yntau. Tebyg fod y synod yn credu fod rhannau o'r Hen Destament eisoes wedi eu cyfieithu, ac ym mis Hydref yr un flwyddyn honnodd

Archibald MacCalam fod ganddo yn ei feddiant gyfieithiadau o lyfrau Job, y Diarhebion, y Pregethwr a Chaniadau Solomon. Ym mis Tachwedd 1660 aeth y Synod gam ymhellach: apwyntiodd nifer o bobl gan gynnwys gweinidogion i fod yn gyfrifol am y gwaith o gyfieithu. Llesteiriwyd y gwaith gan Adferiad 1660. Collodd nifer o weinidogion, a apwyntiwyd i gyfieithu, eu bywiolaethau. Serch hynny, erbyn 1673 yr oedd cyfieithiad o'r holl Hen Destament ar gael, gan mwyaf yn waith y Parchg. Dugald Campbell, yr unig weinidog yn Henaduriaeth Inveraray a oedd yn barod i dderbyn y drefn esgobol adferedig. Oherwydd diffyg arian a'r cythryflau crefyddol a gwleidyddol ni chyhoeddwyd cyfieithiad Campbell, ac erbyn hyn fe'i collwyd.

Gan fod yr Aeleg mor debyg i'r Wyddeleg cafwyd y syniad y gellid defnyddio cyfieithiad Bedell o'r Hen Destament, a oedd wedi ei gyhoeddi fel rhan o'r Beibl Gwyddeleg yn 1685, ac y mae hyn yn awgrymu fod cyfieithiad O'Donnell o'r Testament Newydd i'r Wyddeleg eisoes o fewn cyrraedd Ucheldiroedd yr Alban. 'Roedd rhai copïau o Feibl Bedell, fel y gelwid cyfieithiad Bedell o'r Hen Destament, yn dal yn nwylo Robert Boyle, a chawn ŵr o'r enw James Kirkwood yn trefnu gydag ef i anfon 207 o gopïau ynghyd â rhai copïau o Destament Newydd O'Donnell i'r Alban ar gyfer siaradwyr Gaeleg. Cyrhaeddodd y copïau Gaeredin, ond araf iawn fu'r dosbarthu. Ddeng mlynedd yn ddiweddarach, yn 1698, nid oedd ond 109 wedi mynd, a hyd yn oed yn 1710, 'roedd 80 yn dal heb eu dosbarthu. Daliai rhai mai ar y Beibl Gwyddeleg yr oedd y bai, nad oedd yn ddealladwy i'r Gaeliaid. Yn sicr, nid oedd y teip Gwyddelig yn ddim help, ond fel y cawn weld, yr oedd rheswm arall. Sut bynnag, nid oedd y sefyllfa'n foddhaol. Ymgymerodd Robert Kirk, gweinidog esgobaethol Aberfoyle, â dwyn allan argraffiad newydd yn defnyddio teip Rhufeinig, yn un gyfrol yn cynnwys y ddau destament yn hytrach nag yn ddwy gyfrol, ac yn cynnwys geirfa'n rhoi cyfystyron Gaeleg i'r geiriau Gwyddeleg mwyaf anghyfarwydd. Argraffwyd 3000 o gopïau o'r Beibl a mil o gopïau o'r Testament Newydd yn 1690.

'Roedd cyhoeddi 'Beibl Kirk', fel y'i galwyd, yn garreg filltir, a gellir deall pam y croesawodd James Kirkwood ef yn y geiriau: *'At last the Bibles are printed. Blessed be God!'* Ond ac eithrio Synod Argyll, digon difater fu Eglwys yr Alban ynglŷn â'i ddosbarthu, ac ni chefnogodd ymgais Kirkwood i gael ail brintiad. Cymrodedd, wrth gwrs, oedd 'Beibl Kirk'; ni allai gymryd lle cyfieithiad Gaeleg iawn. Eto, ni ddylid ei ddibrisio ef na'i ddylanwad. Yn 1754 aeth Synod Argyll ati i ailargraffu Testament Newydd 'Beibl Kirk'. Sylwodd Cymdeithas yr Alban er Lledaenu Gwybodaeth Gristnogol (SSPCK) ar waith Synod Argyll a sylweddolodd fod rhaid iddi hithau wneud rhywbeth. Gofynnodd i'r Parchg. Alexander MacFarlane o Arrochar ymgymryd â'r gwaith o gyfieithu'r Beibl i Aeleg, ond pan welwyd nad oedd ef yn symud ymlaen â'r gwaith comisiynwyd y Parchg. James Stuart, Killin. Cafodd hwnnw help y Parchg. James Fraser, Alness. Goruchwyliodd y bardd Dugald Buchanan yr argraffu yng Nghaeredin ac ym Mehefin 1767 daeth 10,000 o gopïau o'r Testament Newydd Gaeleg o'r wasg. Ni chyfieithwyd yr Hen Destament mor gyflym. Rhannwyd y gwaith yn bedair rhan. Cyfieithwyd y ddwy ran gyntaf dan oruchwyliaeth y Parchg. John Stuart, Luss, mab y Parchg. James Stuart, Killin. John Stuart ei hun a gyfieithodd y drydedd rhan, a chyfieithwyd y bedwaredd ran, Llyfrau'r Proffwydi, gan y Parchg. John Smith, gweinidog cynorthwyol plwyf Kilbrandon a Kilchattan. Y drydedd ran oedd yr olaf i'w chyhoeddi, a hynny yn 1801.

Pan oedd Samuel Johnson yn yr Alban ymwelodd â gweinidog Ynys Coll yn 1773, ryw chwe blynedd ar ôl cyhoeddi argraffiad cyntaf y Testament Newydd Gaeleg, a darganfu nad oedd hwnnw'n dderbyniol iawn. *'Mr MacLean said he did not use it because he could make the text more intelligible by an extempore version.'* Y rheswm am hynny oedd fod y cyfieithwyr wedi defnyddio geirfa ac arddull wahanol i eiddo Gaeleg llafar y dydd. Eu tuedd fu dilyn y Beibl Gwyddeleg heb wahaniaethu oddi wrtho ond yn y mannau hynny lle'r oedd y ddwy iaith yn bendant wahanol i'w gilydd. Fe all mai'r rheswm am hynny oedd nad oedd ffurf lenyddol yr Aeleg wedi setio digon.

Ond camgymeriad fyddai credu mai iaith ac arddull ddieithr y cyfieithiad oedd yr unig neu'r prif reswm pam na chymerwyd ato. Wedi'r cwbl, pa mor debyg oedd iaith ac arddull y Beibl Saesneg i Saesneg y dydd neu, o ran hynny, Gymraeg y Beibl i Gymraeg y dydd?

Na, yr oedd polisi addysgol Eglwys yr Alban a pholisi Cymdeithas yr Alban er Lledaenu Gwybodaeth Gristnogol yn rhannol gyfrifol. Sefydlwyd y gymdeithas honno, yr SSPCK, yn bennaf gan aelodau o'r *Society for the Reformation of Manners.* Efallai fod hyn yn arwyddocaol, ac y mae'n ffaith drawiadol mai polisi cyson yr SSPCK yn ei hysgolion elusennol oedd cael pobl yr Ucheldiroedd — *the Highlanders, the wild Highlanders.* fel y'u gelwid weithiau — i roi'r gorau i'w hiaith a dysgu Saesneg. Y syniad y tu ôl i'r polisi oedd nad oedd yn ddigon da rhoi'r Beibl Gwyddeleg neu Aeleg yn eu dwylo, mai gwell o lawer oedd rhoi'r Beibl Saesneg am fod diwylliant y Saesneg yn rhagori ar ddiwylliant yr Aeleg. Methiant llwyr fu'r polisi er ei fod wedi ei ddilyn o 1707 hyd 1766, am yn agos i drigain mlynedd. Ym mis Mawrth 1766 cawn y cofnod hwn:

> The Society's regulations enjoining their Schoolmasters not to teach their Scholars Earse should be altered . . . because according to the present practice the teaching of Children to read English only has been found not to have the desired effects; for when they leave the School, they neither speak nor read English with understanding.

Sylwer, serch hynny, nad oedd y Gymdeithas wedi newid ei nod, oblegid ym mis Mehefin yr un flwyddyn y penderfyniad oedd:

> In time coming Schoolmasters in those places of the Highlands where the Earse language is generally spoken, be enjoined to teach their Scholars to read both Earse and English . . . as being . . . the most effectual method to make them read, speak and understand the English language.

Y nod o hyd oedd cael pobl yr Uchediroedd i droi eu cefnau ar yr Aeleg a siarad Saesneg. Nid yw'n rhyfedd o gwbl, felly, fod llythrenogrwydd wedi para'n isel yn yr Ucheldiroedd a bod y galw am Feiblau Gaeleg wedi bod yn fychan. Ac yr oedd hyn yn cyfateb i anfoddogrwydd Eglwys yr Alban i rannu copïau o'r Beibl Gwyddeleg a'r Beibl Gaeleg.

Un o'r bobl a wrthwynebodd y polisi hwn oedd y Parchg. James Kirkwood, y gŵr a enwyd uchod. Sais oedd ef, ond yr oedd wedi cymryd diddordeb mawr yn yr Ucheldiroedd byth er pan fu'n gaplan i Iarll Breadalban. 'Roedd ef yn frwd am wneud pobl yr Ucheldiroedd yn llythrennog, ond 'roedd yn argyhoeddedig mai'r ffordd orau i wneud hynny oedd eu gwneud yn llythrennog yn eu hiaith eu hunain. 'Roedd mewn cysylltiad ag aelodau'r SPCK yn Llundain. Gwyddai am waith y gymdeithas yng Nghymru; fe all ei fod yn gwybod mai dilyn arweiniad y *Welsh Trust* yr oedd y gymdeithas honno drwy adael i blant Cymru ddysgu darllen Cymraeg a darparu defnyddiau darllen Cymraeg ar eu cyfer gan gynnwys copïau rhad o'r Hen Destament a'r Newydd.

Fe gofiwn ni, Gymry, am y Diwygiad Methodistaidd yn y ddeunawfed ganrif. Anodd dychmygu y buasai'r Diwygiad hwnnw wedi digwydd oni bai cyfieithiadau rhad o'r Testamentau hynny.

Bu diwygiad efengylaidd yn Ucheldiroedd yr Alban yn y bedwaredd ganrif ar bymtheg ac ymgais i ddefnyddio mwy ar yr Aeleg, ond erbyn hynny 'roedd trasiedi economaidd yr Ucheldiroedd wedi nychu'r iaith Aeleg.

A'r wers yn hyn oll? Y wers sy mor amlwg â'r dydd yw hon: mae llawer mwy o ffactorau ynghlwm wrth y dylanwad a gafodd cyfieithiad William Morgan o'r Beibl yn 1588 ar Gymru, ei hiaith, ei llenyddiaeth a'i hanes na ffactor syml y cyfieithu ei hun.

LLYFRYDDIAETH DDETHOL

P. Berresford Ellis, *The Cornish Language and its Literature*, London, 1974.

Fr. Grégoire, 'Les traductions bretonnes de la Bible', *Pax, Chronique de l'abbaye de Landévennec / Bulletin trimestriel de l'abbaye,* avril 1970, juillet 1970, avril 1971, octobre 1971, octobre 1975, avril 1976.

Dewi Morris Jones, 'Cenhadaeth y Bedyddwyr yn Llydaw', *Trafodion Cymdeithas Hanes Bedyddwyr Cymru,* 1991, tt. 1-25.

Máirtín MacConmarra (eag.), *An Léan Eaglasta 1000-1200,* Baile Átha Cliath, 1982.

Donald Meek, 'The Gaelic Bible' yn D. F. Wright (gol.), *The Bible in Scottish Life and Literature,* Edinburgh, 1988.

Nicholas Williams, *I bPrionta i Leabhar,* Baile Átha Cliath, 1985.

Am yr esgobion a drafodir gw. *Dictionary of National Biography* dan eu henwau.

NODIAD

Hwyrach y byddaf yn cyfleu gymaint fy mharch at ysgolheictod fy niweddar gyfaill, y Parchedig Griffith Thomas Roberts, os dywedaf nad wyf yn yr ysgrif hon wedi gwneud dim mwy na *cheisio* cyrraedd ei safon ef. — J.E.C.W.

Thomas Williams, Llanisien Fach, c.1720-1787

A. H. Williams

Yn agos i hanner canrif yn ôl fe ymddangosodd Nodyn yng Nghylchgrawn y *Wesley Historical Society* gan weinidog ifanc o Gymro yn cywiro un neu ddau o gamgymeriadau a wnaed gan C. H. Crookshank yn y gyfrol gyntaf o'i *History of Methodism in Ireland* — camgymeriadau digon naturiol a dealladwy o gofio cyflwr hanesyddiaeth Methodistiaeth yng Nghymru a Lloegr pan gyhoeddwyd y gyfrol yn 1885. Cymysgodd yr awdur ddau ŵr hollol wahanol a'u cyfuno — y ddau yn Gymry, yn Fethodistiaid, ac yn dwyn yr un enw, Thomas Williams.

Ni chafodd y gweinidog ifanc anhawster o gwbl i brofi nad Thomas Williams, un o Bregethwyr cynnar John Wesley a'r un a fu'n gyfrifol am sefydlu Wesleaeth yn Iwerddon, oedd y cynghorwr Calfinaidd o'r un enw a oedd yn bresennol yn Sasiwn y Methodistiaid Calfinaidd yn Watford ym mis Ebrill 1743, ac a fu'n arolygu'r seiadau Calfinaidd ym Mro Morgannwg a rhannau o Sir Fynwy ychydig flynyddoedd yn ddiweddarach. Ond cyfaddefodd yr un pryd na wyddai ef, fwy na'r rhelyw ohonom yng Nghymru a Lloegr y pryd hynny, fawr ddim am Thomas Williams y Pregethwr Wesle. Dyna'r diweddar Barchedig Ddr. Gomer M. Roberts, y gwyddoniadur Methodistaidd, er enghraifft. Er y gwyddai ef fod Howel Harris yn gyfarwydd â'r Thomas Williams hwn, ni sylweddolodd mai i gartref hwnnw yn Llanisien yr aeth y Diwygiwr ar ei ymweliad cyntaf â Chaerdydd; yn wir, fe aeth Dr. Roberts mor bell â dweud mai ofer fyddai dyfalu o ba ran o Gymru yr hanai Thomas Williams. Ac y mae'n gywilydd gennyf finnau gyfaddef na ddychmygais, llai fyth sylweddoli, hyd at ryw bum mlynedd yn ôl, iddo gael ei eni a'i fagu mewn ffermdy o fewn ergyd carreg i'm cartref ar gyrion Caerdydd, ac imi fwynhau'r olygfa hyfryd o gwmpas a thu hwnt i'r tŷ am flynyddoedd nes i stâd newydd o dai ddifetha'r olygfa a chwalu'r fferm. 'Does ryfedd felly i Griffith Thomas Roberts, ar ddiwedd ei Nodyn, geisio rhagor o wybodaeth gan ei ddarllenwyr am y gŵr yr honnodd Crookshank ei fod yn dod o deulu *respectable* Cymraeg. Aeth blynyddoedd lawer o ddistawrwydd heibio heb i neb ymateb, ac yna, a minnau ar fin gorffen chwilota i hanes cynnar Thomas Williams ac yn edrych ymlaen fel arfer at anfon y ffrwyth i Olygydd Cylchgrawn Hanes yr Eglwys Fethodistaidd (Wesleaidd) Cymraeg, sef G.T.R. ei hun, daeth y newydd trist am ei farw ef, a throi'r anrheg yn deyrnged.

Dim ond cyfran fechan o nifer fawr o gyfraniadau, a chyfraniadau mwy sylweddol o lawer, oedd y Nodyn cynnar hwnnw a dau neu dri o rai tebyg o'i flaen, rhagflas o'r cynhaeaf toreithiog a gyfoethogodd ein gwybodaeth o hanes y ddwy Fethodistiaeth yng Nghymru dros gyfnod go faith. Oblegid fe dyfodd y gweinidog ifanc i'w aeddfedrwydd llawn fel hanesydd rhagorol, a hynny'n gyflym iawn. Yn Adran y Gymraeg y disgleiriodd fel myfyriwr yng Ngholeg y Brifysgol, Bangor, ond gallai fod wedi disgleirio yr un mor rhwydd yn yr Adran Hanes hefyd, gan gryfder ei allu meddyliol a'i grebwyll hanesyddol. Yn wir, 'roedd lled ac amrywiaeth ei ddiddordebau'n rhyfeddod: yr iaith Gymraeg a'i llên wrth gwrs, hanes, diwinyddiaeth, ysgolheictod Feiblaidd, ecwmeniaeth, gweinyddiaeth eglwysig — ymddiddorodd ynddynt oll, a'u haddurno. A hyn oll ar ben ei brysurdeb fel pregethwr a bugail da. Mewn gair, dyn crwn oedd G.T., un y gellir dweud amdano, yng ngeiriau'r bardd Saesneg:

> And still the wonder grew
> That one small head could carry all it knew.

Braint oedd cael ei adnabod; mwy fyth o fraint oedd cael cyd-weithio ag ef ar *Bathafarn,* ein Cylchgrawn Hanes, am chwarter canrif a mwy.

I geisio ateb ei gwestiwn felly: pwy mewn gwirionedd oedd y Thomas Williams hwnnw, ac o ba ran yn union o Gymru y daeth? Gadewch inni ddechrau, fel arfer, gyda John Wesley. Ar 1 Hydref 1741 cychwynnodd Wesley o Fryste ar ei drydydd ymweliad â Chymru, gan obeithio mae'n debyg cyrraedd Caerdydd tuag amser te. Ond fe gollodd gwch y bore i'w gludo dros Afon Hafren, ac erbyn iddo gyrraedd Casnewydd 'roedd hi wedi nosi a 'doedd neb ar gael i'w arwain ef a'i gyd-deithiwr anhysbys i ben eu taith. Dyma benderfynu felly aros yno dros nos, ond fe glywodd rhyw fachgen — *a mere lad* yn ôl Wesley — am eu helynt a chynnig eu hebrwng, gan ei fod ef ei hun ar fin cychwyn cyn belled â Llanisien — un o faesdrefi poblog prifddinas Cymru erbyn hyn ond pentref digon di-nod y pryd hynny, ryw bedair milltir i 'r gogledd o Gaerdydd, hithau ar y pryd yn dref ddi-nod a'i phoblogaeth yn llai na 1800. Derbyniwyd cynnig y bachgen yn ddiolchgar, ac am 7 o'r gloch, a hithau erbyn hyn yn dywyll fel y fagddu ac yn pistyll glaw, fe fentrodd y tri ar daith hynod ddiflas a pheryglus o ryw bymtheg milltir, ac ychydig dros dair awr yn ddiweddarach gyrraedd "cartref Mr. Williams yn Llanisien yn ddiogel" — er yn ddiau yn wlyb at eu croen.[1]

Thomas Williams oedd y "Mr. Williams" hwnnw, sef tad gwrthrych yr ysgrif hon, a'i gartref oedd Llanisien Fach, ffermdy a safai ryw filltir o'r pentref. Mae'n bur debyg fod John Wesley yn gyfarwydd ag ef, gan i 'w frawd Charles bregethu a chael pryd o fwyd yno dri mis yn gynharach. Dichon yn wir mai ef ei hun a'i cyfarfu gyntaf, ar ei ymweliad cyntaf â Chaerdydd yn 1739 neu ar yr ail y flwyddyn wedyn. 'Roedd Thomas Williams yn aelod o deulu adnabyddus iawn ym Mro Morgannwg, teulu a oedd i ddod yn fwy adnabyddus fyth yn y man; fe ddaeth un ohonynt yn Brifathro

[1] A. H. Williams, *John Wesley in Wales, 1739-90,* 8. Nid yw'r tŷ, Llanisien Fach, yn ffermdy mwyach, ond saif o hyd ar yr un safle yn Heol Erwin, Rhiwbeina (un arall o faesdrefi Caerdydd erbyn hyn), er iddo gael ei ailadeiladu yn y ganrif ddiwethaf.

Coleg Iesu, Rhydychen, un arall yn Brifathro Coleg Dewi Sant, Llanbedr Pont Steffan, ac un arall fyth yn Brifathro hen Ysgol Ramadeg y Bontfaen. Ei dad, Henry Williams (1659-1720), oedd yr ail aelod o'r teulu i ymsefydlu yn Llanisien, a'r cyntaf i fabwysiadu'r cyfenw Williams, oblegid ymddengys eu bod i gyd yn ddisgynyddion i ŵr o'r enw William Cogan, a fu'n grwner Morgannwg yn 1500. Bu i Henry Williams dri mab, George, Thomas a John, a Thomas oedd y gŵr a roddodd groeso a llety i John Wesley a'i gydymaith ar y noson ofnadwy honno yn Hydref 1741.[2]

Amaethwr gweddol gefnog a gŵr crefyddol oedd y Thomas Williams hwn. Croesawodd Howel Harris i'w dŷ mor fore â 1738, ac ef mae'n debyg a sicrhaodd un o Ysgolion Cylchynol Gruffydd Jones i Lanisien yn ystod misoedd y gaeaf 1738-39. Yn bwysicach fyth, mae'n bur debyg ei fod yn aelod o'r Gymdeithas Grefyddol honno yng Nghaerdydd a adnewyddwyd yn 1738 gan William Seward, cyfaill a chydymaith George Whitefield. Cymdeithas gymysg o Eglwyswyr ac Ymneilltuwyr oedd hi ar y dechrau, cymysgfa hefyd o Arminiaid a Chalfiniaid; ac os oedd Thomas Williams yn aelod ohoni y mae'n sicr ei fod ymhlith y rheini a benderfynodd, tua mis Medi 1740, ymuno â Methodistiaeth Arminaidd John Wesley yn hytrach nag â Methodistiaeth Galfinaidd Harris a Whitefield a chychwyn felly y seiad Arminaidd (neu Wesleaidd) gyntaf yng Nghymru. Oblegid gwyddom fod gan Wesley seiad yn Llanisien hefyd y flwyddyn wedyn, yn cyfarfod yn ôl pob tebyg yn Llanisien Fach, gan mai ei chynghorwr am flynyddoedd oedd Thomas Williams ei hun. Bu farw ar y 22 Ebrill 1783 yn 86 mlwydd oed.[3]

[2] T. J. Hopkins. "Sidelights on Llysworney" yn Stewart Williams (gol.), *Vale of History*, 107-18.

[3] Gweler "Glimpses of Early Methodism in and around Cardiff" yn *Bathafarn*, ix, 42-44, lle dyfynnaf o Ddyddiadur William Thomas (1762-1795) am y flwyddyn 1783: "Burd. . . . at Llanishen Mr. Thomas Williams, lately of Penmark's Place, formerly an Weslisian (*sic*) exhorter above 80 yrs of age"; *Coflyfr Plwyf Llanisien: Bedyddiadau a Marwolaethau, 1752-1812;* T. J. Hopkins, *op. cit.*, a ddywaid fod ei garreg fedd wedi sefyll un adeg yn erbyn mur deheuol yr eglwys. Am Fethodistiaeth (Wesleaidd) gynnar Caerdydd, gw. fy ysgrifau pellach yn *Bathafarn*, xv, 25-44; xvii, 34-38, a xviii, 42-51; a Thomas Jackson, *The Journal of the Rev. Charles Wesley, M.A.*, i, 255-259; 286-90; 293-301.

Yr oedd Crookshank felly yn llygad ei le pan ddywedodd fod y mab, Thomas Williams, yn hanu o deulu *respectable* Cymraeg. Ond y mae'n amheus a oedd yn gywir wrth ddweud ei fod hefyd yn ŵr gradd o un o'r Prifysgolion. Mae'n wir iddo *fynd* i Rydychen a phasio'r *matriculation* yn 1737 o Goleg Iesu yn llanc 17 oed, ond 'does dim tystiolaeth iddo fynd rhagddo ac ennill gradd. Fe'i ganed yn fab i Thomas a Mary Williams tua diwedd 1719 neu'n gynnar y flwyddyn wedyn, a dywedir iddo gael ei achub gan Charles Wesley yn 1741. Os felly — a 'does dim lle i amau'r peth — bu hynny naill ai ar 16 Gorffennaf pan ymwelodd Charles Wesley â'i gartref, neu yn ystod un o'i ymeliadau diweddarach â'r ardal yn Awst a Medi. Dywedir hefyd i Thomas Williams (y mab) gael ei dderbyn yn Bregethwr Teithiol yn yr un flwyddyn, ac os John Wesley yn hytrach na'i frawd a'i derbyniodd dichon iddo wneud hynny drannoeth y daith frawychus honno o Gasnewydd. O leiaf, gwyddom i'r pregethwr ifanc dreulio peth amser ym Mryste yn ddiweddarach y flwyddyn honno — ar brawf yn ddiau — yng nghwmni a than gyfarwyddyd ei dad ysbrydol Charles Wesley, a gyfeiriai'n fynych ato yn y dyddiau cynnar hyn fel "fy mab Absalom".

Diau y gallwn hefyd gytuno â Crookshank iddo "weithio" — hynny yw "teithio" — gyda John Wesley yn Newcastle a'r cylch yng Ngogledd Lloegr tua diwedd 1742, oblegid 'roedd Wesley yno am rai wythnosau y pryd hynny, ac ar 7 Rhagfyr, ac yntau wedi ei daro'n wael, anfonodd "Mr. Williams" yn ei le i drafod gyda brawd o Fethodist o'r enw Stephenson, y posibilrwydd o brynu darn o dir o'r eiddo hwnnw fel mynedfa i'r tŷ-cwrdd yr oedd y Methodistiaid lleol yn bwriadu ei godi gerllaw. A'r Cymro ifanc, mae'n bur siŵr, oedd y "Mr. Williams" hwnnw.[4]

[4] N. Curnock, *The Journal of the Rev. John Wesley, A.M.*, iii, 54. Ond y mae'n amheus a sylweddolodd Curnock mai Thomas Williams oedd y "Mr. Williams" hwnnw, na chwaith mai ef a ofynnodd i John Wesley ymweld ag Iwerddon yn 1747 (*ibid.*, 310, n.1); mae'n sicr iddo fethu wrth ddweud mai rhyw Robert Williams oedd y "Mr. Williams" a ddaeth dan lach Wesley yn Wednesbury yn 1743 (*ibid.*, 74-5).

Dechrau'r flwyddyn newydd, efallai i Thomas Williams fynd gyda John Wesley o Newcastle i Epworth ac oddi yno i Wednesbury yn swydd Stafford, ond y mae'n debycach iddo gael ei anfon yno'n unswydd i aros am Wesley. Hyn o leiaf sy'n sicr: fe ddaw Thomas Williams i oleuni Hanes heb amheuaeth ar 16 Ebrill 1743, eithr nid fel arolygwr y seiadau Calfinaidd ym Mro Morgannwg (fel y mynnodd Crookshank) ond fel Pregethwr Wesle yn swydd Stafford. Yn anffodus, pe bai wedi dewis mynd yno o'i wirfodd ni allai fod wedi taro ar amser, na dewis lle, mwy anodd ac annymunol, oblegid yn fuan wedi iddo gyrraedd fe ddechreuodd rhai o'r terfysgoedd mwyaf gwaradwyddus yn hanes Methodistiaeth Lloegr. Yn Wednesbury ei hun y torrodd y storm, ond yn fuan iawn ymledodd i nifer o leoedd cyfagos, yn enwedig i Darlaston a Walsall, a pharhau gydag ond ychydig seibiannau o dawelwch hyd ddechrau'r flwyddyn wedyn. A bu Thomas Williams yn ei chanol hi o'r dechrau cyntaf.[5]

Pan gyrhaeddodd John Wesley y dref ar 16 Ebrill fe'i syfrdanwyd gan y trawsnewid mawr a oedd wedi digwydd, er ei ymweliad blaenorol ym mis Ionawr, yn agwedd yr offeiriad lleol, y Parchedig Mr. Eggington, tuag ato ef yn bersonol a thuag at ei gyd-Fethodistiaid. Y tro hwnnw pregethodd y ficer bregeth syml a phlaen ar y Sul, ei groesawu ar ei aelwyd, a'i sicrhau mai cynhesaf fyddai'r croeso po amlaf y deuai yno. A phan bregethodd Wesley ei hun drannoeth a thrennydd, ymunodd dros gant o'i wrandawyr â'r seiad. Ond yn awr ym mis Ebrill, cawsai'r ficer ei gynhyrfu gymaint gan ffolineb anesgusodol (*inexcusable folly*) Thomas Williams nes bod ei gariad cynt wedi troi'n gasineb chwerw — er iddo ychwanegu na chafwyd amser eto i gynhyrfu'r plwyfolion i'r gwallgofrwydd a'r gynddaredd a oedd i ymddangos yn ddiweddarach. Ym mis Hydref y digwyddodd hynny, pan brofodd Wesley ei hun yn ogystal â'r Methodistiaid lleol effeithiau anogaeth y ficer i'r plwyfolion "hel y geriach hyn o'r wlad". Fe'i cymer-

[5] Am y terfysgoedd, gw. L. Tyerman, *The Life of the Rev. John Wesley, A.M.*, i 406-15; N. Curnock, *ibid.*, J. Telford, *The Letters of the Rev. John Wesley, A.M.*, ii, 176-77; a Thomas Jackson, *The Life of the Rev. Charles Wesley, M.A.*, *i*, 337-38; 353-54.

wyd ar ei air; llabyddiwyd y Methodistiaid yn ddidrugaredd a'u darn-ladd. Ymosodwyd ar eu cartrefi, dinistriwyd y ffenestri a llosgwyd y dodrefn, ac ar un achlysur fe lusgwyd John Wesley ei hun drwy'r strydoedd am dair awr, ei ddillad yn rhacs a'i geg a'i drwyn yn llifo o waed.

A digwyddodd hyn oll (meddai wrth ei frawd ym Mehefin) oherwydd y bregeth arall honno gan y ficer, a glywodd ef â'i glustiau ei hun — y mwyaf annuwiol a drygionus ei chynnwys, a chwerwaf ei thraddodi, a glywsai erioed. Ef, offeiriad Wednesbury, oedd cynlluniwr yr holl helynt, ond 'doedd ei gyd-offeiriaid yn Darlaston a Walsall fawr gwell: *these were they who, not undesignedly, occasioned all the disorder.* Ac eto, ym mis Ebrill, ar Thomas Williams a'i ffolineb yr oedd y bai! Eto fyth, y flwyddyn wedyn, ymhelaethodd Wesley ar achosion y terfysg mewn pamffledyn, ac y mae'n amlwg fod yr hyn a ddarganfu yn y cyfamser, heb sôn am ei brofiad personol dychrynllyd, wedi peri iddo ail-ystyried y mater. Oblegid fe briodolodd bopeth yn awr nid yn unig i'r offeiriaid lleol ond hefyd i'r pethau cas a ddywedodd rhai o'i ddilynwyr ef ei hun amdanynt: eu honiad nad oedd dim ond damnedigaeth yn aros Eglwyswyr; yr *hysteria* a achoswyd gan ymddygiad neu bregethu dau ŵr o Llundain, y naill yn blymwr a gwydrwr a'r llall yn saer priddfeini, a chan Thomas Williams ei hun, a gyffelybodd yr offeiriaid i gŵn mud heb allu i gyfarth.

Y mae'n anodd cysoni hyn oll; wedi'r cyfan, naill ai 'roedd Eggington a'i gyd-offeiriaid wedi cynhyrfu'r Methodistiaid neu 'roedd y Methodistiaid wedi eu cynhyrfu hwy. Y naill a'r llall yn ddiau, ond pwy a daflodd y garreg gyntaf? Amhosibl dweud i sicrwydd, gan fod y dystiolaeth mor unochrog, ond y Methodistiaid efallai; byddai hynny o leiaf yn help i esbonio'r trawsnewid mawr yn Eggington — er ei bod yn bosibl hefyd fod a wnelo Siars wrth-Fethodistaidd ei Esgob rhywbeth â'r peth, fel yr awgrymodd Wesley. Beth bynnag am hynny, ni ddaeth neb, o'r naill ochr na'r llall, o'r helynt truenus hwn yn ddieuog. Ond dylem chwanegu hyn: pa un bynnag ai'r Methodistiaid (a Thomas Williams yn eu plith) a gychwynnodd y terfysgoedd ai adweithio iddynt a wnaethant, ni all neb ond edmygu eu dewrder wrth eu hwynebu cyhyd. A rhannodd y Pregethwr ifanc eu treialon o'r dechrau i'r diwedd. Bu raid iddo roi'r gorau i bregethu yn yr awyr agored am beth amser, ond ni pheidiodd o gwbl â phregethu i'w braidd dan do.

Yr oedd mwy fyth o helynt yn ei aros cyn hir, y tro hwn yn Llundain. Ar 24 Medi 1744 rhuthrodd Charles Wesley yno o Fryste, nid i weld Thomas Williams unwaith eto ond yn sicr o'i achos ef; yn wir, yr oedd cyn bo hir i fynegi'r gobaith na châi ei weld byth mwy cyn Dydd y Farn! — sylw rhyfedd yn wir gan un a fu'n gyfaill ac yn dad ysbrydol iddo. Yn ôl cofiannydd Charles, Thomas Jackson, 'roedd rhyw ŵr truenus (na welodd yn dda ei enwi) wrthi'n brysur yn y brifddinas yn lledaenu'r enllibion mwyaf difrifol amdano ef ac am ei frawd. Yr oeddent eisoes wedi ei ddiarddel am ei fod mor anobeithiol o ddrwg (*incorrigibly wicked*), ond bu hynny'n gwbl aneffeithiol gan iddo ddal ati am fisoedd gyda'i honiadau di-sail. Y canlyniad oedd bod llawer o Fethodistiaid Llundain wedi eu "sigo", a rhai wedi gwrthgilio'n llwyr. Mwy na hynny, 'roedd yr holl helynt wedi dweud ar iechyd Charles, yn gymaint felly nes ei orfodi i alw ar feddyg ar ei ffordd i Newcastle ychydig yn ddiweddarach. Erbyn mis Tachwedd teimlai'n well, a'r mis wedyn, ac yntau ar ei ffordd yn ôl, cafodd ryddhad mawr yn St. Alban's pan glywodd gan ddau Fethodist (a ddaethai yno i'w gyfarfod) fod pob rhagfarn yn ei erbyn yn y brifddinas wedi diflannu am fod Thomas Williams, o'i wirfodd yng ngŵydd tystion ac ar bapur, wedi tynnu'n ôl yr honiadau i gyd ac erfyn am faddeuant y ddau frawd.[6]

Cawsai ei ddiarddel bedwar mis yn gynharach, ar ddiwedd saith wythnos gyda'r prysuraf a phwysicaf a gafodd John Wesley erioed. Ar 20 Mehefin 1744 dychwelodd i Lundain, ar ôl taith arall i'r gogledd, yn unswydd i archwilio cyflwr ysbrydol seiadau'r brifddinas i ddechrau, yna i gynnal ei

[6] Jackson, *Life*, i, 404-5; 408-9.,

Gynhadledd gyntaf, ac yna, unwaith yr oedd honno drosodd, "i fwrw allan bawb nad oedd eu bywyd yn gyson â'r Efengyl" — tasg, gallwn feddwl, a fu'n dreth ar ei ysbryd yn ogystal â'i amser gan fod 1900 o aelodau yn weddill wedyn. Bu Charles yn ei gynorthwyo yn hyn oll, ond ar 9 Gorffennaf fe'i gadawodd i ymweld â Chernyw, ac yn ystod y pythefnos wedyn John yn unig a geisiodd, yn ei eiriau ei hun, "rwystro brawd anwyliadwrus rhag distrywio'i enaid ei hun ac eneidiau llawer o rai eraill hefyd". A'r dasg honno drachefn wedi ei chyflawni, cychwynnodd i Fryste ar y 23ain, ar ôl ei longyfarch ei hun ar yr hyn yr oedd newydd ei gyflawni. Ond pan ddychwelodd ychydig ddyddiau'n ddiweddarach, cafodd, er ei siom, nad oedd wedi cyflawni dim; cwbl ofer fu'r archwilio a'r diarddel. Ac felly, ar 2 Awst fe'i gorfodwyd, meddai, i hysbysu'r seiadau nad oedd Thomas Williams mwyach yn un ohonynt; dyna'r cyfeiriad cyntaf ato yn y stori wrth ei enw. Mae'n amlwg mai'r Cymro oedd y brawd "anwyliadwrus" (*unwary*); mae'n amlwg hefyd na chawsai'r diarddel ar eraill fawr o ddylanwad arno. Nid oedd dim i'w wneud felly, yng ngolwg John Wesley, ond ei esgymuno, er ei les ei hun ac er lles Methodistiaeth Llundain.[7]

Bu'r diarddel yn destun siarad ymhlith y Methodistiaid am beth amser. Ofer fu'r gobaith y byddai'n distewi'r storïau enllibus a oedd ar gerdded yn Llundain, fel y prawf taith frysiog Charles Wesley yno y mis canlynol. Pan gyrhaeddodd yr hanes Fryste, lle y bu Thomas Williams mor boblogaidd ar ddechrau ei yrfa, edliwiodd rhai o'r merched yno i Charles Wesley "ei greulondeb tuag at yr annwyl Mr. Williams". Ac fe ymddengys oddi wrth lythyr a anfonodd John Wesley at y Morafiad William Holland ar 6 Chwefror 1748 nad oedd y garfan honno o Fethodistiaid yn hapus o gwbl ynglŷn â'r hyn a ddigwyddodd.

Cymro o Hwlffordd oedd William Holland, dyn busnes llwyddiannus yn Llundain ac aelod o'r seiad Forafaidd yn Fetter Lane; yn wir, y mae'n bosibl mai ef oedd y gŵr a oedd yn darllen rhan o Esboniad Martin Luther ar *Rhufeiniaid* y

[7] Curnock, *op. cit.*, iii, 144.

noson honno ym mis Mai 1738 pan gafodd John Wesley y profiad rhyfeddol hwnnw a drawsnewidiodd ei fywyd. Fe gafodd ef ei hun yr un profiad ar ôl iddo gymryd Esboniad y Diwygiwr ar *Galatiaid* i Charles Wesley a'i glywed ef ar ei wely claf yn ei ddarllen. Ac y mae'n fwy na thebyg ei fod yn adnabod Thomas Williams yn bersonol yn Llundain, neu o leiaf iddo glywed sôn amdano oddi wrth ei gefnder John Holland o Aberddawen, nid nepell o gartref hynafiaid Williams ym Mro Morgannwg, yn enwedig gan iddo alw ar y cefnder hwnnw ym mis Rhagfyr 1746 ar y daith a gymerasai ar ran y Morafiaid i Orllewin Cymru.

Yr oedd William Holland felly nid yn unig yn gyfarwydd iawn â'r ddau frawd; 'roedd yn gyfaill mawr iddynt hefyd. Ac eto, dyma'r gŵr y teimlodd John Wesley y dylai ddweud wrtho ei fod yn diolch i Dduw am y cymorth a gawsai bob amser gan Charles: offeiriad galluog o'r Testament Newydd, un o "ysbryd y peth byw", ac un hefyd a oedd bob amser mor ofalus i beidio â thramgwyddo na Duw na dyn. Wedi dweud hynny, fe aeth ymlaen:

> Surely our poor Brethren [sef y Morafiaid] did not infer anything to the contrary to this from the low, self-inconsistent slanders which were handed about two or three years ago.

— gan Thomas Williams ac eraill, wrth gwrs, sy'n awgrymu'n gryf mai dyna'n union a wnaethent.[8]

Ar 2 Rhagfyr 1744, a John Wesley erbyn hyn yng Nghaerfaddon, ysgrifennodd yn y *Journal* fod Thomas Williams y diwrnod hwnnw — pedwar mis yn union wedi ei ddiarddel — wedi tynnu'n ôl yr enllibion difrifol y bu'n eu taenu am fisoedd. Yna fe ddyfynnodd ddiweddglo'r llythyr a gawsai ganddo:

> Though I doubt not but you can forgive me, yet I can hardly forgive myself; I have been so ungrateful and disobedient to the tenderest of friends who, through the power of God, were my succour in all my temptations.

[8] Telford, *op. cit.*, ii, 115-16; Curnock *op. cit.*, iii, 155, n.1; R. T. Jenkins yn *Y Bywgraffiadur Cymreig*, 341-42; A. H. Williams, *John Wesley in Wales, 1739-90*, xx.

I entreat your prayers on my behalf that God may restore, strengthen, stablish, and settle me in the grace to which I have been called; that God may bless you and your dear brother and that we may all be united again in one fellowship is the prayer of him who, for the future, hopes to be

Your obedient son and servant, for Christ's sake,

Thomas Williams.[9]

Ymataliodd Wesley rhag gwneud sylw ar y llythyr; fe ailddderbyniodd Thomas Williams i blith ei Bregethwyr, mae'n wir, ond, fel y cawn weld, nid oherwydd yr ymddiheuriad hwn y gwnaeth felly. Pe bai heb ei ailadfer, a phe bai'r diarddel wedi terfynu gyrfa Thomas Williams fel un o gwmwl tystion cynnar Methodistiaeth unwaith ac am byth, efallai y gallem gymhwyso ato ef yr hyn a ddywedwyd ganrif yn gynharach am rywun mwy dyrchafedig o lawer yn y byd cymdeithasol, sef na fu i ddim weddu'n well i fywyd Thomas Williams fel Pregethwr Teithiol na'i ddiwedd.

Cymerwyd yn ganiataol cyn hyn i Thomas Williams gael ei aildderbyn yn ddiamod fel Pregethwr Teithiol amser llawn, ond ymddengys nad felly y bu. Yn y llythyr hwnnw at William Holland (a dyna pam efallai y sgrifennodd Holland ato ef yn y lle cyntaf) dywedodd Wesley iddo benderfynu ar y dechrau na fyddai byth yn ei dderbyn yn ôl, er gwaethaf ei holl erfyniadau a deisyfiadau cwbl ddiwerth, ond iddo'n ddiweddarach gael prawf sylweddol (*substantial proof* yn ei eiriau ei hun) fod Duw ei Hun wedi arddel ei was "megis y gwnaeth yn Nulyn". Ond y mae'n amlwg nad oedd hynny hyd yn oed yn ddigon i'w fodloni'n llwyr. Yr oedd Wesley mewn penbleth enbyd, yn gorfod dewis rhwng Duw a Methodistiaeth, rhwng y Creawdwr a'i greadigaeth ei hun, ac yntau'n caru'r ddau. Ni allai ar y naill law, er lles ei Fethodistiaeth, anwybyddu'r hyn a ddigwyddodd; ond ar y llaw arall, yn wyneb y dystiolaeth ddiymwad fod Duw wedi bendithio llafur y Pregethwr ifanc â'r fath lwyddiant, "ni allwn chwaith ei wrthod yn llwyr". Fe'i derbyniodd yn ôl felly, ond yn amodol — ar brawf, fel ar

[9] Curnock, *op. cit.*, iii, 154-55.

ddechrau ei yrfa — yn y gobaith y byddai'r cyfaddawd hwnnw yn datrys y gwrthdaro a'r tyndra poenus rhwng ei deyrngarwch i Dduw a'i deyrngarwch i'w gyd-Fethodistiaid.[10]

Ond wedi'r diarddel, yr edifarhau a'r cymodi (os nad yw'r gair hwnnw braidd yn rhy gryf yn wyneb yr hyn oedd i ddod), erys dau gwestiwn i'w hateb o hyd. Yn gyntaf, a Thomas Williams wedi cyfaddef ei bechod a syrthio ar ei fai, beth yn union oedd y pechod hwnnw — ai ailadrodd enllibion a wnaed gan eraill, ai ynteu eu dyfeisio ei hun? Yn ail, pa un bynnag ai'r naill neu'r llall, beth yn union a'i cynhyrfodd i ymddwyn mor annoeth?

Yn rhyfedd iawn, at Howel Harris y mae'n rhaid troi am yr ateb i'r cwestiwn cyntaf. Ar 11 Ionawr 1745 ysgrifennodd Harris lythyr o Drefeca at George Whitefield, a oedd yn America, yn adrodd hynt a helynt Methodistiaeth Galfinaidd Lloegr a Chymru yn ystod ei absenoldeb.[11] Tua diwedd y llythyr dywedodd fod y brawd John Wesley, a welsai pan oedd yn Llundain ychydig yn gynharach, wedi cael amser blin a chaled yn ddiweddar oherwydd *"Mr. Williams the welschman"*, a fu'n taenu rhyw gyhuddiadau a wnaed, ac a anfonwyd at yr Esgob (sef Esgob Llundain) gan ddwy wraig yn y brifddinas, a'r ddwy yn gyn-Fethodistiaid. Ni fanylodd — dim ond ychwanegu, chwarae teg iddo, ei fod yn credu na ddeuai dim o'r helynt ac y byddai'r ddwy yn cael eu siomi. Ond fe ddywedodd ddigon i oleuo un pwynt pwysig: nid Thomas Williams oedd ffynhonnell yr enllibion; ei bechod ef oedd ailadrodd enllibion a wnaed gan eraill.

Eithr beth am y cyhuddiadau eu hunain? Rhaid troi at Charles Wesley ei hun am oleuni ar hynny. Ar 8 Chwefror 1745 ysgrifennodd ef at Esgob Llundain yn gwadu'n bendant

[10] Telford, *ibid*. Mae'n anodd dweud am ba hyd y bu T.W. ar brawf, ond ymddengys oddi wrth lythyr Wesley at Holland ei fod felly mor ddiweddar â Chwefror 1748, tair blynedd a mwy ar ôl ei ymddiheuriad a'i edifeirwch. Ai dyna pam, tybed, yr ysgrifennodd Holland at Wesley, i erfyn arno i'w ailsefydlu fel Pregethwr cyflawn? Wedi'r cyfan, erbyn hynny buasai ar brawf am bump o'i saith mlynedd fel Pregethwr Teithiol — cyfnod anarferol o faith.

[11] Gomer M. Roberts, *Selected Trevecka Letters, 1742-47*. 162.

y cyhuddiadau o anfoesoldeb a wnaed yn ei erbyn gan ryw wraig na welodd yn dda ei henwi (neu, efallai, na welodd John Telford, golygydd *Llythyrau* John Wesley, yn dda argraffu'r enw), a chynnig yr un pryd ymddangos gerbron yr Esgob i wadu nid yn unig y cyhuddiadau arbennig hynny ond pob cyhuddiad tebyg a wnaed gan wragedd eraill.[12] Dyna ni, felly: cyhuddwyd Charles Wesley o ymddwyn yn anfoesol gan un neu ragor o fenywod yn Llundain, a bu Thomas Williams, a glywodd am y cyhuddiadau, mor ffôl â'u credu a gwaeth fyth eu lledaenu, a hynny am fisoedd. Ond pam?

Rhaid bod rhywbeth wedi digwydd rhwng Ebrill-Mai 1743, pan ymwelodd y brodyr Wesley â Wednesbury, a 2 Awst 1744, pan ddiarddelwyd y Cymro. Y cwbl a wyddom oddi wrth y brodyr eu hunain yw bod Thomas Williams, yn ôl John, yn euog o ffolineb anesgusodol yn nyddiau cynnar y terfysgoedd yn swydd Stafford — ar wahân wrth gwrs i'w waith yn pardduo'r offeiriaid lleol, ac efallai'n wir mai dyna swm a sylwedd ei ffolineb.[13] Ond un peth yw ffolineb; peth arall, mwy difrifol o lawer, yw enllib. Mae'n wir bod Telford yn sôn amdano'n cyhuddo'r ddau frawd o fod yn Babyddion, yn dra-awdurdodol, ac yn elynion i'r Eglwys Anglicanaidd; ac yn dweud ei fod wedi taenu tân gwyllt lle bynnag yr elai — beth bynnag a olygai wrth hynny. Ond a chaniatáu bod sail i bob un o gyhuddiadau Williams —a phwy fyddai'n barod i gredu hynny? — 'doedd dim un ohonynt, na'r cwbl gyda'i gilydd, yn enllibus. Rhaid chwilio ymhellach am eglurhad ar yr enllibio.

Trown at Jackson unwaith eto ac fe gawn yr ateb — er mai o'i anfodd, efallai, y rhydd ef yr ateb hwnnw gan iddo'i gynnwys fel ôl-nodiad i'r hanes yn hytrach na fel ffaith ganolog iddo. Ateb honiad yr oedd a wnaed gan gofiannydd yr Arglwyddes Huntingdon, a gyfeiriodd at Thomas Williams, y Pregethwr Wesle a ddiarddelwyd, meddai, "am ryw gam-ymddwyn dibwys". Dibwys yn wir, meddai Jackson, ac yntau

[12] Telford, *op cit.*, ii, 28.

[13] Tybed ai T.W. oedd y brawd hwnnw (neu un o'r brodyr hynny) a bregethodd yn erbyn meddwon — a pheri i'r ficer feddwl (yn ôl John Wesley) mai ato ef yr oedd yn anelu? Gw. Tyerman, *op. cit.*, i, 409; Jackson, *Life*, i, 353-54.

— *ar ôl digio wrth Charles Wesley am iddo wrthod cefnogi ei gais am urddau eglwysig* — wedi mynd ati i ledaenu'r fath enllibion amdano, cyn i'w gydwybod ei ddwysbigo! Yr oedd y fath ymddygiad ymhell o fod yn ddibwys. Digon gwir![14] Ond fe ddibrisiodd Jackson yr achos wrth ganolbwyntio ar y canlyniad, oblegid *ar ôl* y cais am deitl (yn yr ystyr o dysteb) y dechreuodd yr enllibio, nid o'i flaen; nid gwrthod teitl oherwydd yr enllibion, ond yr enllibion yn ffrwyth y gwrthod. A phwy a wâd nad oedd cais Thomas Williams yn un eithaf rhesymol? Wedi'r cyfan, onid oedd yn gymwys i fod yn offeiriad, sut y gellid ei gyfiawnhau fel Pregethwr Methodist? A oedd safonau Methodistiaeth yn is na safonau Eglwys Loegr, yr Eglwys yr oedd Wesley yn ei charu mor fawr er ei fod ar yr un pryd yn ei beirniadu'n llym am ei haneffeithiolrwydd? Gellid maddau i'r Cymro am feddwl ei bod felly, ar ôl ei brofiad personol ei hun o offeiriaid Wednesbury, Darlaston a Walsall.

Dyna'r stori drist. Y mae'n boenus o unochrog, oblegid ni ddaeth cymaint â gronyn o dystiolaeth amdani gan Thomas Williams ei hun i'r golwg, na chwaith gan neb a'i cefnogodd; a chan fod Charles Wesley mor *allergic* i bethau mor ddaearol â dyddiadau, nid yw ei chronoleg bob amser yn glir. Ond ymddengys i Thomas Williams, ar ôl (ac efallai oherwydd) y feirniadaeth a gafodd gan John Wesley ym mis Ebrill 1743, benderfynu gwneud cais am urddau eglwysig. I'r diben hwnnw 'roedd tysteb gan offeiriad yn angenrheidiol. Gofynnodd i Charles Wesley amdani, ond fe'i gwrthodwyd, ac yna fe ddechreuodd y berthynas rhyngddynt fynd o ddrwg i waeth. Oblegid gwŷr penstiff, byr eu tymer oedd y ddau, Charles Wesley lawn cymaint â Thomas Williams. Oblegid, ar ôl ei ganmol fel emynydd di-ail a phregethwr gwych, bu raid i hyd yn oed Thomas Jackson gyfaddef fod Charles yn fyrbwyll; nid oedd ganddo, meddai, mo'r cymhwyster hwnnw i drin dynion — i reoli a chysoni eu tymherau cras — gyda'r canlyniad bod ei fyrbwylledd weithiau'n creu rhagfarn a dolur. Buasai Thomas Williams wedi cytuno'n llwyr.[15]

[14] Jackson, *Life*, i, 409; Curnock, *op. cit.*. iii, 155, n.1.
[15] Jackson, *Life*, ii, 136.

Y mae'r "pe bai" mewn Hanes yn ymarferiad meddyliol diddorol bob amser, er nad yw o fudd ymarferol; gall oleuo problem heb ei datrys. Ond pe bai Thomas Williams heb fod mor ffôl ym misoedd cynnar 1743, a phe bai John Wesley heb fod mor feirniadol o'i ffolineb, a phe bai ei frawd Charles wedi dangos mwy o gydymdeimlad â'i gais am urddau, a fyddai'r enllibio, a'r diarddel a'i dilynodd, wedi digwydd o gwbl? Ofer yw dyfalu, ond ymddengys fod y Pregethwr o Lanisien Fach wedi talu'n ddrud am y ffolineb cynnar hwnnw.

Y mae'n anodd dweud am ba hyd yr arhosodd yn Llundain wedi i'r storm dawelu; byddai'n syndod deall na chafodd ei symud i gylchdaith arall er ei fwyn ei hun yn ogystal ag er lles Methodistiaeth yn y brifddinas. Ond yr oedd yn ôl (neu yno o hyd) ddwy flynedd yn ddiweddarach, gan iddo alw ar Charles Wesley yn Awst neu Fedi 1746, nid i ofyn am deitl y tro hwn, ond am gymorth ariannol i ymweld â'i dad yng Nghymru. 'Roedd Charles naill ai'n analluog neu'n anfodlon i'w helpu; y cwbl a wyddom yw nad oedd yn gwbl argyhoeddedig hyd yn oed eto, ddwy flynedd ar ôl i Williams edifarhau ac ymddiheuro, ei fod wedi edifarhau mewn gwirionedd. Anfonodd Charles ef, fodd bynnag, at gyfaill o Fethodist a oedd wedi cefnogi ei frawd pan brynodd hwnnw y Foundery; a bu'r cyfaill hwn yn barod ei ymateb. Yn fwy diddorol na'i gais am arian, dywedodd Williams wrth Charles fod Esgob Llundain yn fodlon ei ordeinio fel cenhadwr. Ond os oedd o ddifrif â'i fryd ar fynd i'r gwaith cenhadol, ni ddaeth dim o'r bwriad, oblegid Pregethwr Wesle oedd o hyd wyth mlynedd yn diweddarach. Yn y cyfamser, yn wir ymhen chwe mis, cafodd gyfle i ymarfer ei ddoniau cenhadol diamheuol yn nes adref, fel y Pregethwr Wesle cyntaf i ymweld ag Iwerddon.

Y mae'n wir i eraill o natur efengylaidd fod yno o flaen Thomas Williams — George Whitefield er enghraifft, a hynny mor fore â 1738. Ond o raid, nid o ddewis, yr aeth Whitefield yno; ac yntau ar ei ffordd yn ôl o America, bu raid i'w long gysgodi rhag storm yn aber Afon Shannon. Saith mlynedd yn ddiweddarach, sefydlodd milwr crefyddol anadnabyddus gymdeithas fechan yn Nulyn, ar linellau Methodistaidd, yn cynnwys nifer o aelodau o wahanol enwadau crefyddol; ac yn fuan iawn ymunodd â hi ŵr ifanc o Fedyddiwr, Benjamin La Trobe, a oedd newydd orffen ei gwrs fel myfyriwr yn Glasgow ac a oedd i ddod yn y man yn un o brif Forafiaid Prydain. Y flwyddyn wedyn, 1746, gwahoddwyd John Cennick y Morafiad i ofalu amdanynt, yntau wedi cefnu ar George Whitefield ychydig fisoedd yn gynharach, fel y cefnodd ar John Wesley bedair blynedd cyn hynny. Cyrhaeddodd Cennick y ddinas ym Mehefin 1746, a bu'r fath lewyrch ar ei waith nes i'r gymdeithas ecwmenaidd fechan o 30 o aelodau dyfu'n fuan yn gymdeithas Forafaidd gref yn rhifo tua 500. A dyna'r sefyllfa pan gyrhaeddodd Thomas Williams ym Mawrth 1747.[16]

Y mae peth ansicrwydd ynghylch sut yn union y daeth yno. Yn ôl R. Lee Cole,[17] hanesydd o Fethodist Gwyddelig (a welodd rai o lawysgrifau'r Morafiaid yn Nulyn, a dilyn hefyd J. H. Hutton yr hanesydd Morafaidd), cafodd Williams ei wahodd naill ai gan y milwr crefyddol a grybwyllwyd eisoes neu gan ddau aelod arall o'r gymdeithas, Antisel Taylor a John Hind. Y farn gyffredin, ar y llaw arall, yw iddo gael ei anfon yno gan John Wesley; ac y mae'n debygol mai hynny a ddigwyddodd, oblegid nid pregethwr a oedd yn rhydd i fynd a dod fel y mynnai oedd Thomas Williams ar y pryd, ond Pregethwr Teithiol mewn cysylltiad â John Wesley a than ei awdurdod. Efallai, fodd bynnag, nad yw'r ddau esboniad yn gwbl anghyson â'i gilydd; gallai'r ddau Forafiad yn y lle cyntaf fod wedi gwahodd Williams yn bersonol, a gallai yntau yn ei dro fod wedi cyflwyno'r gwahoddiad i Wesley am ei ddyfarniad ef. Ond wedyn, sut y gwyddai'r gwahoddwyr amdano? Trwy John Cennick efallai; ac yntau wedi byw cyhyd ym Mryste a'r cylch, ac wedi sefydlu nifer o gymdeithasau Calfinaidd yn y cyffiniau, diau y gwyddai ef am yr helynt a fu rhwng y brodyr Wesley a Thomas Williams — a gwybod hefyd, efallai, mai ar brawf yr oedd y Pregethwr o hyd — a

[16] R. D. Eric Gallagher, "Methodism in Ireland" yn R. E. Davies a E. G. Rupp (gol.), *A History of the Methodist Church in Great Britain*, iii, 232-33.

[17] R. Lee Cole, "Skinner's Alley, Dublin" yn *Proceedings of the Wesley Historical Society*, xvii, 36-7.,

gallai fod wedi sôn yn ddigon diniwed am hynny wrth rai o'i aelodau yn y capel yn Skinner's Alley, Dublin, lle y cyfarfydd-ent i addoli. 'Does neb a ŵyr, ond os felly y bu mae'n siŵr iddo edifarhau wedyn, oblegid ymhlith aelodau'r gymdeithas a sefydlodd Thomas Williams yn fuan iawn 'roedd rhai o aelodau Cennick ei hun, a ymunodd o'u gwirfodd (yn ôl rhai) neu o dan berswâd Thomas Williams (fel y mynn eraill).[18]

Beth bynnag am hynny, mae'n anodd credu nad anfonwyd y gwahoddiad hwnnw gan y ddau Forafiad at rywun neu'i gilydd (gan i'r ddau gael eu henwi gan Lee Cole), ac iddo gyrraedd John Wesley yn y man naill ai'n uniongyrchol neu drwy law Thomas Williams — yn union fel y cawsai Wesley'r gwahoddiad hwnnw gan Howel Harris i ymweld â Chymru am y tro cyntaf yn 1739. Ond y tro hwn yr oedd ymateb Wesley'n wahanol, oblegid ei arfer erbyn hyn oedd dilyn ei Bregethwyr, nid eu rhagflaenu, i le neu ardal arbennig, i ddiwyllio'r tir yn hytrach na'i fraenaru. Anfonodd Thomas Williams felly yn ei le, gan obeithio'r un pryd y byddai'n cael cais ganddo yn y man i fynd yno ei hun. Ac felly y bu. Pan gyrhaeddodd Ddulyn am y tro cyntaf ar 9 Awst 1747, cafodd groeso cynnes gan gymdeithas gref yn rhifo tua 280 o aelodau, y bu Thomas Williams yn anad neb yn gyfrifol amdani. Y Cymro 27 oed o Lanisien Fach, felly, yw Tad Wesleaeth yn yr Ynys Werdd.

Nid dyma'r lle na'r achlysur i drafod gweddill ei oes, hyd yn oed pe bai'r wybodaeth angenrheidiol ar gael. Y gwir yw mai ychydig iawn a wyddom i sicrwydd amdano ar ôl 1747. Treuliodd yr wyth mlynedd wedyn yn ddi-os fel Pregethwr Wesle o hyd, cyn iddo gael ei droi allan am yr eildro yn 1755, y tro hwn am ryw drosedd nad oedd efallai mor ddifrifol â'r un gyntaf, gan fod ei natur, a phopeth arall amdani, yn gwbl anhysbys. Dywedir hefyd iddo o'r diwedd gael ei ordeinio,

[18] C. H. Crookshank, *The History of Methodism in Ireland,* i, 14-15; Tyerman, *op cit.,* i, 556-60; Telford, *op. cit.,* ii, 129; a Curnock, *op.cit.,* iii, 310. Yn anffodus, nid yw *Journal* John Wesley o help o gwbl inni benderfynu'r cwestiwn hwn; yn wir, ni welodd Wesley'n dda sôn am T.W. cyn, nac yn ystod, yr ymweliad cyntaf hwn ag Iwerddon. A 'does dim un llythyr ato oddi wrth T.W., Taylor na Hind yng nghyfrol Telford o'r *Llythyrau.*

trwy ddylanwad yr Arglwyddes Huntingdon, a threulio peth amser fel curad yn Bengeworth yn swydd Caerwrangon cyn cael ei benodi'n offeiriad plwyf yng nghyffiniau High Wycombe. Ac yn y dref honno y bu farw ar 20 Mai 1787 yn 67 mlwydd oed — y mae hynny o leiaf yn sicr.[19] Ond dyna'r cwbl.

Y mae cloriannu bywyd a gwaith Thomas Williams felly yn gwbl amhosibl, gan brinned ein gwybodaeth am y deugain mlynedd olaf o'i yrfa. Ond efallai y gallwn fentro, nid ar bortread cyflawn ond ar fraslun ohono yn ystod y traean cyntaf o'r yrfa honno, ac yntau eto yn ei ugeiniau. Gŵr ifanc byrbwyll ac anystywallt yn ddiau oedd Thomas Williams y pryd hynny, anwyliadwrus (fel y dywedodd John Wesley), annoeth efallai yn hytrach na ffôl, a (*pace* Charles Wesley), digofus yn hytrach nag anadferadwy ddrwg,[20] a'r annoethineb a'r digofaint yn ffrwyth ei anwyliadwriaeth a'i siom. Ond yr oedd mwy o lawer iddo na hyn, oblegid bu raid i'w feirniaid hyd yn oed gydnabod ei fod yn ŵr golygus ei wedd a swynol ei bersonoliaeth, ac yn un a ddoniwyd yn helaeth fel pregethwr yr Efengyl. Gyda'i sêl a'i ysbryd gwresog, defnyddiodd y doniau hynny'n effeithiol dros ben yn swydd Stafford, yn Llundain, a diau mewn mannau eraill. Fe'u defnyddiodd yr un mor effeithiol yn Iwerddon, a thrwy hynny bu'n gyfrwng — a hynny o fewn pum mis — i sefydlu Methodistiaeth yn y wlad Babyddol honno. Wrth ffarwelio ag ef, y mae'n ddiddorol cofio y bu Cymro arall, yr un mor wresog ei ysbryd, yr un mor selog ei ymgysegriad a'r un mor fyrbwyll ei dymer, yn

[19] 'Rwyf yn ddyledus i H. A. Hanley, Ysw., Archifydd swydd Buckingham, am y wybodaeth o Goflyfr Claddedigaethau plwyf High Wycombe. Dywaid wrthyf hefyd nad oes dim tystiolaeth y bu Thomas Williams erioed yn offeiriad nac yn gurad yn y plwyf hwn na chwaith yn unman arall o fewn Archddeoniaeth Buckingham rhwng 1750 a 1780.

[20] Pum mlynedd yn ddiweddarach, 'roedd Charles Wesley i gyfeirio at Jackie Williams, brawd iau Thomas, fel *that wicked boy*. A'i drosedd ef? Bu mor hyf a digywilydd â dianc, gyda thri o fechgyn eraill, o'r ysgol yr oedd John Wesley newydd ei sefydlu yn Kingswood — sefydliad a oedd yn debycach i garchar nag i ysgol. Efallai, i wneud chwarae teg â'r ddau frawd, y dylem gofio mai bardd yn anad dim oedd Charles Wesley, a bod y fath beth â rhyddid barddol!

gyfrwng hanner canrif yn ddiweddarach i sefydlu cenhadaeth Fethodistaidd yn y Wyddeleg i'r Gwyddelod. O ran anianawd 'roedd tebygrwydd mawr rhwng Dr. Thomas Coke o Aberhonddu a Thomas Williams o Lanisien, er i'r naill fod yn offeiriad cyn dod yn Fethodist a'r llall yn Fethodist cyn dod yn offeiriad. Ond sylweddol iawn yw dyled Methodistiaeth Iwerddon i'r ddau — ac i Gymru.

John Wesley a Howel Harris[1]

ALUN WYN OWEN

I

Dywedwyd ganwaith fod y Diwygiad Methodistaidd wedi cychwyn yng Nghymru ac yn Lloegr yn annibynnol ar ei gilydd. Y gŵr a ddaeth ag arweinwyr y ddwy wlad ynghyd gyntaf oedd George Whitefield. Ef gafodd y cyswllt cynharaf rhwng diwygiwr o Fethodist yn Lloegr a chymar a chyfoed yng Nghymru, a hynny pan gyfarfu â Howel Harris am y tro cyntaf yng Nghaerdydd ar Fawrth 7, 1739. 'I found,' meddai Harris, wrth gyfeirio at sgwrs rhwng y ddau ddeuddydd yn ddiweddarach, 'we agreed about Election, which united us the more.' Ystyr 'election' yn y cyswllt hwn oedd y weithred o 'ethol' mewn diwinyddiaeth. Haerai'r athrawiaeth Galfinaidd am 'etholedigaeth' fod Duw wedi penderfynu achub dyn, er pechu ohono yn ei erbyn, a bod nifer neilltuol wedi eu 'hethol' i fywyd tragwyddol ac eraill wedi eu tynghedu i gosbedigaeth dragwyddol. Credai'r ddau yn ddiysgog fod Duw wedi eu goleuo a'u gwasgu i gredu yn 'athrawiaeth gysurlon etholedigaeth'.

Ar gymhelliad Whitefield aeth Harris gydag ef i Lundain yn niwedd Ebrill — ei daith gyntaf yno. Yn ystod yr ymweliad

[1] 'Wesley a Harris' oedd testun anerchiad y Parchg Griffith T. Roberts i Gymdeithas Hanes y Methodistiaid Calfinaidd yn Nolgellau, Mehefin 6, 1945. Gw. *Cylchgrawn Cymdeithas Hanes y Methodistiaid Calfinaidd*, xxx, 3, 65-72; xxx, 4, 93-99. Yr un teitl a roes Mr A. H. Williams i'w bennod ef ar hanes Methodistiaeth yn y gyfrol *Er Clod* (gol. Thomas Richards), Wrecsam, 1934, 9-33. Iddynt hwy ill dau y mae'r diolch am ddarparu'r ffynonellau i'r bennod hon, ac y mae fy nyled iddynt yn amlwg ac enfawr.

hwn y cyfarfu â Charles Wesley a'r ecsentrig hynod honno, yr Iarlles Huntingdon, a rhai Morafiaid blaenllaw megis James Hutton a John Gambold. Nid oedd John Wesley yn Llundain ar y pryd, a hynny am ei fod ym Mryste yn dwyn ymlaen y gwaith a gychwynnwyd yno gan Whitefield. Tra oedd yno cafodd ei blagio gan bobl oedd yn mynnu dadlau ac ymryson ynghylch 'Rhagarfaethiad', perthynas agos (gefell yn wir) i 'Etholedigaeth'. Penderfynodd bregethu yn erbyn y dehongliad Calfinaidd o'r athrawiaeth, a gwnaeth hynny fore Sul, Ebrill 29, o flaen cynulleidfa enfawr yn y 'Bowling Green'. Dyma bregeth enwog y *'Rhad Ras'*. Erbyn canol Mai yr oedd wedi ei hargraffu ac ar werth. Ynddi mae'n condemnio yr 'athrawiaeth arswydus' fod y mwyafrif o blant dynion wedi eu hordeinio cyn eu geni i farwolaeth dragwyddol, ac yn pwysleisio mai ewyllys Duw yw fod pawb yn cael eu hachub. Y bregeth hon yn y pen draw a holltodd Fethodistiaeth Lloegr yn ddwy, gyda Rhad Ras yr Armin yn gwrthwynebu Iawn Cyfyngedig y Calfin, gan fynnu bod Crist wedi marw dros bawb ac nid dros yr etholedig yn unig. Er fod diwinyddiaeth y bregeth yn groes i eiddo Harris a Whitefield, eto nid ysgarodd yr arweinwyr ar unwaith. Y gofid pennaf oedd fod Wesley wedi ymuno yn y ddadl yn gyhoeddus ac wedi cyhoeddi ei bregeth.

Ym Mryste yr oedd y dadlau mwyaf ffyrnig, ac yn fuan ar ôl dychwelyd adref o Lundain aeth Harris ar daith i'r ddinas honno, a chyfarfod John Wesley am y tro cyntaf ar Fehefin 19, 1739. 'Roedd ei galon yn llawn rhagfarn oherwydd yr hyn a glywsai amdano, ond wedi clywed Wesley yn pregethu, meddai: 'my prejudice against him fell away, and I was convinced that he was a faithful minister of Jesus Christ'. A brawddeg ddadlennol iawn yw hon: 'my soul was so knit to him that I did not know how to part with him'. Mewn llythyr yn disgrifio y cyfarfod cyntaf hwn, cyfeiria Wesley ato yntau fel 'that faithful soldier of Christ, Howell Harris'. Ar y dydd hwn cychwynnodd cyfeillgarwch rhyngddynt a barhaodd, er nad yn hollol ddigwmwl, hyd farwolaeth Harris.

Ar ei wahoddiad ef yn ddiamau y daeth Wesley i Gymru am y tro cyntaf, a hynny y mis Hydref dilynol, er na welsant ei gilydd chwaith. Taith wythnos oedd hon drwy Gasgwent, y Fenni, Pont-y-pŵl, Casnewydd, a Chaerdydd, gyda'r bwriad o gynnal breichiau Harris yn y gwaith o 'ddeffro'r Eglwys o'i thrwmgwsg'. Bu John Miles, un o ddychweledigion Harris, yn gwrando ar Wesley, a thystiodd 'iddo bregethu Crist yn eglur, a'i fod ymhell o fod yn Arminiad onid oedd yn credu'n groes i'r hyn a bregethai'.

Pa mor gyfeiliornus bynnag oedd Arminiaeth Wesley yng ngolwg Harris, ni bu hynny'n rhwystr iddo estyn gwahoddiad taer arall ('pressing instance' yw geiriau Wesley) iddo ddod i Gymru, ac y mae'r llythyr sy'n cynnwys y gwahoddiad ar gael, dyddiedig Chwefror 1, 1740. 'I believe it will be to the glory of God,' meddai, 'if you come to us and if you could afford a considerable time to go over South Wales."[2] Taith wythnos oedd hon eto, sef ei ail ymweliad ag ardal Pont-y-pŵl a Chaerdydd. Ar ddydd Mercher, Ebrill 9, 1740, cyfarfu'r ddau am y tro cyntaf ar ddaear Cymru ym mhlwyf Llanhileth, ger Pont-y-pŵl. Dyma a ddywed Wesley am y diwrnod:

> In the afternoon Howell Harris told me how earnestly many had laboured to prejudice him against me, especially those who had gleaned up all the idle stories at Bristol and retailed them in their own country.[3]

Ar ddydd olaf y daith hon ysgrifennodd mewn llythyr at James Hutton o Fryste: 'I am just come from Wales, where there is indeed a great awakening. God has already done great things by Howell Harris."[4] Er fod Harris ddeng mlynedd yn iau nag ef, daethant ar unwaith yn ffrindiau cynnes, ac ni chaniataodd y naill na'r llall i wahaniaethau diwinyddol amharu dim ar eu cyfeillgarwch na'u hawydd i gydweithio er mwyn y Diwygiad yng Nghymru a Lloegr. Parhaodd eu cyfeillgarwch hwy am fod Harris yn llawer iawn mwy o

[2] *Cylchgrawn Cymdeithas Hanes y Methodistaid Calfinaidd*, xix, 1, 258.
[3] A. H. Williams, *John Wesley in Wales, 1739-1790*, Cardiff, 1971, 7.
[4] A. H. Williams, *Welsh Wesleyan Methodism, 1800-1858*, Bangor, 1935, 25, nodyn 50.

Fethodist nag o Galfin, a bod Wesley yn fwy o Fethodist nag o Armin. Gwir y dywedodd Griffith T. Roberts:

> Petai pawb mor rhesymol â Harris a Wesley, yn enwedig pan oeddynt hwy ar eu gorau, gallesid bod wedi cael mesur helaeth o gyd-ddeall ar faterion diwinyddol rhwng y Calfiniaid a'r Arminiaid oddi mewn i'r mudiad, mae'n sicr.[5]

Aeth blwyddyn a hanner heibio cyn i John Wesley droedio daear Cymru eto. Erbyn hynny yr oedd Methodistiaid Lloegr wedi ymrannu yn ddwy blaid (tair os cynhwysir y Morafiaid), gyda'r Methodistiaid Arminaidd yn cefnogi'r brodyr Wesley a'r Methodistiaid Calfinaidd yn pleidio Whitefield. Haerai hwnnw bellach ei fod ef a John Wesley yn pregethu dwy efengyl wahanol. Y peth naturiol felly oedd i bobl Wesley lynu wrtho ef yn y Ffowndri ac i bobl Whitefield godi'r Tabernacl yn gartref iddo ef a hwythau.

Pan ddigwyddodd yr ymraniad rhwng Whitefield a Wesley yng Ngwanwyn 1741, yr oedd Harris yn ansicr iawn pa lwybr i'w ddilyn. 'Roedd ymraniadau Lloegr yn faich a blinder iddo, ond daliai i obeithio am undeb rhwng y ddwy ffrwd ac ni phallodd yn ei ymdrechion i'w sylweddoli. Aeth i Lundain ym mis Gorffennaf, ond bu am tua dau fis heb fynd ar gyfyl y Ffowndri. Er hynny, ni allai gefnu ar ei gyfaill. 'I cannot give up Mr John Wesley; he has tasted grace, though carried away in error.' Un noson breuddwydiodd ei fod gydag ef drwy'r nos yn y Ffowndri, a bore trannoeth dyna neges iddo oddi wrth 'Mr John' yn deisyf cael ei weld. Cofnoda Harris yn ei ddyddiadur: 'met with vast love, sure this union is of the Lord for I had no hand in it . . . We had sweet union and I had great joy indeed in my soul.'[6] Serch hynny, 'roedd ei gyd-Galfiniaid yn amheus iawn o'i ymlyniad wrth Wesley. 'I am everywhere hated for loving him,' meddai, 'and spoken evil of.'

Pan oedd y ddadl Galfinaidd yn bur boeth, ac yntau yn dechrau ofni dylanwad y ddau Wesley ar seiadau De Cymru,

[5] Gomer M. Roberts (gol.), *Hanes Methodistiaeth Galfinaidd Cymru: Cyfrol I, Y Deffroad Mawr*, Caernarfon, 1973, 299.

[6] *Bathafarn:* Cylchgrawn Hanes yr Eglwys Fethodistaidd yng Nghymru., x, 30.

y mae Harris yn sgrifennu geiriau nodweddiadol ohono: 'O let us all be converted to love. I love to love . . . Thou art Love. Thy name is Love . . . O Lord unite us.'[7] Yr ysbryd yma, er pob gwahaniaeth barn am athrawiaeth, a lywodraethai ei agwedd at John Wesley ac at bawb arall o ran hynny. Ef, yn ddi-ddadl, oedd y cyfryngwr, y cymodwr, a'r tangnefedd-wneuthurwr rhwng y pleidiau Methodistaidd. Fel y dywedodd Griffith T. Roberts amdano:

> Anglican 'eciwmenaidd' wedi ei eni ymhell iawn o flaen ei amser oedd ef, a phrin bod neb yn yr oes honno mor barod ag ef i gydweithio â phob un a garai ei Waredwr ac a geisiai ei wasnaethu. Yn dâl am ei eangfrydedd fe'i drwgdybid gan bawb yn eu tro.[8]

Ym mis Hydref, 1741, fe wnaed cais ym Mryste gan Harris a Wesley i ddwyn y pleidiau ynghyd, ond nid gwaith hawdd oedd hynny bellach. 'Roedd Wesley yn nechrau'r mis wedi bod ar ei drydedd taith i Dde Cymru, a'r gyntaf ar ôl y rhwyg rhyngddo a Whitefield. Ym Mhont-y-pŵl sonia am 'bitter adversaries who had been among them'. Cyhuddid Harris ganddynt o fod yn wan ac anwadal, nad oedd yn adnabod Wesley, ac y byddai wedi newid ei feddwl amdano cyn pen chwe mis.

Daeth Wesley yn ôl i Dde Cymru eto ganol y mis am fod Harris wedi trefnu cyfarfod o arweinwyr y ddwy blaid. Yn Saint y Brid ym Mynwy y bu hyn ar Hydref 16 a 17. Cyn mynd yno 'roedd Wesley a Daniel Rowland wedi cyd-bregethu yn eglwys Machen Isa. Dyna'r unig gyfeiriad ato ef yn nyddlyfr Wesley, a'r tro cyntaf yn siŵr iddo ef ac un o arweinwyr y garfan Galfinaidd gyd-bregethu er pen gyraeddasai'r ddadl Galfinaidd ei hanterth. Bu tipyn o ymgecru yn y gynhadledd hon a dywed Wesley am Harris:

> he hasted to stand in the gap once more, and with tears besought them all 'to follow after the things that make for peace'. And God blessed the healing words which he spoke,

[7] *C.C.H.* xxx, 3, 65.
[8] J. E. Wynne Davies (gol.), *Gwanwyn Duw; Cyfrol Deyrnged i Gomer M. Roberts,* Caernarfon, 1982, 133-134.

so that we parted in much love, being all determined to let controversy alone and to preach Jesus Christ and Him crucified.[9]

Am Harris ei hun, parhâi ei gyd-Galfiniaid yn ddrwgdybus ohono. ' I see by loving Mr Wesley,' meddai, 'I have lost all-most all my friends.' Y mis Mawrth dilynol (1742) cafodd Harris gwmni Wesley yn ystafell y Seiat yng Nghaerdydd. Dyma rai o'i sylwadau:

> Felt Union with him; could go with him thro' the flames . . . While he sang and exhorted a solid quiet stillness fell on my soul . . . Feeling deep love to him & humble'd for any word I said against him . . . & felt an Union such as I never felt before.[10]

Rhwng 1739 a 1742 fe ddaeth Wesley i ddeheudir Cymru chwe gwaith, sef i'r rhannau hynny o hen siroedd Mynwy a Morgannwg lle 'roedd clerigwyr ac uchelwyr y 'ffordd' Fethodistaidd yn byw, gwŷr megis John Powell, Llanfaches; Nathaniel Wells, Dinas Powys; Robert Jones, y Fonmon; a Thomas Price, Plas y Watford. Derbyniodd groeso pob un am iddo ddod fel cydymaith a chynorthwywr Howel Harris. Ar lawer cyfrif, rhawd eu perthynas hwy ill dau oedd hanes John Wesley a Chymru.

II

Ar ôl ymwahanu oddi wrth Whitefield, cymharol fychan oedd cysylltiad Wesley â'r mudiad Methodistaidd Cymreig. Nid rhyfedd hynny o gofio fod bron pob Methodist Cymreig yn Galfin ac iddynt wahodd Whitefield i lywyddu yn Sasiwn unedig seiadau Calfinaidd Cymru a Lloegr yn Ionawr, 1743. 'Roedd y Sasiwn Gymraeg gyntaf wedi cyfarfod flwyddyn ynghynt. Ymdrefnodd Methodistiaid Calfinaidd Lloegr, hwythau, yn Sasiynau, a dechreuodd Wesley gynnal ei Gynadleddau yntau yn 1744.

Am nad oedd lle iddo yng nghoridorau grym Methodist-iaeth Galfinaidd Gymreig o 1742 ymlaen, bu'n rhaid i Wesley

[9] A. H. Williams, *John Wesley in Wales, 1739-90,* 12.
[10] *H.M.G.C.*, i, 302.

ail-ystyried ei agwedd at y wlad. A fyddai croeso iddo bellach hyd yn oed yng Nghaerdydd, Pont-y-pŵl, Plas y Watford a'r Fonmon? Nid oedd gan Harris unrhyw amheuaeth ar y pen hwn, ac iddo ef y mae'r diolch pennaf na thorrwyd mo'r cyswllt rhwng Wesley a Chymru yn llwyr tua'r adeg yma. Can croeso iddo ddod i Gymru pryd y mynnai, er i Harris awgrymu unwaith y dylai adael ei bregeth ar ôl yn Lloegr! Fe ofalai ef am gyfle i fynd i'w wrando pan ddeuai ar ei draws ym Mro Morgannwg. Gwyddom hefyd mai ym Mrycheiniog a Maesyfed — cynefin Harris ei hun — y profodd Wesley fwyaf o groeso yn ystod y pum mlynedd nesaf (1743-1747).

Y gŵr a'i gwahoddodd i dorri tir newydd yng Nghymru yn ardal Buallt oedd Edward Phillips, rheithor Maesmynys o 1740-1746. Daeth Wesley i Lanfair-ym-Muallt yn nechrau Mai, 1743, ac mewn llythyr ato ar Fai 27, dywed Harris: 'I believe the Lord blessed you much to young Mr Phillips, the minister, when you were here.' Yn yr un llythyr y mae'n datgan ei werthfawrogiad o lyfryn dylanwadol Wesley, *An Earnest Appeal to Men of Reason and Religion.* 'I think I was never so knit to you before,' meddai, 'I feel I Love you with undissembled Love and could freely fall on your neck and wash your feet with tears of pure Love that flows not from the old but the new man.'[11] Y mae'n diolch am y doniau a'r grasusau a roddwyd iddo ac yn deisyf y bydd i Dduw ei wneud yn dad ysbrydol i filoedd.

Ar Fai 6, 1743, pregethodd Wesley yn yr hyn a elwid y 'New Room' yn Stryd yr Eglwys, Caerdydd: adeilad yr oedd aelodau'r Seiat yno wedi ei godi fel capel. Hwn oedd yr 'Achos' Wesleaidd cyntaf yng Nghymru. Bu Harris yn gwrando arno yn ystod yr ymweliad hwn. Ar y daith hon hefyd y cyfarfu Wesley â Marmaduke Gwynne, Y Garth, ger Llangamarch; uchelwr ac ynad heddwch oedd ef, a argyhoeddwyd wrth wrando ar Harris, ac a hyrwyddodd y briodas rhyngddo ac Anne Williams, y Sgrin, ymhen blwyddyn (1744) drwy ddylanwadu ar ei thad, John Williams, i roi ei ganiatâd. 'Roedd Gwynne yn bresennol yn ail Gynhadledd John Wesley

[11] Gomer M. Roberts (gol.), *Selected Trevecka Letters, (1742-1747)*, Caernarfon, 1956, 96.

yn 1745, ac yn 1749 daeth ei ferch, Sarah neu Sally, yn wraig i Charles Wesley, a brawd y priodfab yn gweinyddu'r briodas. Daeth John yn ôl i'r ardal yma o gwmpas Buallt, ac i'r mannau arferol ym Mro Morgannwg, yn flynyddol am y tair blynedd nesaf, gan bregethu i Fethodistiaid 'Arminaidd' a 'Chalfinaidd' eu naws.

Ar ei ymweliad cyntaf â Chastell Nedd yn Awst, 1746, ceir y cofnod diddorol hwn ganddo:

> Here I found twelve young men whom I could almost envy . . . Most of them (they told me) were Predestinarians [Rhagarfaethwyr], but so little bigoted to their opinion that they would not suffer a Predestinarian to preach among them unless he would lay all controversy aside. And on these terms they gladly received those of the opposite opinion.[12]

A dyna'r ddelfryd i Wesley a Harris — medru pregethu yn seiadau ei gilydd heb ymryson ynghylch materion dadleuol.

Yn y goleuni hwn y mae deall y drafodaeth a fu mewn Sasiwn ym Mryste ar Ionawr 22, 1747. Sasiwn Gyffredinol unedig o Galfiniaid Cymru a Lloegr oedd hon, ac fe wahoddwyd John Wesley iddi am fod rhai Calfiniaid Cymreig yn ofni mai canlyniad ei ymweliadau â seiadau Cymru fyddai eu rhwygo. 'Roedd dau o'i bregethwyr yng Nghymru wedi achosi trafferth, sef Thomas Prosser (aelod o seiat Caerdydd), a ogwyddai at y Crynwyr, a Henry Lloyd o Rydri, a oedd wedi ymweld â seiadau Calfinaidd heb ymgynghori â Harris a'i ffrindiau — peth rhyfygus iawn i'w wneud! Pan ddaeth mater ymweliad Wesley â Nedd gerbron, brysiodd i ddweud nad ei fwriad ef oedd ffurfio seiat Arminaidd yno nac yn unman arall lle'r oedd seiat Fethodistaidd eisoes yn bodoli. A dyfynnu'r adroddiad:

> We all agree wheresoever we occasionally preach among each others People, we will endeavour to strengthen not to weaken each others Hands, in particular by labouring to prevent any seperation in the several Societies.[13]

[12] A. H. Williams, *op.cit.*, 25.
[13] *H.M.G.C.*, 1, 305.

Nid mater syml o adael Cymru yn llwyr i 'bobl Harris' a Lloegr i 'bobl Wesley' oedd hyn, oherwydd yr oedd eisoes seiadau Calfinaidd yn Lloegr a seiadau Arminaidd yng Nghymru, er mai bach iawn oedd eu nifer. Yr hyn a wnaed yng 'Nghytundeb Bryste', fel y gelwir polisi Ionawr 1747, oedd llunio rheolau i ddiogelu cymod a chyd-ddeall rhwng Harris a Wesley.

'Fel hyn', meddai Griffith T. Roberts, 'y cyd-dyfodd Methodistiaeth Harris a Rowland a'u cymheiriaid a Methodistiaeth John Wesley yng Nghymru. Bu tyfiant y Fethodistiaeth Gymreig yn llawer cyflymach na thyfiant y Fethodistiaeth Seisnig, ac ni wnaed ymdrech fawr iawn i hyrwyddo cynnydd y Fethodistiaeth Saesneg yn y ddeunawfed ganrif.'[14] Ar un olwg y mae'n rhyfedd meddwl nad oedd gan Wesley ond tair neu bedair seiat yng Nghymru ar y pryd,[15] er iddo fynd a dod i'r deheudir yn gyson am saith mlynedd. Un rheswm am hyn oedd mai ychydig iawn o'i bregethwyr ef a wyddai ddim Cymraeg. Eithriadau prin oedd dynion fel Henry Lloyd, Rhydri, a Thomas Olivers, Tregynon. Y rheswm arall oedd yr un a nodwyd yn barod, sef na fynnai Wesley gystadlu neu dresbasu o gwbl ar dir Methodistiaeth Galfinaidd. A phan gyrhaeddodd, yn Awst 1747, i'r sir fyddai'n cael yr enw ymhen canrif ei bod yn 'un Capel Methodist mawr', nid oedd ganddo unrhyw fwriad i sefydlu seiadau o'r eiddo ei hun yno chwaith. Pregethodd yn Sir Fôn, fel ym mhob man arall yng Nghymru, oherwydd ei awydd i gynorthwyo Harris a chalonogi'r seiadau Calfinaidd oedd yno eisoes.

III

Y mae 'cyfnod Sir Fôn' (fel y gellir yn gymwys alw 1747-1750) yn hanes perthynas Wesley a Chymru yn anghyffredin o ddiddorol ac ar adegau yn gynhyrfus. Nid Ynys Môn oedd yn ei ddenu yn gymaint â'r Ynys Werdd, ac yn Awst 1747 aeth ar y gyntaf o un ar bymtheg o deithiau ar

[14] *Ibid.*, 306.
[15] Gw. 'Seiadau Cynnar John Wesley yng Nghymru' gan Griffith T. Roberts yn *Bathafarn*, 1, 25-39.

draws Môn i gael llong yn hwylio o Gaergybi am Iwerddon. Ar bump o'r rhain y pregethodd yno, a hynny oherwydd fod gwyntoedd croesion yn ei atal rhag gadael Caergybi.

Ar wahân i ryw dri ymweliad byr â'r Wyddgrug yn 1759-1761, Sir Fôn oedd yr unig le yn y gogledd a gafodd glywed dogn go dda o bregethau Wesley. Nid yw byth yn cuddio ei hoffter o bobl Môn ('this loving, artless people') a bu'n cyfeillachu â nifer o wŷr blaenllaw'r ynys, megis William Jones, Trefollwyn Blas; William Prichard, Cnwchdernog; a'r Parchg Thomas Ellis, Caergybi.

Deuai yno fel rheol o gyfeiriad y de, gan alw gyntaf gyda'i gyfeillion ym Morgannwg a Brycheiniog. Pan oedd ar ei ffordd tua'r gogledd drwy dywydd gaeafol Chwefror, 1748, arhosodd yn Llanidloes, gan bregethu ar y garreg enwog y tu allan i Neuadd y Farchnad. Dyma *'The John Wesley Stone'* y dodwyd plac arni gan y Wesleaid i gofio hyn adeg sefydlu'r Gymdeithas Hanes a chychwyn y cylchgrawn *Bathafarn* yn 1946.[16]

Pan gyrhaeddodd i Gaergybi cafodd sgwrs gyfeillgar gyda'r clerigwr galluog, Thomas Ellis. 'Mr E[llis],' meddai, 'would take it a favour if I could write some little thing "to advise the Methodists not to leave the Church and not to rail at their ministers." I sat down immediately and wrote *A Word to a Methodist,* which Mr E[llis] translated into Welsh and printed."[17] Cyhoeddwyd *Gair i'r Methodist* yn Nulyn, ac mewn llythyr at Harris, drannoeth ei gyfansoddi, fe ddywed Wesley am Thomas Ellis:

> He commends you much for bringing the Methodists back to the Church; and at his request I have wrote a little thing to the same effect . . . I will send you some as soon as I can, that you may disperse them when you see occasion.[18]

Y dydd Iau canlynol, sef ar Fawrth 3, 1748, mewn lle o'r enw Rhyd-y-Sbardun, ar gyrion Llangefni, cafodd pobl Môn

[16] Yr oedd Griffith T. Roberts yn annerch yn y cyfarfod hwn, a dyna'r adeg y traddododd y Dr R. T. Jenkins ei ddarlith fywiog, 'John Wesley in North Wales'. Gw. *Bathafarn,* 2, 35-54.

[17] A H. Williams, *op.cit.,* 34.

[18] *Ibid.,* 34, Nodyn 1.

y fraint o wrando ar sylfaenydd Methodistiaeth Arminaidd Lloegr yn cyd-bregethu â Pherganiedydd y Fethodistiaeth Galfinaidd Gymreig, a hynny heb unrhyw sôn am ddadlau nac ymryson ynghylch athrawiaeth. Yr oedd Williams Pantycelyn ar daith bregethu yn y gogledd yn ôl trefniant sasiwn y Methodistiaid Cymreig. Pregethodd ef yn gyntaf yn Gymraeg a Wesley ar ei ôl yn Saesneg, gan dystio: 'Many understood me and felt the power of God.'

Mae'r cofnod o ddyddlyfr Wesley am y Sul canlynol (Mawrth 6) yn bur adnabyddus, sef ei sylw mai melltith drom oedd amrywiaeth ieithoedd.

> We went to Llangefni church, though we understood little of what we heard. O what a heavy curse was the Confusion of Tongues! And how grievous are the effects of it! All the birds of the air, all the beasts of the field understand the language of their own species. Man only is a barbarian to man, unintelligible to his own brethren![19]

Fe all mai mynegi ei siom a'i rwystredigaeth yr oedd yn y geiriau hyn, ond os oedd dyn mor ddysgedig a mawrfrydig â Wesley yn euog o 'misguided indignation', chwedl R. T. Jenkins, pa ryfedd fod pobl llawer llai galluog nag ef yn euog o'r un camwedd heddiw?

Ar Fawrth 21, 1750, sef yn nechrau blwyddyn dyngedfennol yr 'ymraniad' yng Nghymru, ceir cofnod arwyddocaol iawn gan Wesley parthed ei berthynas â Harris. Yr oedd eto ar ei ffordd tua'r gogledd ac wedi cyrraedd Buallt, 'where we found notice had been given that Howell Harris would preach at noon. By this means a large congregation was assembled, but Howell did not come so at their request I preached.'[20] Pregethu ar ei ran, sylwer; yn ei le ac nid yn ei erbyn.

Pan oedd ar fwrdd llong yng Nghaergybi nos Fercher, Mawrth 28, yn disgwyl gwynt teg i hwylio am Iwerddon, fe aflonyddwyd arno gan

> the famous Mr Gr[iffith] of Caernarvonshire! A clumsy, overgrown, hard-faced man whose countenance I could only compare to that . . . of one of the ruffians in *Macbeth*. I was

[19] *Ibid.*, 36.
[20] *Ibid.*, 43.

going to lie down when he tumbled in and poured out such a volley of ribaldry, obscenity and blasphemy, every second or third word being an oath, as was scarce ever heard at Billingsgate.[21]

Hwn oedd William Griffith, sgweiar Cefn Amwlch, Tudweiliog, a gŵr i'r Madam Sidney Griffith a gafodd ei difrïo cymaint oherwydd ei chysylltiad â Howel Harris dros gyfnod o ryw dair blynedd rhwng 1749 a 1752. Daeth Harris yn llwyr dan ei dylanwad, a'i gyfathrach â'r 'broffwydes' fu achlysur y rhwyg rhyngddo a'i frodyr yng Nghymru — er nad hyhi oedd gwir achos yr ymraniad.

IV

Erbyn dechrau 1752 yr oedd Harris wedi ymneilltuo yn gyfangwbl i'w hen gartref yn Nhrefeca, 'nid, er hynny, i lechu fel Achil yn ei babell, ond i gychwyn arbraw cymdeithasol gyda'r rhyfeddaf a'r mwyaf diddorol yn ein hanes fel cenedl',[22] sef sefydlu yr hyn a alwyd yn 'Deulu Trefeca'. Wedi'r ymraniad rhyngddo a'i gyd-Fethodistiaid, fe dorrwyd y ddolen gydiol bwysicaf rhwng mudiad Wesley a Methodistiaeth Cymru. Nid oedd Wesley agos mor gyfarwydd â Daniel Rowland a William Williams ag yr oedd â Harris. 'Y mae'n bur arwyddocaol,' meddai Griffith T. Roberts, 'mai anaml iawn yr ymwelodd Wesley â Chymru rhwng 1752 a 1762; dichon fod mwy nag un rheswm am hynny, ond anodd peidio â meddwl fod gan ymneilltuaeth Harris gryn lawer i'w wneuthur ag ef.'[23] Daliodd y ddau yn gyfeillion ffyddlon drwy gydol yr helynt blin. Anfonodd Harris lythyr at Wesley ar ddydd Calan, 1753, ac yntau ar y pryd yn credu fod ei einioes bron ar ben, yn gofyn iddo fwrw golwg dros 'ychydig bethau' y bwriadai eu hargraffu.[24]

Anfodlon i'r eithaf oedd John, a'i frawd Charles, i'r ymneilltuaeth yma ar ran Harris, ac ymhell cyn i'r rhwyg

[21] *Ibid.*, 45-46.
[22] Alun Llywelyn-Williams, *Crwydro Brycheiniog*, Llandybie, 1964, 78.
[23] *C.C.H.*, xxx, 4, 97.
[24] *Bathafarn*, 15, 53.

rhyngddo a'i gyd-weithwyr yng Nghymru gael ei chyfannu, yr oedd y ddau yn crefu arno ddod yn ôl at ei briod waith o efengylu. Canodd Charles gerdd i'r perwyl, yn 1755, yn erfyn:

> Awake, old soldier! — to the fight half won,
> And put thy strength, and put thine armour on!
> Nor dream thyself a vessel cast aside,
> Broken by stubborn will, and marred by pride,
> Most proud, self-willed, and wrathful as thou art,
> Yet God hath surely seen thy simple heart . . .
> If thou art Harris still, — awake, arise,
> Renew the fight, re-labor up the skies.[25]

Galwodd John Wesley yn Nhrefeca ddydd Sul, Mawrth 21, 1756, ar ôl chwe mlynedd o ddieithrwch rhyngddo a Harris. Dyma'r cofnod am y diwrnod hwnnw:

> Before I talked with him myself I wondered H. Harris did did not go out and preach as usual. But he now informed me he preached till he could preach no longer, his constitution being entirely broken. While he was thus confined he was pressed in spirit to build a large house, though he knew not why or for whom. But as soon as it was built men, women and children without his seeking came to it from all parts of Wales. And except in the case of the Orphan House at Halle, I never heard of so many signal interpositions of Divine Providence.[26]

Pan gyrhaeddodd Wesley Gaergybi ar y daith hon, ysgrifennodd lythyr pwrpasol iawn at Harris yn ei rybuddio rhag peryglon ystyfnigrwydd a chyndynrwydd. Yr oedd wedi dod i adnabod ei gyfaill yn bur drwyadl! Ac er ei fod yn dal i 'lechu mewn rhyw ogof', chwedl Pantycelyn am ymneilltuaeth Harris, daliodd i ohebu â'r ddau frawd Wesley, a chyn hir dechreuodd bregethu ymhlith eu dilynwyr a mynychu eu Cynhadledd. Bu'n bresennol drwy wahoddiad gryn hanner dwsin o weithiau. Dyna fesur edmygedd Wesley ohono.

Gan fod arno gymaint o ofn Pabyddiaeth fe ymrestrodd Harris, a gwŷr ieuanc o'i 'Deulu' gydag ef, â Milisia Sir Frycheiniog, a bu'n crwydro trefi arfordir Cymru a Lloegr fel

[25] Griffith T. Roberts, *Howell Harris* (Wesley Historical Lecture), London, 1951, 75.
[26] A. H. Williams, *op.cit.*, 50.

'Captain Lieutenant' am dair blynedd rhwng 1759 a 1762. Ar ôl hyn daeth yr 'hen filwr' yn ei ôl a dechrau cyfathrachu eto â'i hen bartneriaid yn y ddwy wlad.

Ar ei wahoddiad ef y daeth John Wesley i Drefeca yn Awst, 1763, a dyma ei ddisgrifiad o'r lle erbyn hynny:

> Howell Harris' house is one of the most elegant places which I have ever seen in Wales. The little chapel and all things round about it are finished in an uncommon taste, and the gardens, orchards, fish-ponds and mount adjoining make the place a little paradise. He thanks God for these things and looks through them. About six-score persons are now in the Family — all diligent, all constantly employed, all fearing God and working righteousness.[27]

Yn nes ymlaen ar yr un daith y mae'n disgrifio'r cynyrfiadau ymhlith Methodistiaid Cymru o ganlyniad i Ddiwygiad '62, neu 'Ddiwygiad Llangeitho' fel y gelwir ef. 'They leap up and down in all manner of postures, frequently for hours together.' Am fod y saint y pryd hyn yn neidio a dawnsio a llamu o lawenydd y galwyd hwy 'the Jumpers'. Ac i ganol y berw crefyddol hwn fe ddaeth Harris yn ôl at ei frodyr a bu ar y maes am ddeng mlynedd arall. Diwygiad '62 oedd rhagflaenydd aduniad Harris a'i bartneriaid yn 1763.

V

O'r flwyddyn honno ymlaen 'roedd gan Wesley ddau bregethwr sefydlog a swyddogol yn gweithio yn Ne Cymru. Prif faes eu gweithgarwch oedd Morgannwg a Phenfro. Daeth Wesley i Sir Benfro ddwywaith yn 1764, a thair gwaith wedyn cyn diwedd y chwe degau. Nid rhyfedd i Howel Davies, 'Apostol' y Sir honno, ddechrau cwyno am fod Wesley yn 'tresmasu' drwy lygadu ei diriogaeth ef fel maes cenhadol. Ni chafodd ei gŵyn nemor ddim sylw gan Harris.

Daliai ef i obeithio am undeb rhwng Methodistiaid y ddwy wlad, ond yr oedd hynny yn llawer anos yn 1763 nag ydoedd ugain mlynedd ynghynt. Yr oedd y ddwy Fethodistiaeth bellach yn fwy ymwybodol ohonynt eu hunain fel dau fudiad

[27] *Ibid.*, 63-64.

gwahanol. Er hynny, gwir yw honiad Griffith T. Roberts y 'gallasai'r ymgyfathrachu rhwng y diwygwyr wedi bod yn llawer iawn llai oni bai am frwdfrydedd aml-ochrog Harris'.[28]

Un arwydd o'r cyfeillgarwch 'hwyrddydd' hwn rhwng yr arweinwyr oedd y cyfarfod mawr a gynhaliwyd yng Ngholeg yr Iarlles Huntingdon yn Nhrefeca yn Awst, 1769, pan oedd Wesley, Whitefield, Harris, Rowland a Phantycelyn yn bresennol ac yn gwasanaethu. 'Roedd hi wedi sefydlu Coleg yn hen ffermdy Trefeca Isa i baratoi efrydwyr at y gwaith o efengylu a chenhadu, ac wedi dewis Trefeca oherwydd ei hedmygedd o Harris. Disgrifia Wesley gyfarfod 1769 fel

> a concourse of people from all parts of Wales, come to celebrate the Countess of Huntingdon's birthday and the anniversary of her school, which was opened on August 24 of last year. I preached in the evening to as many as her chapel could well contain . . . About nine, Howell Harris desired me to give a short exhortation to his Family.[29]

Yr oedd Harris wedi ehangu llawer iawn ar ei dŷ ef ei hun erbyn hyn a'i honiad oedd fod un ar hugain o ystafelloedd wedi eu neilltuo at wasanaeth yr Iarlles a'i gosgordd. Ychwanega Wesley:

> This is Howell Harris' work, who has likewise greatly enlarged and beautified his house, so that, with the gardens, orchards, walks and pieces of water that surround it, it is a kind of little paradise.[30]

Nid oedd Wesley yn edmygydd mawr o'r Iarlles oherwydd ei Chalfiniaeth ronc. A phan ddaeth heibio i'r 'baradwys fechan' ar Awst 14, 1772 (y tro olaf iddo ef a Harris weld ei gilydd), fe ganfu fod eithafion Calfiniaeth y 'Coleg' newydd yn atgas gan Harris yntau.

> About noon, at the request of my old friend Howell Harris, I preached at Trefeca on *the strait gate*. And we found our hearts knit together as at the beginning. He said, 'I have borne with those pert, ignorant young men, vulgarly called students,

[28] *H.M.G.C.*, 1, 312.
[29] A. H. Williams, *op.cit.*, 81-82.
[30] *Ibid.*, 82.

till I cannot in conscience bear any longer. They preach bare-faced Reprobation and so broad Antinomianism that I have been constrained to oppose them to the face even in the public congregation'.[31]

Cyn pen y flwyddyn yr oedd Harris wedi ei gladdu wrth yr allor o fewn i eglwys Talgarth, yr union fan 'lle y teimlodd rym gwerthfawr waed Crist yn y Cymun Sanctaidd', a dyfynnu'r geiriau a roed ar ei gofeb. Pan alwodd Wesley y tro nesaf ymhen dwy flynedd (Awst 1775), dyma'r cofnod ganddo:

> Being desired to give them one sermon at Trefeca I turned aside thither and on Thursday the 17th preached at eleven to a numerous congregation. What a lovely place! And what a lovely Family! Still consisting of about six score persons. So the good *man is turned again to his dust*. But *his thoughts do not perish*.[32]

VI

'Dyfnder yn galw ar ddyfnder' — dyna oedd ffordd R. T. Jenkins o ddehongli cyfeillgarwch ac ymlyniad Wesley a Harris. Yr oedd dyn mawr yn deall dyn mawr, pan oedd dynion llai yn methu.

> Here *were* two great men — I have not the slightest doubt that Wesley was the greater, but Harris too was great. Queer men, both of them: arrogant (why should we deny it?), domineering, often 'ill to live with', yet magnanimous; sublimely self-confident yet desperately humble; with very little sense of humour in Wesley, and none at all in Harris; able to sway multitudes, and ruling their subordinates with a rod of iron, yet almost ludicrously unable so to regulate their own domestic affairs as to attain that happiness in the home which has consoled many a smaller man for his smallness.[33]

Mewn llawer o bethau yr oeddynt yn debyg iawn i'w gilydd, ac eto mor wahanol. Yn 'fab i Susannah', megis Wesley yntau (mor ddi-son-amdani ei fam ef, o'i chymharu â mam

[31] *Ibid.*, 86.
[32] *Ibid.*, 91.
[33] *Bathafarn*, 2, 38.

Ficerdy Epworth), 'roedd i Harris gefndir gwahanol iawn i dras pendefigaidd ac aelwyd ddisgybledig y brodyr Wesley.

Gyda golwg ar yr addysg a gawsant, 'roedd y gwahaniaeth rhyngddynt yn enfawr. Cafodd Wesley ei drwytho yn nhraddodiad clasurol addysg Rhydychen, a gwnaed ef yn gymrawd o Goleg Lincoln. Am Harris, cofrestru a gadael Rhydychen o fewn wythnos a wnaeth ef, a phinacl ei yrfa academaidd oedd bod yn esgus o ysgolfeistr yng nghylch Talgarth. Disgrifiodd Wesley ef unwaith fel 'a powerful orator, both by nature and grace, but he owes nothing to art or education'. Y mae Gomer M. Roberts yn llygad ei le pan ddywed fod 'Harris, wrth ddal pen rheswm â John, yn ymwneud â meddwl praff, chwim, disgybledig, a phrin y gallai ef ddal y caerau Calfinaidd yn ddiogel mewn dadl ag ef!'[34] Ni chafodd addysg ddiwinyddol ffurfiol ar ddechrau ei yrfa, a llai fyth o amser i astudio'r athrawiaethau ar ôl ei dröedigaeth.

Gan i'r ddau gadw dyddiaduron helaeth ar hyd eu hoes, y mae eu geiriau hwy eu hunain gennym ar gof a chadw. Mae dyddlyfrau Wesley yn ddiddorol a darllenadwy, a rhai Harris yn amleiriog a blinderus. Cofnododd y ddau eu profiad o dröedigaeth mewn geiriau sy'n rhyfeddol o debyg: Harris yn 'teimlo fy nghalon yn toddi o'm mewn, fel cŵyr o flaen y tân, o gariad at Dduw fy Iachawdwr', a Wesley yntau yn 'teimlo fy nghalon yn cynhesu'n rhyfedd; a theimlais fy mod yn ymddiried yng Nghrist, yng Nghrist yn unig, am Iachawdwriaeth'. Er na chawsant eu harwain drwy'r un profiad o ras achubol i'r un gwersyll diwinyddol, ac er iddynt fynd i'w ffyrdd eu hunain ar bwnc yr 'ethol', eto ni phallodd y cyfeillgarwch o gwbl. ''Tis a great mercy,' meddai Harris, 'we are able to differ and not lose our love to each other.'

Mentraf awgrymu fod tebygrwydd rhyngddynt o ran pryd a gwedd, a maintioli corff. Dywedir bod wyneb dyn yn aml yn amlygu ei gymeriad. Os felly, hwyrach mai gên Harris a Wesley oedd y rhan huotlaf o'u hwynebau — gên ymwthiol, bendant, ystyfnig oedd i'r ddau. Gwyddom hefyd mai dynion

[34] *Bathafarn,* 15, 48.

byr o gorff oeddynt, ac y mae'r bychan o gorffolaeth wedi ennyn penderfyniad lawer tro.

Yr oedd teyrngarwch y ddau i Eglwys Loegr, yr Hen Fam, yn gadarn a di-ildio. Oddi mewn ac nid oddi allan iddi y gwelent eu dyfodol, a'u dyhead oedd diwygio'r Eglwys a'i deffro o'i thrwmgwsg. Yn groes i'w dymuniad hwy, ac er eu gwaethaf, y pellhaodd mudiad Eglwysig ei darddiad oddi wrth yr Eglwys Sefydledig. Eto i gyd, hwy ill dau a wnaeth fwyaf i brysuro'r rhwyg a fu wedi eu marwolaeth, a hynny oherwydd mai hwy oedd y ddau athrylith trefniadol a fu'n hyrwyddo'r Diwygiad Mawr yn y ddwy wlad. Ni welodd Lloegr erioed y fath drefnydd eglwysig â John Wesley, na Chymru hithau y fath arolygwr seiadau â Howel Harris.

Ar ôl marwolaeth Harris yn 1773, lleihau a llacio wnaeth gafael Wesley ar Gymru, er iddo ddod yma droeon eto cyn ei farw yntau yn 1791. Talodd bump ymweliad â'r De yn y saith-degau, ac yn yr wyth-degau fe ail-ddechreuodd y teithiau drwy Fôn am Iwerddon. Am y croesiad olaf tuag yno yn 1789 fe ddywed: 'I do not remember I was ever so sick at sea before . . . .' Ei oed ar y pryd oedd chwech a phedwar ugain!

Chwe mis cyn ei farw cychwynnodd i'w daith olaf un i Gymru, taith bythefnos yn Awst, 1790 drwy Fynwy, Morgannwg, Brycheiniog, Caerfyrddin a Phenfro, gan ddilyn rhan o'r ffordd yr aeth ar hyd-ddi ar ei daith gyntaf yn 1739. Aethai hanner canrif heibio er hynny, a thros hanner cant o deithiau — y rhan fwyaf o lawer i dde Cymru. Mae A. H. Williams yn ceisio dyfalu rhai o'i feddyliau ar y daith hon a ffrwyth ei ymwneud â Chymru drwy'r blynyddoedd.[35]

'Roedd y wlad yr un mor brydferth ag erioed, a'r bobl hwythau yr un mor gyfeillgar a thrwyadl Gymreig. Am arweinwyr swyddogol y Gymru Galfinaidd, ni chafodd fawr o gyfle i adnabod Rowland na Williams Pantycelyn yn iawn, ac anodd fu closio at Howel Davies. Ond am yr Howel arall, stori wahanol oedd honno. O'r dydd cyntaf iddo gyfarfod

[35] A. H. Williams, *op. cit.*, xxxiv-xxxvii.

'that faithful soldier of Christ', buont yn gyfeillion mynwesol. Harris oedd y ffrind ffyddlonaf, yr 'enaid hoff cytûn', ac fe all fod gan Wesleaeth y ganrif ddilynol fwy o ddyled iddo nag a wyddai; dyled am wreiddio yn naear Cymru yn y lle cyntaf.

Ond beth am y mudiad a'r deffroad yr oedd Wesley ei hun wedi rhoi cychwyn iddo a'i arwain drwy'r hanner canrif? Faint o ffrwyth oedd i'w lafur ef a'i bregethwyr yng Nghymru? Dim llawer — o safbwynt ystadegau. Tair cylchdaith go helaeth, rhyw saith pregethwr, a thua chwe chant o aelodau. Ond pa wahaniaeth? Onid oedd mudiad Methodistaidd arall yng Nghymru â'i holl fryd ar ddiwygio yr Eglwys o'r tu mewn? 'Roedd y Fethodistiaeth honno yn Gymraeg o ran iaith, yn ddigon Calfinaidd i blesio ei hen ffrind o Drefeca, ac wedi ei chyfundrefnu yn llawer gwell na'i un ef.

'Roedd Harris a'i ffrindiau wedi troi Cymru wyneb i waered yn ysbrydol, a dyna'r unig beth oedd yn cyfrif i Wesley. Am hynny fe welodd nad oedd angen ffurfio cangen swyddogol o'i fudiad ef yng Nghymru, a dyna ran o'i fawredd fel dyn ac arweinydd crefyddol. Nid enwad na sect oedd Methodistiaeth y ddeunawfed ganrif; nid mudiad hyd yn oed, ond "ffordd", osgo, ysbryd newydd, a'r un yn hollol oedd natur a nod Methodistiaeth y ddwy wlad. Cyhyd ag y parhâi'r tebygrwydd ni welai Wesley unrhyw angen i sefydlu 'enwad' fel y cyfryw yng Nghymru. Ar ôl ei farw ef y daeth newid ar fyd, ac erbyn dechrau'r ganrif nesaf yr oedd 'Wesleaeth' Gymraeg yn dechrau plwyfo yn ein tir.

Ni allaf wneud yn well, wrth gloi'r cyfraniad hwn, na dyfynnu (unwaith yn rhagor!) rai o eiriau'r gŵr y mae'r gyfrol hon yn deyrnged iddo:

> Erys Methodistiaeth John Wesley a Methodistiaeth Harris a Rowland ochr yn ochr yn y tir, a dysgasant gyd-fyw a goddef ei gilydd yng nghwrs y cenedlaethau, ac aethant mor bell â chytuno ar un llyfr emynau yn ugeiniau'r ganrif hon, ond hyd yn hyn erys breuddwyd Howel Harris am wir undeb rhwng y pleidiau heb ei sylweddoli. Ac fe erys yn alwad ac yn brawf ar gariad Cristnogol, nid yn unig y Methodistiaid ond holl bobl yr Arglwydd.[36]

[36] *H.M.G.C.*, 1, 313.

Charles Wesley a Williams Pantycelyn

GLYN TEGAI HUGHES

Ar gefn ceffyl y cyfansoddwyd llawer o emynau'r ddau, mewn llaw-fer bersonol yn achos Charles Wesley, a diddorol dyfalu a gafodd y camu hamddenol ei effaith ar y mydrau. Rhyfedd ar un wedd fod y ddau emynydd mwyaf erioed yn cydoesi, ac yn ôl pob tebyg wedi rhannu pwlpud o leiaf ddwywaith, ond y mae hi'n briodol cofio mai cyfyng ddigon yw cylch amseryddol a daearyddol yr emyn cymdeithasol. Nodwedd arall gyffredin yw eu bod mor gynhyrchiol: rhyw wyth cant a thrigain o emynau gan Williams a rhywbeth dros chwe mil gan Wesley, ond ychwaneger, wrth gwrs, epigau a rhyddiaith Pantycelyn.

Yn ôl pob tebyg 'roedd Charles Wesley wedi ysgrifennu cryn nifer o gerddi yn y traddodiad clasurol cyn ei dröedigaeth; plentyn y cyffro oedd awen Pantycelyn. Nid oedd y naill na'r llall yn brin o gefndir a dylanwadau llenyddol. Yng ngwaith Wesley fe welir yn glir ei hoffter o Fyrsil a Horas, ac y mae ei fenthyciadau o Milton, Prior, Young ac eraill wedi eu croniclo'n ofalus gan y beirniaid; hysbys ddigon hefyd yw ei ddiddordeb mewn dyfeisiadau rhethreg a'i ddefnydd o nifer helaeth ohonynt. Nid oedd Williams cystal clasurwr â Wesley, er ei fod yntau'n dyfynnu Fyrsil, ond yr oedd arddull neo-glasurol beirdd y ddeunawfed ganrif ymhell o fod yn ddieithr iddo yntau; gweler, er enghraifft, ei farwnad Saesneg i George Whitefield. Fe geir hefyd ymhlith ei lyfrau, gyda'r llofnod a ddefnyddiai pan yn laslanc, *The English Parnassus* gan Joshua Poole, cyfrol o gyfystyron a chyffelybiaethau ar gyfer beirdd. Paradocs y dylanwadau a'r llawlyfrau yn achos y ddau yw eu bod wedi gallu derbyn y patrymau ond adnewyddu'r mynegiant. Camp y ddau oedd creu iaith a fyddai'n mynegi dwyster y profiadau personol ysgytiol a ddaethai i'w rhan.

Ymgais at ymchwiliad llenyddol fydd yr hyn sy'n dilyn, er nad oes modd mewn gwirionedd ysgaru'r llenyddol a'r diwinyddol mewn emyn. Yn sicr ni cheisir dangos bod y naill emynydd yn rhagori ar y llall. Fe ellid mynd ati i astudio ar wahân nifer o agweddau unigol sy'n gyffredin i'r ddau: ond fe fydd nifer o'r ystyriaethau hyn yn dod i'r amlwg wrth geisio edrych ar un emyn nodweddiadol Gristgreiddiol gan y naill a'r llall. Emynau ydynt heb unrhyw un nodwedd yn pwyso'n rhy drwm; emynau hefyd sydd, er yn gwbl haeddiannol, heb fod efallai ymhlith y goreuon oll (er mai teg ychwanegu bod un beirniad yn cyfrif emyn Wesley yn un o'r chwe emyn gorau o'i eiddo). Yn ddelfrydol mewn cymhariaeth o'r fath fe ddylid dewis o gyfnodau cyfatebol yn hanes y ddau, ond y mae anhawster yn yr achos hwn. Fe ddaeth Charles Wesley i'w oed fel emynydd bron ar unwaith (sydd efallai yn cadarnhau'r dybiaeth ei fod wedi ysgrifennu llawer o gerddi cyn hynny); yn ôl pob tebyg yr emyn cyntaf a gyfansoddodd wedi ei ddeffroad yn 1738 oedd y campwaith: 'Where shall my wond'ring soul begin? / How shall I all to heaven aspire?' Yn 1742 y dywedodd Harris (neu Daniel Rowlands yn ôl tystiolaeth arall) 'Williams pïau y canu"[1], ac fe ymddangosodd y ffrwyth cyntaf yn y chwe rhan o'i *Aleluia* (1744-7), casgliadau sydd ag emynau teilwng iawn ynddynt ond sydd yn gyffredinol yn tystio i brentiswaith.

Fe gyhoeddwyd emyn Charles Wesley gyntaf yn *Hymns and Sacred Poems* (1742), gyda chwe phennill, ond fe'i ystyrir yma yn y fersiwn a geir yn *A Collection of Hymns for the*

[1] Am y gwahanol draddodiadau gweler Gomer Morgan Roberts, *Y Pêr Ganiedydd*, Cyfrol II [Aberystwyth], 1958, tt. 40-5.

use of the People called Methodists (1780). ('Roedd Charles yn amrywio adeiladwaith ei emynau o gasgliad i gasgliad, ac ar ben hynny fe geir dylanwad golygyddol digamsyniol John yn 1780). O Ran Gyntaf *Ffarwel Weledig* (1763) y daw emyn Williams.

Cymer, Iesu, fi fel ydwyf,
  Fyth ni alla'i fod yn well;
Dy allu di a'm gwna i yn agos,
  Fy ewyllys i yw mynd ymhell;
    Yn dy glwyfau
  Byddai'n unig fyth yn iach.

Mi ddiffygiais teithio'r cras-dir
  Dyrys anial wrthyf f'hun,
Ac mi fethais â chongcwero,
  O'm gelynion lleiaf un;
    Mae dy enw
  Yn abal rhoddi'r cryfa' i ffoi.

Gwaed dy groes sy'n codi 'fyny
  'R eiddil yn gongcwerwr mawr;
Gwaed dy groes sydd yn darostwng
  Cewri cedyrn fyrdd i lawr;
    Gad im' deimlo
  Awel o Galfaria fryn.

Mwy yw dy eiriau ar y croes-bren,
  Geiriau gwerthfawr, geiriau drud,
Mwy yw'r sillaf leia' ohonynt
  Na'm holl ddyletswyddau i gyd;
    'Drychaf yno,
  Yno mae fy nerth a'm grym.

Clywed dy riddfannau chwerwon
  Wnaiff i'm henaid lawenhau;
Teimlo'th gariad wna i'm gelynion
  Cynddeiriocaf lwfwrhau;
    Yna, yna,
  Mae fy nhrigfa fyth i fod.

Open, Lord, my inward ear,
  And bid my heart rejoice!
Bid my quiet spirit hear
  Thy comfortable voice,
Never in the whirlwind found,
  Or where earthquakes rock the place;
Still and silent is the sound,
  The whisper of thy grace.

From the world of sin, and noise,
  And hurry, I withdraw;
For the small and inward voice
  I wait, with humble awe.
Silent am I now, and still,
  Dare not in thy presence move;
To my waiting soul reveal
  The secret of thy love.

Thou hast undertook for me,
  For me to death wast sold;
Wisdom in a mystery
  Of bleeding love unfold;
Teach the lesson of thy cross,
  Let me die with thee to reign,
All things let me count but loss
  So I may thee regain.

Show me, as my soul can bear,
  The depth of inbred sin,
All the unbelief declare,
  The pride that lurks within;
Take me, whom thyself hast bought,
  Bring into captivity
Every high aspiring thought
  That would not stoop to thee.

Lord, my time is in thy hand,
My soul to thee convert;
Thou canst make me understand,
Though I am slow of heart;
Thine in whom I live and move,
Thine the work, the praise is thine,
Thou art wisdom, power and love —
And all thou art is mine. [2]

Y peth cyntaf i'w ddweud yw bod y ddau emyn, yn gwbl nodweddiadol, yn cychwyn o gefndir ysgrythurol: Wesley o hanes Elias ar fynydd Horeb, a'r 'llef ddistaw fain' (1 Bren. 19:12), Pantycelyn o wead ymadroddion Crist yn Efengyl Ioan ('ac a'ch cymeraf chwi ataf fy hun', 14:3; 'a'r hwn a ddêl ataf fi, nis bwriaf ef allan ddim', 6:37) ynghyd ag adleisiau o'r Hen Destament ('Agos yw yr Arglwydd at y rhai drylliedig o galon', Salm 34:18; 'agos yw yr Arglwydd at y rhai oll a alwant arno', Salm 145:18; 'oherwydd bod y bobl hyn yn nesáu ataf â'u genau . . . a phellhau eu calon oddi wrthyf', Eseia 29:13). Yn emyn Wesley fe geir cyfatebiaeth Feiblaidd i bron bob llinell; fe all unrhyw un â chonchordans wrth law eu holrhain yn rhwydd ac felly ni fanylir ond ar ambell un, ond gwerth dweud bod o leiaf tair ar hugain ohonynt. Rhywbeth yn debyg yw hi gydag emyn Pantycelyn: oddeutu pymtheg enghraifft sy'n amlwg. Anaml y mae hyn yn fwriadus, gan fod y Beibl megis yn rhedeg drwy wythiennau'r ddau; ond ar brydiau fe ellir synhwyro awydd i gyfoethogi ymadrodd drwy atgof o'r cyswllt

[2] Yr unig amrywiadau pwysig yw'r canlynol:
Wesley: 1742, cynnwys fel pennill cyntaf:
Christ, my hidden life appear,
Soul of my inmost soul;
Light of life, the mourner cheer,
And make the sinner whole.
Now in me thyself display,
Surely thou in all things art;
I from all things turn away
To seek thee in my heart.
Williams: *Haleluia Drachefn* (c. 1790), y ddwy linell olaf:
Boed fy nhrigfan,
Hyfryd ar Galfaria fryn.

ysgrythurol. Y mae 'Bring into captivity / Every high aspiring thought', drwy'r cyfeiriad at hunan-amddiffyniad Paul a'i gerydd i'r Corinthiaid (2 Cor. 10:5) yn mewnforio elfen lem i lonyddwch y gweddill o'r emyn; fe wneir hyn yn amlycach fyth mewn emyn arall, 'Lord, and is thine anger gone?' (CH 181):[3]

Force my violence to be still,
And captivate my every thought;
Charm, and melt, and change my will,
And bring me down to nought.

Yr un modd y mae Williams yn bur sicr o fod yn ymwybodol o gyfraniad Cân Dafydd (2 Sam. 22) i awyrgylch yr emyn, gyda'r molawd lifeiriol i ogoniant a gallu Duw, a chan gofio swydd Dafydd fel teip o Grist: 'Gwaredodd fi rhag fy ngelyn cadarn', 'cymerodd fi; tynnodd fi o ddyfroedd lawer.'

Y mae'r Beibl, felly, yn ddwfn yng nghyfansoddiad y ddau emyn fel blociau adeiladu; ond penseiri yw'r ddau emynydd ac y mae'n bryd inni edrych ar gynlluniau'r adeiladwaith. Man hwylus i ddechrau fydd efo'r mesur, yn enwedig gan gofio meistrolaeth y ddau ar fydr ac odl. Fe gyfansoddodd Wesley mewn mwy na chant o fesurau, rhai, wrth reswm, yn amrywio mewn manylion yn unig. Un newyddbeth o'i eiddo, efallai o dan ddylanwad emynau Almaenaidd y Morafiaid, oedd cymysgu llinellau iambig a throcaig yn yr un pennill. Dyna, yn dechnegol, a geir yma yn y mesur 7.6.7.6.7.7.7.6., lle mae'r llinellau saith sillaf yn drocaig a'r gweddill yn iambig, trefniant sy'n caniatáu symud parhaus rhwng pwyslais a rhesymu. Ond trocaig, mae rhaid cyfaddef, yw'r effaith gyffredinol, gyda'r ergyd yn dod ar ddechrau a diwedd

[3] CH: *A Collection of Hymns for the use of the People called Methodists*, 1780. Fe ddyfynnir o'r argraffiad safonol, sef Cyfrol 7 o *The Works of John Wesley*, gol. Franz Hildebrandt ac Oliver A. Beckerlegge, Oxford: Clarendon Press, 1983, xiv +848 tt., gyda llyfryddiaeth helaeth. Dyfyniadau eraill o Baker, sef *Representative Verse of Charles Wesley*, detholwyd a gyda rhagymadrodd gan Frank Baker, London: Epworth Press, 1962, lxi +413 tt. (fe ailgyhoeddwyd y rhagymadrodd, gydag ychydig gyfnewidiadau, fel *Charles Wesley's Verse*, London: Epworth Press, 1964, 110 tt.) a Tyson, sef *Charles Wesley: a Reader*, gol. John R. Tyson, New York & London: Oxford University Press, 1989, 519 tt.

pob cwpled. Mesur Wesleaidd iawn yw hwn ac anaml y gwelir ef mewn casgliadau eraill; ac, yn wir, y mae pob un o'r naw enghraifft yn y *Methodist Hymn Book* (1933) a'r chwech yn *Hymns and Psalms* (1983) gan Charles Wesley. Yn eu plith y mae emynau adnabyddus: 'Meet it is and right to sing', 'Great is our redeeming Lord' a 'God of unexampled grace'. Y dôn a osodir ar gyfer yr emyn gan John Wesley ym mhumed argraffiad *A Collection of Hymns* (1786) oedd *Amsterdam*, sy'n dal ei thir yn 1933 (rhif 17) a 1983 (rhifau 101 a 505). Arwydd o boblogrwydd y mesur yw bod *Amsterdam* yn cael ei nodi ar gyfer pedwar emyn ar bymtheg yng nghasgliad Wesley.

Helmsley yw'r dôn a osodir gan John Williams ar gyfer 'Cymer Iesu fi fel ydwyf' yn argraffiad 1811 o waith ei dad ond yr ydym ni, gwaetha'r modd, wedi uniaethu'r emyn â *Bryn Calfaria*. Y naws, yn ôl John Williams, yw 'galarus' ond prin y gall hyn fod yn wir am yr emyn drwyddo.[4] O'r Saesneg, yn ddiamau, y cafodd Pantycelyn y mesur, mesur a oedd, yn ôl pob golwg, yn gyfarwydd mewn caneuon poblogaidd yn y ddeunawfed ganrif. Y mae Charles Wesley yn defnyddio'r mesur yn achlysurol ('Lo! He comes with clouds descending'), ond gyda chynllun odli gwahanol i un Williams, lle mae'r odli yn dod ar yr ail a'r bedwaredd linell yn unig. Y mae Joseph Hart yn 'Come, ye sinners poor and wretched' (1759) yn odli'n debycach i Bantycelyn ond ei fod yn ychwanegu odl yn y llinell olaf, abcbdb (ac y mae Dafydd Jones o Gaeo, wrth drosi'r emyn yn 1763, 'Deuwch, bechaduriaid tlodion', yn ei ddilyn yn hyn). Sut bynnag am hynny, fe fabwysiadodd Williams y mesur am y tro cyntaf wrth drosi

[4] Gweler hefyd ar 'Helmsley', tôn Thomas Olivers, sylwadau Gomer Morgan Roberts yn *Y Pêr Ganiedydd*, II, 111-12, ac yn *Bathafarn* 2 (1947) ei erthygl 'Dylanwad rhai o Fethodistiaid Lloegr ar emynau a mesurau Pantycelyn', 56-62; hefyd R. D. Griffith, *Hanes Canu Cynulleidfaol Cymru*, Caerdydd: Gwasg Prifysgol Cymru, 1948, tt. 119-22. Mae gan E. Wyn James dudalen yn ei *Dechrau Canu. Rhai Emynau Mawr a'u Cefndir*, Pen-y-bont ar Ogwr, 1987, ar yr emyn a'r dôn, gan adrodd hefyd hanes am Williams yn codi cywilydd ar dorf yn Llangefni drwy gael ei wraig i ganu'r geiriau ar y dôn 'Nansi Jig'.

fersiwn gyfansawdd (Wesley a John Cennick) o 'Lo! He comes!', sef 'Wele e'n dyfod ar y Cwmwl' yn y *Môr o Wydr* (1762). O hyn ymlaen fe ddaeth yn un o hoff fesurau Pantycelyn ac fe ganodd nifer o'i emynau mwyaf arno:

Arglwydd, arwain trwy'r anialwch (*Môr o Wydr,* 1762)
Dacw gariad, dacw bechod (*Ffarwel Weledig* II, 1766)
Iesu, Iesu, 'rwyt ti'n ddigon (*Ffarwel Weledig* II, 1766)
O! Sancteiddia f'enaid, Arglwydd (*Ffarwel Weledig* III, 1769)
Arnat, Iesu, boed fy meddwl (*Gloria in Excelsis,* I, 1771)
Cudd fy meiau rhag y werin (*Gloria in Excelsis* I, 1771)
Heddiw'r ffynnon a agorwyd (*Gloria in Excelsis* I, 1771)

Y mae rhestru'r llinellau agoriadol ynddo'i hun yn awgrymu un o gryfderau'r mesur trocaig hwn, sef yr ergyd a roddir i'r gair cyntaf: Arglwydd, Dacw, Heddiw.

Datblygiad gwahanol braidd sydd i'r ddau emyn. Y mae agoriad y ddau yn nodweddiadol; archiad sydd yn y naill a'r llall: 'Open, Lord', 'Cymer, Iesu'. Ac y mae'r ddau yn dwyn yr hunan i mewn ar unwaith, 'my inward ear', 'my heart', 'my quiet spirit', 'fi fel ydwyf', 'fy ewyllys i'. Ond y mae Wesley, fel y crybwyllwyd eisoes, am ein lleoli hefyd am ychydig amser yn hanes Elias ac y mae'r cyfeiriadau 'but the Lord was not in the wind . . . but the Lord was not in the earthquake' (1 Bren. 19:11) yn ein cadw felly yn yr Hen Destament hyd at linell ola'r pennill cyntaf. Yn y llinell honno fe drawsgyweirir yn wyrthiol o'r synhwyrus i'r diwinyddol: 'the whisper of thy grace'. Y mae'r distawrwydd, a'r parchedig ofn, yn parhau yn yr ail bennill, ac unwaith eto fe gawn y gair 'inward'. Y mae'r ymadrodd yn ysgrythurol: 'Behold, thou desirest truth in the inward parts' (Salm 51:6), ond yr oedd hefyd yn un o eiriau cyfoethog y Piwritaniaid: 'Sinne . . . is either inward or outward. Inward, is of the mind, will and affections'.[5] Ac y mae Wesley yn cydio wrth y syniad mewn emynau eraill hefyd:

To me be all thy treasures given,
The kingdom of an inward heaven. (CH 130)

[5] William Perkins, *Workes* (1608-9), III. 2, t. 483; dyfynnwyd o M. van Beek, *An Enquiry into Puritan Vocabulary,* Groningen, 1969, t. 75.

Retain our sense of sin forgiven,
And wait for all our inward heaven. (CH 471)

O gofio dyddiad yr emyn (1742) diddorol ystyried cefndir y gair 'still'. Fe gofir mai un o frwydrau cynnar y brodyr Wesley oedd honno yn erbyn tawelyddiaeth eithafol rhai o'r Morafiaid, 'the still brethren' fel y galwyd hwy gan Charles. Yn 1739 a 1740, dan ddylanwad John Molther, 'roedd y gymdeithas yn Fetter Lane wedi ei swyno i'r fath raddau gan y gorchymyn 'Be still, and know that I am God' (Salm 46:10) nes iddynt esgeuluso pob moddion gras allanol, gan gynnwys darllen yr Ysgrythur. Y mae cofnod yn nyddlyfr Charles Wesley, 25 Ebrill 1740, yn egluro ei ofnau yn ddifloesgni: 'Many here insist that a part of their Christian calling is liberty *from* obeying, not liberty *to* obey. The unjustified, say they, are *to be still;* that is, not to search the Scriptures, not to pray, not to communicate, not to do good, not to endeavour, not to desire: for it is impossible to use means without trusting in them. Their practice is agreeable to their principles. Lazy and proud themselves, bitter and censorious toward others, they trample upon the ordinances, and despise the commands of Christ.' Fe ysgrifennodd hefyd nifer o emynau yn gwrthwynebu'r camddehongliad:

Place no longer let us give
To the old tempter's will,
Nevermore our duty leave
While Satan cries, 'Be still!' (CH 286)

Still for thy loving kindness, Lord,
I in thy temple wait;
I look to find thee in thy Word
Or at thy table meet.

Here, in thine own appointed ways,
I wait to learn thy will;
Silent I stand before thy face,
And hear thee say, 'Be still!' (CH 89)[6]

[6] Am enghreifftiau eraill, a thrafodaeth ar 'The Stillness Controversy', gweler Tyson, tt. 260-86.

Nid rhyfedd felly gweld dau bennill cyntaf ein hemyn ni yn sefydlu'r syniad o wir lonyddwch mewnol cyn arwain yr emynydd, a ninnau gydag ef, i adnabyddiaeth o bechod balchder ac i dderbyniad llwyr o aberth gwaredol Crist. Nid ymateb emosiynol yn unig a geir yn yr emyn, er mai dyna'r man cychwyn: 'bid my heart rejoice'. Ond yn natblygiad y penillion fe symudir i'r ysbrydol, 'to my waiting soul reveal', a'r meddyliol, 'teach the lesson of thy cross', gan barhau gyda'r gyfres yn 'my soul can bear', 'every high aspiring thought', 'my soul to thee convert', cyn troi'n ôl at y galon, 'slow of heart'. Y mae pob pennill yn cynnwys deisyfiad uniongyrchol: 'open' a 'bid', 'reveal', 'teach', 'show' a 'bring', 'convert'. Ym mhob pennill y mae tensiwn rhwng y 'fi' a'r 'ti', ac y mae hyn yn cyrraedd ei uchafbwynt yn y pennill olaf; yn y tair llinell gyntaf y mae'r ddeuoliaeth yn parhau: 'my time . . . thy hand', 'my soul to thee', 'thou canst make me'. Yna y mae'r ergydion yn syrthio ar y 'ti' cyn cloi'n fuddugoliaethus ar y 'fi':

Thine in whom I live and move,
Thine the work, the praise is *thine,*
Thou art wisdom, power and love —
And all thou art is *mine.*

Sylwer fel mae Wesley yn defnyddio rhyw fath ar sangiad, cyn crynhoi yn 'And all thou art is mine'. A dyma un o'i effeithiau mwyaf grymus, sef dal yr hunan yn ôl tan y munud olaf:

Whose mercy is divinely free
For all the fallen race — and me! (CH 367)

Tho' Hell protest, and Earth repine,
He died for Crimes like Yours — and Mine. (Baker, t. 4: pennill o 'Where shall my wond'ring soul begin' a adawyd allan o CH)

Gwerth aros ychydig eto gyda'r llinell — iambig — olaf a'r gair 'all', sydd hefyd yn dwyn pwyslais cryf. Fe ddigwydd y gair rai cannoedd o weithiau yn emynau Charles Wesley, weithiau yn ei arwyddocâd yn y llinell hon, sef dwyn i'r amlwg ogoniant y cynnig sydd yng Nghrist a'i gyferbynnu â phethau'r byd:

All things let me count but loss
  So I may thee regain.

Ar fe geir rhywbeth tebyg iawn mewn emynau eraill:

Come, our life, and peace and rest,
  Our all in earth and heaven. (CH 401)

Estyniad yn ysbryd Col. 3:11 yw diweddglo nifer helaeth o benillion, yr enghraifft gyntaf yn adleisio tair llinell olaf ein hemyn:

From thee, through Jesus, we receive
  The power on thee to call
In whom we are, and move, and live —
  Our God is all in all. (CH 423)

Rise exalted by his fall,
Find in Christ your all in all. (CH 20)

Love, like death, hath all destroyed,
Rendered our distinctions void!
Names, and sects, and parties fall,
Thou, O Christ, art all in all. (CH 504)

Yr hyn sydd yn y fantol yma yw cyffredinolrwydd yr efengyl, yn ei chynnwys a'i chylch, ac yn y man fe ddaeth 'all' yn utgorn yn y ddadl yn erbyn Calfiniaeth. Fe wna un enghraifft y tro i gynrychioli dwsinau o rai tebyg:

Arise, O God, maintain thy Cause!
  The Fulness of the Gentiles call;
Lift up the Standard of thy Cross,
  And All shall own Thou died'st for All.
(*Hymns on God's Everlasting Love* I, 1741: Baker, 20)

Trown yn awr at saernïaeth emyn Pantycelyn. Ar un wedd y mae cyfansoddiad yr emyn yn fwy llac nag un Wesley; nid oes mo'r un datblygiad syniadol na'r un tensiynau a phwysleisiau. Ond o graffu fe sylweddolwn mai'r hyn sy'n dal emyn Pantycelyn wrth ei gilydd yw'r symudiadau a synhwyrau corfforol. Bod 'yn agos' a 'mynd ymhell', 'teithio'r cras-dir', 'codi 'fyny', '[t]eimlo awel', edrych tua'r groes, clywed dy riddfannau', 'teimlo'th gariad'. Er mai haniaethol ydynt, wrth reswm, maent yn llwyddo i greu effaith hytrach ddramatig. Yn emyn Wesley y mae'r lleoliad yn sicr yn digwydd yn y ddau bennill cyntaf, ond yna y mae'r gyfathrach rhwng y 'ti' a'r 'fi' yn llai corfforol. O'r tu mewn i'r penillion yr hyn sy'n amlwg iawn yn emyn Pantycelyn yw'r gwrthgyferbyniadau cyson: 'dy allu di . . . fy ewyllys i', 'agos . . . pell', 'clwyfau . . . iach', 'mi fethais â chongcwero . . . rhoddi'r cryfa' i ffoi', 'codi 'fyny . . . darostwng', 'croesbren . . . fy nerth a'm grym', '[l]awenhau . . . [l]lwfwrhau'. Canlyniad hyn yw creu osgiliad sydd, fel petai, yn ein cadw ar flaenau ein traed.

Fe soniwyd ychydig yn ôl am gyfatebiaeth y cyfarch sydd ar ddechrau'r ddau emyn, ond y mae hefyd amrywiadau sy'n awgrymu'r naws wahanol. Nid oes fawr rhyngddynt yn amlder eu cyfeiriadau yn llinell gyntaf emyn at 'God', 'Lord', 'Arglwydd', 'Duw', er nad oes ond ychydig iawn o gyfarch y Tad gan Williams o'i gymharu â Wesley. Syndod braidd yw canfod mwy o enghreifftiau o annerch Jesu[s] yn Wesley nag Iesu ym Mhantycelyn. Mae'n wir hefyd y ceir gan Wesley nifer o gyffyrddiadau digon personol:

Jesu, the sinner's friend, to thee,
Lost and undone for aid I flee, . . . (CH 128)

Jesu! Redeemer, Saviour, Lord,
  The weary sinner's friend,
Come to my help, pronounce the word,
  And bid my troubles end! (CH 135)

Ond yr hyn a synhwyrir yn emynau Pantycelyn yw elfen anianol, ddiriaethol, ddaearyddol weithiau, sy'n agos at fynd â'r personol i dir hyfdra:[7]

Na'd fi Iesu fyn'd yn w'radwydd,
  I ynfydion gwag y byd (C II, 320: *Gloria in Excelsis* I, 1771)

[7] Er mwyn hwylustod fe gyfeirir at yr emynau yn argraffiad N. Cynhafal Jones, *Gweithiau Williams Pant-y-celyn,* Cyfrol II, Newport, 1891 (C II) ond ni ddilynir y testun o angenrheidrwydd. Os am destun derbyniol i emynau dethol, gweler *Emynau Williams Pantycelyn,* gol. Derec Llwyd Morgan, Gwasg Gregynog, 1991, a *Gwaith Pantycelyn: Detholiad,* gol. Gomer Morgan Roberts, [Aberystwyth], 1960.
Fe gyfeirir at *Theomemphus* yn argraffiad Gwasg Prifysgol Cymru, *Gweithiau William Williams Pantycelyn,* Cyfrol I, gol. Gomer Morgan Roberts, 1964 (yma GWWP I).

O anwyl Iesu tyr'd i'n cwrdd!
A gwel drueiniaid ar dy fwrdd (C II, 178: *Môr o Wydr,* 1762)

O dere lawr dywysog nen,
A thyn fy mhen i'n rhydd (C II, 285: *Ffarwel Weledig* III, 1769)
[gyda'r atgof am yr hwrdd yn y mieri]

O tyr'd ar frys f'anwylyd pur,
Cwpla'th addewid, na fydd hir (C II, 62: *Aleluia* V, 1747)

Tyred Iesu i'r anialwch,
At bechadur gwael ei lun (C II, 264: *Ffarwel Weledig* III, 1769)

Tyr'd fy anwylyd, tyr'd i ma's,
O dwrf y byd a'i ddwndwr cas;
I mi gael dy gymdeithas gun,
Yn ddistaw lonydd wrthyf f'hun. (C II, 164: *Môr o Wydr,* 1762)

[Can. 7: 11; cymharer y pennill â'r ddau bennill cyntaf o emyn Charles Wesley sydd dan sylw]

O gymryd enghraifft o gorff emyn fe welir yn gliriach fyth, ond odid, yr elfen gorfforol yn Williams mewn cymhariaeth â'r ddau ddyfyniad o Wesley yn cyfarch y 'sinner's friend':

O Ffrynd troseddwyr moes dy law,
A thyn fi draw i dre (C II, 65: *Aleluia* V, 1747)

Agwedd arall ar hyn, wrth gwrs, yw'r mynych gyfeirio gofodol, y pwyntio, a geir mewn adferfau ar ddechrau emynau Pantycelyn: 'Dyma'r man dymunwn aros', 'Dacw'r hyfryd fan ca'i drigo', 'Dacw'r gwledydd hyfryd helaeth', 'Draw mi wela'r nos yn darfod', ac yn y blaen. Nid yw cyffyrddiad fel hyn mor hawdd yn y Saesneg ond, a chydnabod hynny, prin yw'r agoriadau adferfol gan Wesley, ac y mae'r mwyaf adnabyddus ohonynt, 'Where shall my wond'ring soul begin?' yn holi yn hytrach na lleoli. Y ferf orchmynnol 'Come' sydd agosaf at gyfateb yn ei emynau: 'Come, O thou Traveller unknown', 'Come Saviour Jesu from above', 'Come, thou high and lofty Lord'. Ond yn amlach na pheidio swyddogaeth y gorchymyn yw cyfarch y gynulleidfa, y cydbechaduriaid: 'Come on, my partners in distress', 'Come, let us anew, Our journey pursue', 'Come ye that love the Lord', 'Come, and let us sweetly join'. Y mae Wesley yn cadw'r berthynas Crist-emynydd-cynulleidfa braidd o hyd braich ar brydiau; y mae Williams yn tueddu i gydio'r tri wrth ei gilydd.

Prif nodwedd arddull y ddau yw uniongyrchedd, grymusder, naturioldeb. Y mae John Wesley yn ei ragair i *A Collection of Hymns* yn gosod y mater fel hyn: 'We talk common sense . . . and use no word but in a fixed and determinate sense. Here are (allow me to say) both the purity, the strength, and the elegance of the English language — and at the same time the utmost simplicity and plainness, suited to every capacity.' Y mae hyn yn dweud gormod ar rai pynciau ond yn cyfleu'r gamp gyffredinol yn ddigon teg. Y mae Williams yn ei ragymadrodd i ail gasgliad *Ffarwel Weledig* yn annog darpar-emynwyr i ddarllen rhai o lyfrau'r Beibl am eu bod 'yn llawn o ehediadau prydyddiaeth, troell-ymadroddion, amrywioldeb, esmwythder iaith a chyffelybiaethau bywiol.' Sylwer ar yr 'esmwythder iaith' i'w gymharu ag 'utmost simplicity and plainness' John Wesley. Y cyferbyniad priodol yn Saesneg yw â chymhlethdod a dyfeisgarwch delweddau'r beirdd metaffisegol (Donne, Herbert, Vaughan); yn Gymraeg â barddoni astrus yn y mesurau caeth. Y gwahaniaeth mawr yw bod patrymau parchus o ysgrifennu plaen ar gael yn Saesneg i'r brodyr Wesley (Bunyan a Defoe mewn rhyddiaith, dyweder, Watts mewn emynyddiaeth, Pope mewn barddoniaeth); ychydig oedd gan Williams o'i ôl yn Gymraeg, heblaw y Ficer Prichard.

Ym mhob emyn fe fydd elfennau fformiwlaig, cyfarwydd; dyna natur ffurf sy'n gorfod cyfathrebu'n gyflym a chyhoeddus â chynulleidfa sydd, neu o leiaf a oedd, yn an- neu hannerllythrennog. Anaml felly y dylid disgwyl ymadroddion cwbl anghynefin ond, o'u defnyddio'n gynnil, fe allent fod yn hynod effeithiol. Geiriau Lladinaidd eu tarddiad sy'n cyflawni'r swydd i Charles Wesley, ac y mae ambell enghraifft yn hysbys: 'with inextinguishable blaze' (CH 318), 'blest with this antepast of heaven!' (CH 29.[8] Yn ein hemyn fe gawn 'high aspiring thought' ('every high thing that exalteth itself' sydd yn 2 Cor. 10:5), neu 'thy comfortable voice', ymadrodd sy'n dwyn i gof Wasanaeth y Cymun yn Y Llyfr Gweddi: 'Hear what comfortable words'.[9] Gair arall, Hen Saesneg ei darddiad y tro hwn, a ddefnyddir mewn ffordd braidd yn annisgwyl yw 'undertook', yn yr ystyr 'gwarantu', 'mynd yn gyfrifol'; fe'i ceir hefyd mewn emyn arall:

Our Advocate with God,
He undertakes our cause (CH 268)

Effaith geiriau fel hyn yw nid addurno ond cynyddu'r tyndra radd neu ddwy; weithiau fe ddaw gair hynod 'seciwlar' megis, fel rhyw gramp i'n cysylltu ni â'r daearol: 'the pride that *lurks* within'. Ar brydiau y mae'r geiriau annisgwyl yn awgrymu cyswllt ehangach. Ymadrodd felly yw 'wisdom in a mystery of bleeding love unfold', lle mae'r dyfyniad o 1 Cor. 2:7, 'but we speak the wisdom of God in a mystery', wedi ei gydio wrth waed y groes (y mae Wesley yn defnyddio 'gwaed' gannoedd o weithiau yn ei emynau, ac nid yw Williams fawr ar ei ôl — sy'n awgrymu dylanwad parhaol y Morafiaid ar y ddau). Y cam naturiol yw cysylltu'r Cymun â'r cwpled, ac fe wneir hynny'n uniongyrchol yn *Hymns of the Lord's Supper*, 1745:

Author of our salvation, Thee
  With lowly thankful hearts we praise,
Author of this great mystery . . .
We see the blood that seals our peace . . . (Tyson, t. 277)

[8] Y mae hi'n werth sylwi nad Wesley oedd yr unig un i ddefnyddio'r gair mewn emyn. Fe'i ceir gan y Morafiad, William Hammond, yn ei *Psalms, Hymns and Spiritual Songs*, 1744, t. 48: 'What are these Antepasts of Love/To those which we shall have above?'

[9] 'Roedd pwnc cysur yn dod i'r amlwg yn gyson yn emynau a phregethau Charles Wesley ac, yn ein cyswllt ni, amhosibl yw mynd heibio i gofnod yn ei ddyddlyfr, 28 Awst 1747: 'We rode to Maesmynis church. I preached, and Mr Williams after me in Welsh . . . I preached a fourth time [yr oedd wedi pregethu ddwywaith yn yr awyr agored] at Garth, on, 'Comfort ye, comfort ye my people.' Yn anffodus, ni ellir dweud i sicrwydd mai Pantycelyn oedd y Mr. Williams, er bod hynny'n ddigon tebygol. Ond fe all mai'r Parch. Rice Wlliams, Llansanffraid-yn-Elfael, oedd y gŵr. Gweler Gomer Roberts, *Y Pêr Ganiedydd*, I, 79, 94 ac A. H. Williams yn *Bathafarn* 21 (1966), 35-6.

Un sylw arall: fe gyfeiriwyd eisoes at y cyfuniad syfrdanol, 'the whisper of thy grace', ac fe ellid gosod ochr yn ochr ddwy linell o emyn arall, addasiad John Wesley o un o emynau Watts y tro hyn:

> But the mild glories of thy grace
> Our softer passions move; . . . (CH 217)

O bosibl mai rhywbeth fel hyn sy'n creu naws arbennig emyn, yn hytrach na'r dyfeisiadau rhethregol a restrir yn ofalus yn emynau Charles gan nifer o feirniaid (er enghraifft y gwrthgyferbyniad yn 'Let me die with thee to reign').

Ar brydiau y mae sawr y pridd a'r farchnad ar eirfa Pantycelyn, er mawr fantais i rymuster yr emyn. 'Yn abal rhoddi'r cryfa' i ffoi', ''drychaf yno', 'wnaiff i'm henaid' — nid yw'r enghreifftiau yn yr emyn hwn yn arbennig o drawiadol, ond yr un ydynt yn y bôn â rhai o'r ymadroddion y bu golygyddion hen a newydd yn mynd i drafferth i'w dileu:

> Dyma'r beger 'gyfoethogwyd (C II, 213: *Ffarwel Weledig* II, 1766)

> Gwlad lle mae fy ffryns yn gyson
> Wedi darfod â'u siwrneion (C II, 263: *Ffarwel Weledig* II, 1766)

> Trwy heolydd [seinier hewlydd] Sion pan b'wy'n myn'd
> Yn holi'r gwylwyr am fy Ffrynd (C II, 91: *Hosanna i Fab Dafydd*, 1751)

Fe swynwyd Pantycelyn gan enwau priod: Constantinople, Coromandel, Malabar, Ophir, Potosi, ond hefyd llu o rai Beiblaidd o Gilead i Capadocia ac, wrth gwrs, Canaan. Mewn ufudd-dod i'r mesur fe ddechreuodd bron ar unwaith ddefnyddio enw lle yn y cyflwr genidol yn cael ei ddilyn gan yr enw cyffredin, 'Canaan Wlad', 'Salem Dir', 'Pisgah Fryn' (*Aleluia* I, 1744), ac erbyn *Aleluia* III, 1745, fe gawn 'ar ben Calfaria fryn'. Yn *Theomemphus* fe ddigwydd bedair gwaith o fewn pedwar pennill ar ddeg (GWWP II, 242-3), ac yn ein hemyn ni y mae nid yn unig yn rhyw ramanteiddio 'awel o Galfaria fryn' ond, yn ffurf ddiwygiedig 1790, yn gorfod cloi'r emyn: 'Boed fy nghrigfan, / Hyfryd ar Galfaria fryn'.[10] Hawdd hefyd fyddai dyfynnu'r ffurf o nifer o emynau eraill yn *Ffarwel Weledig*: 'Brydnawn gwaith ar Galfari fryn' (C II, 232), 'Am gariad yn dyodde' / Ar ben Calfaria fryn' (C II, 287).

Fe gyfoethogir yr emynau inni (fel rhai Charles Wesley o ran hynny) drwy atgofion am rai ymadroddion sydd yn ymddangos yn fformiwlaig. Go brin y byddai darllenwyr, neu yn hytrach y rhai oedd yn canu emynau Williams yn chwedegau'r ddeunawfed ganrif, heb gofio am ei deithiau eraill drwy'r anialwch. Y mae adlais y Salmau i'w glywed yn 'Mi ddiffygiais teithio'r cras-dir dyrys anial' ('hiraethodd fy nghnawd amdanat, mewn tir cras a sychedig heb ddwfr', 63:1), ond y darlun o bererindod y Cristion tua'r Ganaan fry yw'r nodyn llywodraethol:

O fewn i'r anial dyrus maith,
Yn disgwyl hyfryd ben fy nhaith
(C II, 174: *Môr o Wydr: Hymnau Newyddion*, 1764)

Ar grasdir crinder cras,
Disgynodd gras ein Duw,
Yn loyw ffrwd afonydd daeth,
Mewn anial gwaetha ei ryw. (C II, 281: *Ffarwel Weledig* III, 1769)

'Rwi'n diffygio ar fy nhaith,
Hir yw'r anial dir a maith;
....
Nid oes neb all fy iachau,
Congcro 'm pechod, maddeu 'mai,
Ond a roddodd gadarn lef
Rhwng y ddaear fawr a'r nef. (C II, 261: *Ffarwel Weledig* II, 1766)

Fe ellid pentyrru enghreifftiau, a'r un modd gyda'r gweddill o ymadroddion yr emyn. 'Yn dy glwyfau / Byddai'n unig fyth yn iach' yn cael ei adleisio yn 'Iesu 'gollodd ddwyfol wa'd, / Minnau 'gafodd wir iachâd' (C II, 277: *Ffarwel Weledig* II, 1769); 'Clywed dy riddfannau chwerwon / Wnaiff

[10] Nid Pantycelyn, wrth gwrs, oedd yr unig un i fabwysiadu'r ffurf. Fe'i ceir, er enghraifft, mewn carol gan Daniel Jones, Rhiwabon (1725?-1806) yng nghasgliad Hugh Jones, Llangwm, *Dewisol Ganiadau yr Oes Hon*, 1759, t. 126: 'Bu'r Jesu gwyn, yn colli ei waed mi ddyweuda/Ar Ben Calfaria fryn'.

i'm henaid lawenhau' i'w osod ochr yn ochr â 'Bechadur, gwêl e'n sefyll yn llonydd ar y Groes! / Clyw'r griddfan sy'n ei enaid tan ddyfnder angau loes', *Theomemphus*, GWWP I, 245) a 'D'wed y gair, fy addfwyn Iesu / Yna f'enaid lawenha' (C II, 343: *Gloria in Excelsis* II, 1772; emyn sydd hefyd yn erfyn ar yr Iesu, 'Gwrando lef un eiddil, gwan . . . / Mae 'ngelynion heb rifedi, / Yn fy nghuro o bob tu). Ac fe ellid mynd ati i ddyfynnu'n debyg o gwmpas y geiriau 'clwyfau', 'croesbren', 'cynddeiriog', 'gelyn', 'sillaf', 'trigfa' ac eraill. Ond y cwestiwn a awgrymir yw hyn: beth yw cyfrinach defnyddio fformiwlâu ac ar yr un pryd aflonyddu arnynt, ac felly eu hadnewyddu? Cyferbynnu yw un ateb, fel yr awgrymwyd eisoes: '[g]riddfannau chwerwon . . . llawenhau', ''r eiddil yn gongcwerwr mawr'; cyfochredd yw un arall: 'geiriau gwerthfawr, geiriau drud'; yna ail-adrodd ar ddechrau llinell: 'gwaed dy groes . . . gwaed dy groes', 'mwy . . . mwy', neu o un llinell i'r llall: 'yno, yno', ac yn y llinell, 'yna, yna'; amrywiad bychan weithiau: 'fyth ni alla'i . . . dy allu di', a diau y gellid awgrymu dyfeisiadau eraill, hanner ymwybodol yn aml, i'r un perwyl. Ond y pwynt sylfaenol yw nad y manion ond yr osgo sy'n argyhoeddi. Nid addurn, ac yn sicr nid diogi, yw'r fformiwlâu ysgrythurol, ond mosaig byw. 'Roedd y ddau emynydd o hyd yn gyfarwydd iawn â'r broblem a fu'n poeni esthetegwyr Protestannaidd yn y ddwy ganrif flaenorol, sef sut i gyfleu gwirioneddau mawr yr Ysgrythur yn iaith creadur syrthiedig. Yr ateb naturiol oedd defnyddio geirfa, delweddau a strwythyr barddonol y Beibl, a oedd eisoes â gwarant gwirionedd ganddynt, i fynegi'r profiadau cyfoes. A chan y byddai'r gwrandawyr yn gyfarwydd â'r cefndir ysgrythurol fe ellid ystyried y mynegiant yn rhyw fath ar law-fer ar gyfer y tylwyth. Ond at hyn, wrth gwrs, 'roedd gwead bywyd y ddau emynydd yn Feiblaidd. Os rhywbeth y mae Wesley yn trafod yr ieithwedd Feiblaidd yn gywreiniach, a Phantycelyn yn ymgorffori'r delweddau yn fwy trwyadl yn ei agweddau. Anodd peidio â chredu ar brydiau bod Pantycelyn mewn gwirionedd yn disgwyl gweld llewod ar y Bannau a phrofi crasdir ac anialwch yn Nyffryn Tywi.

Nid prydyddu oedd Wesley na Williams ond ceisio cyfleu'r tân oedd yn eu profiad.[11] Natur yr emyn yw eu gorfodi i wneud hynny mewn ffwrnais fechan, gyntefig braidd. Y wyrth yw bod y gwres mor danbaid.

[11] Priodol fydd dyfynnu Griffith Thomas Roberts ar Charles Wesley, o'i erthygl yn *Yr Eurgrawn*, CXXX, 1 (Ionawr 1938), 29: 'Mewn dyddiau pan oedd beirdd yn canu'n ffurfiol ac yn ddienaid, rhoes ef frwdfrydedd yn ei gerdd; pan oedd eu harddull yn gelfyddydol, ysgrifennodd ef gyda grym ac ystwythder y Beibl. Yn ei emynau ef cawn fynegiant clasurol o brofiadau'r Tadau o dan lawer amgylchiad a phob amser yn wresog gan fywyd.'

Undeb Eglwysig yng Nghymru yn yr Ugeinfed Ganrif

MEIRION LLOYD DAVIES

Cyfrannodd Griffith Thomas Roberts yn helaeth i nifer o feysydd crefyddol a diwylliannol yng Nghymru, ond prin bod unrhyw faes wedi elwa cymaint ar ei allu a'i ymroddiad ag ecwmeniaeth ac yn arbennig felly yr ymdrechion o blaid undeb eglwysig. Ar wahân i'w gyfraniad oddi mewn i'w enwad ei hun chwaraeodd ran flaenllaw yn y ddwy ymdrech yng Nghymru, a fydd yn faes yr ysgrif hon, i uno enwadau. O'r cychwyn bu'n un o ysgrifenyddion Pwyllgor y Pedwar Enwad, ac am nifer o flynyddoedd bu'n gadeirydd. 'Roedd hefyd yn un o aelodau'r pwyllgor fu'n gyfrifol am baratoi *Yr Alwad i Gyfamodi*,[1] a arweiniodd at sefydlu'r Cyd-Bwyllgor Cyfamodi, a bu'n aelod blaenllaw o'r Cyd-Bwyllgor tra bu mewn bodolaeth. Wedi ffurfio Comisiwn yr Eglwysi Cyfamodol yn 1974 bu'n aelod hyd at 1984. G. T. Roberts oedd yr Is-gadeirydd cyntaf, ac oherwydd cyflwr iechyd y Cadeirydd, y Parch. W. J. Samuel, bu'n rhaid iddo ysgwyddo llawer iawn o'r cyfrifoldeb am amser cyn iddo gael ei ethol yn Gadeirydd yn 1980. Bu G. T. Roberts yn y gadair am gyfnod o ddwy flynedd, ac yn y cyfnod hwnnw gosodwyd y seiliau ar gyfer polisïau a gweithgarwch y dyfodol.

Ganwyd Griffith Thomas Roberts yn 1912 ddwy flynedd ar ôl Cynhadledd Genhadol Caeredin, y gynhadledd a ystyrir fel

[1] *Yr Alwad i Gyfamodi* (1965) — Cyngor Eglwysi Cymru.

man cychwyn y Mudiad Ecwmenaidd modern. Bu farw yn 1990 mewn dyddiau pan sylweddolid nad oedd yr ymdrechion i sicrhau undeb eglwysig yng Nghymru am ddwyn ffrwyth yn y ganrif hon. Gellir dweud bod Griffith Thomas Roberts wedi cydoesi â chyfnod y disgwyliadau a'r gobeithion ecwmenaidd. Yn yr ysgrif hon edrychir ar yr ymdrechion i sicrhau undeb eglwysi yng Nghymru yn ystod y ganrif hon, a dadansoddir rhai o'r rhesymau am y methiant.

Cyn Cynhadledd Caeredin goddef ei gilydd wnâi'r enwadau ar y cyfan, ac yn fynych dirywiai'r berthynas i fod yn un o gystadleuaeth a nodweddid gan ddrwgdeimlad a chasineb. Nid oes angen ymhelaethu ar y cystadlu a welwyd yng Nghymru rhwng yr enwadau Ymneilltuol a'i gilydd a'r drwgdeimlad a brofwyd rhwng yr enwadau Ymneilltuol a'r Eglwys Anglicanaidd. Gyda Chynhadledd Caeredin gwawriodd cyfnod newydd ym mherthynas eglwysi â'i gilydd. Yn y cyfnod rhwng Cynhadledd Caeredin a dechrau'r Ail Ryfel Byd cynhaliwyd nifer o gynadleddau sy'n gerrig milltir yn natblygiad y Mudiad Ecwmenaidd. Bu tair prif ffrwd yn y cynadleddau, sef Cenhadaeth, Ffydd a Threfn, a Bywyd a Gwaith. Yn raddol daeth yr ymwybyddiaeth ecwmenaidd yn amlycach ym mywyd yr eglwysi, gymaint felly nes bod yr Archesgob William Temple wedi galw ecwmeniaeth "y ffaith newydd fawr yn ein cyfnod".

Dywedir yn fynych fod pob mudiad a diwygiad yn araf yn cyrraedd Cymru. Ni ellir dweud hynny am ecwmeniaeth. Yn Adroddiad Comisiwn Ad-drefnu y Methodistiaid Calfinaidd, a dderbyniwyd gan y tair Sasiwn yn 1923-24, rhoddir pwyslais mawr ar ecwmeniaeth. Wrth gyfeirio at berthynas y Presbyteriaid â'r Eglwys Wesleaidd dywedir, "Barna'r Pwyllgor, fodd bynnag, fod aduniad tebig â thebig yn ddymunol, a bod galw arnom i chwilio pob llwybr i ddwyn hynny o gwmpas . . . Teimlem ei bod hi a ninnau yn debig iawn i'n gilydd, yn rhy debig erbyn hyn i barhau ar wahân". Yn 1928, dim ond ychydig flynyddoedd wedi datgysylltu'r Eglwys yng Nghymru, bu trafod ar undeb eglwysig yn Sasiwn Llundain o'r Eglwys

Bresbyteraidd. Gwahoddwyd siaradwr o bob enwad Protestannaidd i gyflwyno hanes ac agwedd ei enwad. Cafwyd anerchiad hynod gan Archddiacon Caerfyrddin, yr Hybarch Robert Williams, dros yr Eglwys yng Nghymru, a gorffennodd ei anerchiad gan ddweud y gallasai'r cynrychiolwyr brysuro neu oedi dyfodiad undeb eglwysig. "Hwyrach na ddaw yn ein dyddiau ni, ond heb amheuaeth y mae ar y ffordd, a bydd y rhai a ddaw ar ein hôl ni yn llawenhau o'i blegid." Gosododd is-olygydd y *Western Mail* y pennawd "Breuddwyd am Eglwys Fethodistaidd Unedig" uwchben yr adroddiad o gyfraniad y Parch. W. O. Evans, Bae Colwyn, i'r drafodaeth ar ran yr Eglwys Wesleaidd. Ni cheisiwyd bychanu'r anawsterau o gwbl, ond penderfynwyd ar ddiwedd y cyfarfod i "gymryd camau i hybu'r mudiad tuag at Undeb".

Y mae'n amlwg bod camau wedi eu cymryd, oherwydd yn 1934, ar gais Undeb Eglwysi Efengylaidd Gogledd Cymru, apwyntiwyd Comisiwn i ystyried y priodoldeb o sefydlu Cymanfa Unedig i'r Eglwysi Ymneilltuol. Cyfarfu'r Comisiwn am y tro cyntaf yn y Co-op Cafe yn yr Amwythig ar 8 Mawrth 1935. Tair blynedd yn ddiweddarach, ym mis Mawrth 1938, cynhaliwyd y Gymanfa honno ym Machynlleth. Galwodd y wasg y Gymanfa yn "garreg filltir yn hanes crefydd" yng Nghymru, ac wrth anfon rhaglen y Gymanfa i'r cynrychiolwyr, dywedodd yr Ysgrifennydd, y Parch. J. Talwrn Jones, am y cyfarfodydd, "Ni bu eu tebyg yn hanes Ymneilltuaeth Cymru". Daeth cynrychiolwyr o Eglwys Bresbyteraidd Cymru, yr Eglwys Fethodistaidd ac Undeb yr Annibynwyr ynghyd am dridiau i drafod cynlluniau ar gyfer cydweithio. Nodwyd yn arbennig yr angen am gydweithio ym maes darpariadau ar gyfer plant, addysg am y weinidogaeth, eglwysi yn y cefn gwlad, materion cyhoeddus a llenyddiaeth Gristnogol. Gofynnwyd a fyddai modd cael un papur cydenwadol, un cylchgrawn ac un esboniad ar gyfer yr Ysgol Sul. Penderfynwyd cyflwyno i bwyllgor gwaith argymhelliad gan Gyngor yr Eglwysi Rhyddion i astudio'r anawsterau ar lwybr undeb eglwysig. Deunaw mis ar ôl y gynhadledd hon dechreuodd yr Ail Ryfel Byd, ac aeth bryd y mwyafrif ar bethau eraill; ond hyd yn oed yn ystod cyfnod y rhyfel cynhaliwyd nifer o gyfarfodydd rhwng arweinwyr yr enwadau, a'r Bedyddwyr erbyn hyn yn aelodau.

Ar wahân i ymdrechion yr Eglwysi Ymneilltuol i glosio at ei gilydd, dylid nodi bod Pwyllgor Cyd-ddealltwriaeth a Chyd-weithrediad rhwng y Cymunedau Cristnogol wedi bod mewn bodolaeth o ddiwedd yr ugeiniau, corff a wnaeth gyfraniad gwerthfawr, drwy ei gyfarfodydd blynyddol, i ddwyn yr Eglwys yng Nghymru a'r Eglwysi Ymneilltuol yn nes at ei gilydd. Ymhlith y materion a drafodwyd gan y pwyllgor yng nghwrs y blynyddoedd oedd hybu cyd-ddealltwriaeth yn lleol, priodas Gristnogol, addysg grefyddol yn yr ysgolion dyddiol, natur y weinidogaeth, a'r Ysgol Sul. Yn 1952 penderfynodd fod yr amser yn addas i sefydlu Cyngor Eglwysi Cymru, a chyflwynodd ddrafft o gyfansoddiad y Cyngor i sylw'r llysoedd enwadol. Pedair blynedd yn ddiweddarach, ar y 24 Mai (yn ddiddorol iawn, o gofio pwy a goffeir yn y gyfrol hon, Dydd John Wesley!) sefydlwyd y Cyngor.

I

Yn y pumdegau y gwelwyd yr arwyddion cyntaf yng Nghymru o ymdrech i uno'r enwadau Ymneilltuol. Derbyniwyd penderfyniad yng Nghymdeithasfa'r De o Eglwys Bresbyteraidd Cymru yn gofyn i'r ddau gorff Methodistaidd yng Nghymru agor trafodaethau â'i gilydd gyda golwg ar uno. Tosglwyddwyd y penderfyniad i'r Gymanfa Gyffredinol a gyfarfu yng Nghaerdydd ym mis Mehefin 1954, ond yn hytrach na'i dderbyn fel ag yr oedd derbyniodd y Gymanfa y penderfyniad a ganlyn:

1. Ein bod yn datgan ein hundeb hanfodol â phob un a gydnebydd yr Arglwydd Iesu Grist yn Waredwr ac Arglwydd.

2. A ni'n llawenhau ym mhob awydd gwir i geisio undeb organaidd rhwng adrannau Eglwys Crist, ein bod yn datgan

ein parodwydd i ystyried gydag eraill y modd mwyaf effeithiol i sylweddoli undeb â'n gilydd.

3. Ein bod yn apwyntio nifer o frodyr i'n cynrychioli mewn cyd-gyfarfod o gynrychiolwyr adrannau eraill o'r Eglwys a all fod yn barod i drafod gyda ni y mater o undeb organaidd.

Fel y dywedodd y Parch. R. M. Roberts, Trefaldwyn, yn y gyfrol *Paratoi'r Ffordd*[2] (t. 8): "Nid anfonwyd y datganiad i neb. Cyhoeddwyd ef *urbi et orbi* yn y Gymanfa, a daeth eraill i wybod amdano." Yr Eglwys Fethodistaidd a ymatebodd yn gyntaf, a bu cyd-bwyllgor rhwng y ddau enwad Methodistaidd yn cyfarfod am tua dwy flynedd cyn i Undeb yr Annibynwyr Cymraeg benderfynu uno yn y trafodaethau yn 1957. Cafwyd pwyslais deublyg gan y cyd-bwyllgor. Cynhaliwyd "ysgol i astudio problemau undeb a phroblemau cred a chyfundrefn yn arbennig" (*ibid.*, t. 75). Yn 1960 cyhoeddwyd yr anerchiadau a draddodwyd yn yr ysgol honno yn gyfrol, *Paratoi'r Ffordd.* Bu'r pwyllgor yn gyfrifol hefyd am sefydlu pwyllgorau lleol ledled Cymru i hybu cydweithredu rhwng yr enwadau, a gobaith y pwyllgor oedd y byddai'r cydweithio yn rhywbeth amgenach na chyfnewid pulpudau yn achlysurol. Gobeithid gweld trefnu cydaddoli rheolaidd ar Suliau mewn pentrefi, gydag un pregethwr yn gwasanaethu; cyfarfodydd unedig ar noson waith; Ysgolion Sul undebol; a nifer o weithgareddau eraill cyffelyb. Yn 1962 ymunodd Undeb Bedyddwyr Cymru â'r pwyllgor, a'i wneud yn Bwyllgor y Pedwar Enwad.

Yn 1963 cyhoeddwyd, yn Gymraeg a Saesneg, amlinelliad o Gynllun Uno yn dwyn y teitl *Tuag at Uno,*[3] ac yn yr un flwyddyn cyhoeddwyd *Atodiad ar Fedydd.*[4] Cafodd y rhain werthiant mawr a bu cryn dipyn o ymateb i'r awgrymiadau. Rhoddwyd ystyriaeth lawn iddynt ac yn eu goleuni paratowyd cynllun uno a'i gyhoeddi yn 1965 gyda'r enw *Cynllun Uno* —

[2] *Paratoi'r Ffordd* (1960) — Pwyllgor Cydweithredu y Tri Enwad.
[3] *Tuag At Uno* (1963) — Cyd-Bwyllgor y Pedwar Enwad.
[4] *Atodiad ar Fedydd* (1963) — Cyd-Bwyllgor y Pedwar Enwad.

Eglwys Unedig Cymru.[5] Wrth ei gyhoeddi mynegwyd y gobaith y rhoddid cyfle digonol i aelodau'r Eglwysi ei astudio. Dywedwyd hefyd, "Fel na bo parhau'r trafodaethau'n rhy hir, gofynnwn i'r Eglwysi gyflwyno'u dedfryd inni cyn diwedd 1967". Gwnaethpwyd trefniadau manwl gan y Pwyllgor i sicrhau barn yr Eglwysi ar bob lefel o'u bywyd.

Cyn i'r rhan fwyaf o gylchoedd oddi mewn i'r enwadau gael cyfle i astudio'r cynllun a datgan barn arno, penderfynodd Undeb Bedyddwyr Cymru yn haf 1966 fod y cynllun yn annerbyniol ganddynt. Bu hyn yn ergyd fawr i'r Cynllun, ond mewn datganiad gan Bwyllgor Cyffredinol y Pedwar Enwad, a gyfarfu ar 30 Medi 1966, mynegwyd llawenydd "fod yr Undeb yn awyddus i hyrwyddo cydweithrediad â'r eglwysi eraill, ac i barhau'i haelodaeth ar y Pwyllgor". Pwyswyd hefyd ar i'r enwadau eraill barhau â'u hastudiaeth o'r cynllun. Cyfarfu Undeb yr Annibynwyr ym Mrynaman yn 1966 a phenderfynodd "Ein bod yn gwerthfawrogi llafur Pwyllgor y Pedwar Enwad yn dwyn allan *Y Cynllun Uno.* Datganwn ein hawydd i barhau ym Mhwyllgor y Pedwar Enwad i chwilio am ffurf i Eglwys Unedig Cymru a fydd yn gyson â Gair Duw, ac yn fwy derbyniol na'r cynllun a gynigir i ni yn awr". Y flwyddyn ganlynol yn Undeb Llanrwst derbyniwyd adroddiad yr is-bwyllgor a benodwyd i ystyried ymateb yr Annibynwyr i'r cynllun. Yn y penderfyniad yn Llanrwst dywedwyd mai'r argyfwng mwyaf yn wynebu eglwysi Cymru oedd yr un ysbrydol; "am hyn, yr alwad gyntaf arnom yw i edifarhau a dychwelyd at Dduw, ac at ei Air, ac i lwybrau gweddi ac ymbil am adfywiad ysbrydol". I'r amcan hwnnw anogwyd mwy o gyd-weithio yn lleol. Ychwanegwyd: "Credwn y bydd hyn yn arwain maes o law i drefn eglwysig ymhlith Ymneilltuwyr ar linellau *Y Cynllun Uno.* Am hynny derbyniwn y Cynllun fel sail i drafodaeth a bwriadwn gynnig sylwadau arno i ystyriaeth y Cyngor". Tua'r un pryd gwrthodwyd y Cynllun gyda mwyafrif mawr gan Dalaith (Saesneg) Caerdydd

[5] *Cynllun Uno — Eglwys Unedig Cymru* (1965) — Pwyllgor y Pedwar Enwad.

ac Abertawe o'r Eglwys Fethodistaidd, o bosibl am fod yr Eglwys Fethodistaidd ar y pryd mewn trafodaethau efo'r Eglwys Anglicanaidd yng Nghymru a Lloegr. Erbyn hyn yr oedd yn amlwg bod pob brwdfrydedd wedi diflannu a bod cred gyffredinol nad oedd dyfodol i'r Cynllun. Hyn, yn ddiau, yw'r rheswm fod y Parch. H. Wynne Griffith mewn llythyr at Ysgrifenyddion Cyswllt Henaduriaethau'r Presbyteriaid wedi dweud y dylai Henaduriaethau "ffurfio eu barn ar y Cynllun heb ganiatáu i adroddiadau answyddogol a chamarweiniol yn aml am adweithiad yr enwadau eraill benderfynu eu hadweithiad hwy."

Cyfarfu Pwyllgor y Pedwar Enwad yn yr Amwythig ar 16 Rhagfyr 1968 i dderbyn ymateb swyddogol yr enwadau. Ail-ddatganodd Undeb y Bedyddwyr Cymraeg fod y Cynllun yn annerbyniol ganddynt a'r un oedd barn adran y De o Undeb Bedyddwyr Prydain ac Iwerddon. Penderfyniad Undeb Brynaman a roddwyd fel ymateb Undeb yr Annibynwyr. Penderfynodd Cymanfa Gyffredinol Eglwys Bresbyteraidd Cymru "Ein bod yn derbyn *Y Cynllun Uno* mewn egwyddor". Rhoddodd Cymanfa Gymreig yr Eglwys Fethodistaidd "gymeradwyaeth gyffredinol i'r Cynllun, fel yr effeithia y Taleithiau Cymraeg". Oedi ystyriaeth fanwl i'r Cynllun wnaeth y Pwyllgor Sefydlog tros Fethodistiaeth yng Nghymru (corff yn adlewyrchu barn y Taleithiau Saesneg) oherwydd y datblygiadau ecwmenaidd a oedd wedi digwydd oddi ar ddechrau paratoi Cynllun Uno'r Pedwar Enwad. Cyfeirid yn benodol at y trafodaethau rhwng Eglwys Loegr a'r Eglwys yng Nghymru a'r Gynhadledd Fethodistaidd ac at waith y Cyd-Bwyllgor Cyfamodi. Wrth dderbyn yr adroddiad mynegodd y Pwyllgor ei foddhad bod ymateb tri o'r pedwar enwad wedi bod yn ffafriol. Ond yr oedd yn amlwg nad oedd modd parhau â'r Cynllun.

Penderfynodd y Pwyllgor y dylid rhoddi pwyslais ar hyrwyddo cydweithio rhwng yr enwadau, a bod angen rhoddi ystyriaeth frys i dri phwnc, sef: 1. Y Weinidogaeth; 2. Undeb, Rhyddid ac Amrywiaeth; a 3. Bedydd. Ffurfiwyd panelau i ymgymryd â'r gwaith hwn. Dengys cofnodion y Pwyllgor bod y panelau wedi cyflwyno adroddiadau manwl, a bod ffurf Gwasanaeth Ordeinio wedi ei baratoi hefyd. Ym mis Mawrth 1973 (gyda Rhagair gan G. T. Roberts) cyhoeddwyd *Gyda'n Gilydd*,[6] llyfryn dwyieithog gan Bwyllgor y Pedwar Enwad gyda llawer o awgrymiadau am gydweithio posibl rhwng yr enwadau yn lleol. Ceir adrannau ar Cyd-Addoli, Cyfnewid Pulpudau, Rhannu Eglwysi, Rhannu Gweinidogion a Gweinidogaeth ar y Cyd. Dywedir yn nechrau'r llyfryn bod y Cynllun Uno yn derbyn "ail-ystyriaeth gan y Pwyllgor wedi iddo dderbyn sylwadau'r Eglwysi". Nid oes gofnod swyddogol o'r derbyniad a gafodd y llyfryn nac o ganlyniadau'r ail-ystyriaeth. Nid oes chwaith fawr o wybodaeth am gyfarfodydd pellach y Pwyllgor. Ni ddaethpwyd â'r Pwyllgor i ben yn swyddogol, ond mae'n amlwg fod y diffyg brwdfrydedd ynglŷn â'r Cynllun a'r ffaith bod trafodaethau ecwmenaidd eraill yn mynd ymlaen wedi peri fod y Pwyllgor yn ystyried nad oedd bwrpas mewn cyfarfod.

Ffurfiwyd grŵp o gynrychiolwyr y pedwar enwad yn 1985 ond ni fu undeb organaidd ar yr agenda o gwbl. Y gobaith mwyaf oedd hybu gweinidogaethau bro. Er bod pwyllgorau wedi eu cynnal mewn sawl rhan o Gymru, ni fu fawr o lwyddiant ac nid yw'n ymddangos bod unrhyw frwdfrydedd ynglŷn â'r gwaith.

II

Dau o'r digwyddiadau ecwmenaidd pwysicaf yn y chwedegau oedd Cynhadledd Ffydd a Threfn Cyngor Eglwysi Cymru yng Nghaerfyrddin yn 1963 ac un Cyngor Eglwysi Prydain, a gynhaliwyd yn Nottingham ym mis Medi y flwyddyn wedyn. Daeth 500 o gynrychiolwyr ynghyd yn Nottingham ar gyfnod o gryn gyffro a disgwyliadau uchel ym mywyd eglwysi Prydain. Wedi treulio wythnos yn trafod materion fel addoliad, aelodaeth eglwysig a'r weinidogaeth, mentrodd y gynhadledd dderbyn penderfyniad yn galw ar yr

[6] *Gyda'n Gilydd* (1973) — Pwyllgor y Pedwar Enwad.

eglwysi i ymgyfamodi â'i gilydd i weithio a gweddïo i sicrhau undeb erbyn dyddiad i'w gytuno ganddynt. Penderfyniad y gynhadledd i enwi Pasg 1980 fel y dyddiad hwnnw oedd yr hyn a gafodd y sylw mwyaf gan y wasg a'r cyhoedd. Canlyniad mwyaf uniongyrchol y Gynhadledd yng Nghymru oedd i Gyngor Eglwysi Cymru gynnull cyd-bwyllgor "i drafod o berthynas i Gymru ystyr ac oblygiadau'r gwahoddiad a roddwyd i'r Eglwysi gan y Gynhadledd Brydeinig Gyntaf ar Ffydd a Threfn yn Nottingham 1964, i gyfamodi gyda'i gilydd i weithio a gweddïo er mwyn sefydlu undeb erbyn dyddiad a bennir ganddynt trwy gytundeb". Paratodd y Cyd-bwyllgor lyfryn yn dwyn y teitl, *Yr Alwad i Gyfamodi,*[1] yn egluro'n llawnach rhai o oblygiadau gwneud cyfamod gan amlinellu'r ffordd ymlaen. Gofynnwyd am ymateb gan yr Eglwysi erbyn Mawrth 1968.

Cafwyd ymateb cadarnhaol gan Yr Eglwys yng Nghymru, Eglwys Bresbyteraidd Cymru, Undeb yr Annibynwyr Cymraeg a'r Eglwys Fethodistaidd, ac aethpwyd ati yn syth i sefydlu'r Cyd-Bwyllgor Cyfamodi. Yn fuan wedyn daeth Talaith Cymru o Eglwys Gynulleidfaol Lloegr a Chymru yn aelodau o'r Cyd-Bwyllgor. Sefydlodd y Cyd-bwyllgor grwpiau i astudio Ffydd, y Weinidogaeth, Cyd-gymuno, a grŵp arall i wneud arolwg o'r sefyllfa grefyddol ac i ymholi faint o gyd-weithio oedd rhwng yr enwadau yn lleol. Bu'r Cyd-bwyllgor wrthi yn ddiwyd iawn, ac mewn cyfnod o bedair blynedd cyhoeddodd *Cyfamodi yng Nghymru* (*1968*),[7] *Cyfamodi ar gyfer Undeb yng Nghymru — Rhannau 1* a *2 (1971)*[8, 9] a *Pam Cyfamodi?* (*1972*).[10] Dylid nodi yma mai G. T. Roberts fu'n gyfrifol am gyfieithu'r cyfan o'r adroddiadau i'r Gymraeg.

Yn y Cyfamod ceir saith erthygl a dwy ran i bob un ohonynt. Delia'r erthyglau â materion fel Ffydd, Aelodaeth Eglwysig, yr Eglwys, y Weinidogaeth a Llywodraeth Eglwysig.

[1] Gw. t. 179, n. 1.
[7] *Cyfamodi yng Nghymru* (1968) — Cyngor Eglwysi Cymru.
[8] *Cyfamodi ar gyfer Undeb yng Nghymru — Rhan 1* (1971) — Cyngor Eglwysi Cymru.
[9] *Cyfamodi ar gyfer Undeb yng Nghymru — Rhan 2* (1971) — Cyngor Eglwysi Cymru.
[10] *Pam Cyfamodi?* (1972) — Cyngor Eglwysi Cymru.

Yn y rhan gyntaf o bob erthygl mynegwyd yr hyn y cafwyd bod cytundeb arno, ac yn yr ail y bwriadau ar gyfer y dyfodol. Er enghraifft, dyma'r erthygl ar y weinidogaeth, y pwnc mwyaf dadleuol yn ddiamau:

> (a) Cydnabyddwn weinidogaethau ordeiniedig ein holl eglwysi yn weinidogaethau gwirioneddol y gair a'r sacramentau, trwy y rhai y cyhoeddir Cariad Duw, y cyfryngir ei ras, ac y gweinyddir ei ofal Tadol.
>
> (b) Bwriadwn geisio patrwm o weinidogaeth ordeiniedig y cytunir arno, yr hwn a wasanaetho'r efengyl mewn undeb, a arddengys ei pharhad drwy'r oesoedd, ac a dderbynnir cyn belled ag y gellir gan yr Eglwys drwy'r byd oll.

Cynhaliwyd sawl cynhadledd yn genedlaethol, rhanbarthol a lleol i gyflwyno'r Cyfamod i'r Eglwysi, a bu proses drwyadl o astudiaeth oddi mewn i bob eglwys. Derbyniwyd y Cyfamod gan yr Eglwys Fethodistaidd, Eglwys Bresbyteraidd Cymru, Yr Eglwys yng Nghymru a'r Eglwys Ddiwygiedig Unedig (Eglwys a ffurfiwyd trwy uno Eglwys Bresbyteraidd Lloegr ac Eglwys Gynulleidfaol Lloegr a Chymru yw hon; bu Talaith Cymru o'r Eglwys Gynulleidfaol yn aelod o'r Cyd-Bwyllgor Cyfamodi bron o'r cychwyn). Ymateb cymysg fu i'r Cyfamod gan yr Annibynwyr, gyda 61 eglwys yn pleidleisio o blaid a 90 yn erbyn. Ar wahân i 11 eglwys a fethodd ddyfod i gytundeb ni chafwyd pleidlais yng ngweddill yr eglwysi. Pleidleisiodd nifer o eglwysi lleol yn perthyn i Undeb Bedyddwyr Prydain ac Iwerddon hefyd o blaid y Cyfamod.

Cynhaliwyd "Gwasanaeth o Ddiolchgarwch am wneuthur y Cyfamod" yn Seilo, Aberystwyth, ddydd Sadwrn, 18 Ionawr 1975, gyda chynrychiolwyr o holl enwadau Cymru yn bresennol mewn cynulleidfa niferus. Yn ystod y gwasanaeth, gosododd cynrychiolwyr pob un o'r Eglwysi a gyfamododd gopi awdurdodedig o benderfyniad eu heglwys ar Fwrdd yr Arglwydd. Wedyn gwnaethant y datganiad hwn gyda'i gilydd:

> Yr ydym wedi ein dwyn i berthynas newydd â'n gilydd.
> Cyffeswn ein ffydd yn Iesu Grist fel Arglwydd a Gwaredwr.

Adnewyddwn ein hewyllys i'w wasanaethu Ef mewn cenhadaeth yn ein gwlad ein hunain a thrwy'r byd.
Yn saith erthygl y Cyfamod gwnaethom yn hysbys sut yr ydym yn deall yr ufudd-dod y'n gelwir ni iddo.
Yr ydym wedi gwneuthur Cyfamod difrifol gerbron Duw ac â'n gilydd
I weithio a gweddïo, gan gyd-ufuddhau i'n Harglwydd Iesu Grist
Fel, drwy'r Ysbryd Glân,
y dygir ni i'r un eglwys weledig
I wasanaethu gyda'n gilydd mewn cenhadaeth er gogoniant Duw Dad.

Yn ystod yr wythnosau yn dilyn y gwasanaeth cenedlaethol yn Aberystwyth cynhaliwyd amryw wasanaethau tebyg mewn nifer o ganolfannau ledled Cymru, gan ddefnyddio'r un ffurf gwasanaeth. Cynhaliwyd rhai gwasanaethau lleol hefyd.

Mae'n bosibl mai gwneud y Cyfamod oedd penllanw'r brwdfrydedd a'r gweithgarwch ecwmenaidd yng Nghymru. Nid oes amheuaeth nad gobaith nifer sylweddol oedd y byddai gwneud Cyfamod yn arwain yn fuan at baratoi cynllun uno, a hynny yn ei dro yn arwain at sefydlu Eglwys Unedig. Ni chymerwyd fawr o sylw, o'r cychwyn cyntaf, o'r dyddiad a awgrymwyd gan Gynhadledd Nottingham ar gyfer sefydlu Eglwys Unedig, sef Sul y Pasg 1980, oherwydd cydnabuwyd yn weddol gyffredinol nad oedd yn ddyddiad ymarferol. Ymgroesodd Comisiwn yr Eglwysi Cyfamodol rhag gosod dyddiad yn ffurfiol, ond awgrymwyd gwahanol ddyddiadau mewn sgyrsiau anffurfiol. Y ddau ddyddiad a enwyd amlaf oedd 1990 neu ddiwedd y ganrif bresennol. Er na phennwyd dyddiad, nid oes amheuaeth nad oedd disgwyliadau mawr y gellid dwyn gwaith y Comisiwn i ben, a pharatoi cynllun uno, mewn cyfnod rhesymol o amser. Yn wir, yn yr ail gyfarfod penderfynwyd paratoi cynllun uno i'w ystyried gan yr Eglwysi mor fuan ag y byddai modd, ac yn sicr heb fod yn hwyrach na'r Pasg 1980.

Gyda gwneud y Cyfamod daeth gwaith y Cyd-Bwyllgor Cyfamodi i ben, a sefydlwyd Comisiwn yr Eglwysi Cyfamodol gyda chynrychiolwyr o'r holl Eglwysi Cyfamodol yn aelodau ohono ynghyd â sylwedyddion gan eglwysi eraill Cymru. Gwaith y Comisiwn oedd hybu gweithredu'r Cyfamod a pharatoi cynllun uno. Bu'r Cyd-Bwyllgor Cyfamodi yn ffodus i gael gwasanaeth y Parch. Huw Wynne Griffith fel ei ysgrifennydd ar hyd y blynyddoedd, a chyflawnodd waith anhygoel o fawr ac yntau'n weinidog yn Seilo, Aberystwyth. Daeth yn amlwg, fodd bynnag, os oedd y Cyfamod i lwyddo, bod angen ysgrifennydd amser llawn. Gan nad oedd adnoddau digonol gan yr eglwysi i gynnal swyddog amser llawn, penderfynwyd ceisio cyfuno swydd ysgrifennydd y Comisiwn â'r eiddo ysgrifennydd Cyngor Eglwysi Cymru. Wedi peth amheuaeth, a llawer o drafod, rhoddodd yr eglwysi i gyd sêl eu bendith ar y cynllun, a phenodwyd y Parch. Noel Davies yn ysgrifennydd amser llawn y ddau gorff. Y mae'n arwyddocaol mai gweinidog yn perthyn i Undeb yr Annibynwyr, enwad na chyfamododd, yw Noel Davies.

Dechreuodd y Comisiwn ar ei waith gydag afiaith. Yn y cyfarfodydd cyntaf sefydlwyd pedwar panel, un i hybu cydweithio yn lleol, ac un arall yn genedlaethol, gan ddelio ag unrhyw broblem a allasai godi'n lleol. Gwaith y ddau banel arall oedd paratoi Trefn Ewcharist, a chynllun uno. Fel rhan o waith y panel cyntaf sefydlwyd pwyllgorau rhanbarthol ledled Cymru, ond cymysg oedd eu llwyddiant o'r cychwyn. Mewn rhai ardaloedd ni chafwyd ond pwyllgor mewn enw yn unig. Mewn rhyw ddwy ardal yn unig, a Cheredigion yn arbennig, y gwnaeth y pwyllgor gyfraniad o bwys. Penderfynodd y grŵp addoli mai gorau po gyntaf y gellid cael trefn i weinyddu'r Ewcharist ar y cyd. Tra bu'r grŵp yn paratoi trefn y Cymun penderfynwyd y dylid defnyddio trefn wreiddiol Eglwys Unedig De India, a bu cryn ddefnydd ohono hyd nes i'r Eglwysi dderbyn y drefn a baratowyd gan y Comisiwn. Gellir dweud bod paratoi *Y Cymun Sanctaidd*[11] yn un o lwyddiannau nodedig y Comisiwn. Tros y blynyddoedd gwnaethpwyd defnydd helaeth ohono a gwerthwyd miloedd

[11] *Y Cymun Sanctaidd* (1981) — Comisiwn yr Eglwysi Cyfamodol.

lawer o gopïau. Gellir dweud hefyd bod agor y drws i gyd-gymuno wedi bod yn gyfraniad o bwys i wella perthynas yr Eglwysi â'i gilydd.

Cyhoeddodd y Comisiwn *Egwyddorion Undeb Gweledig*[12] yn 1980. Ffrwyth llafur y grŵp a godwyd i ystyried cynllun uno ydoedd, ac ynddo cafwyd barn y Comisiwn ar y cwestiynau diwinyddol a sut i'w hwynebu. Gofynnwyd am ymateb yr eglwysi erbyn dechrau 1982. Cafwyd ymateb calonogol ar y cyfan, ond daeth yn amlwg nad oedd aeddfed-rwydd yn yr Eglwysi i symud ar fyrder tuag at baratoi Cynllun Uno. Oherwydd hynny penderfynwyd gan y Comisiwn ym mis Gorffennaf 1982 roddi blaenoriaeth i ystyriaethau ymarferol a gwaith addysgol yn hytrach na thrafod materion diwinyddol ymhellach am y tro.

Trefnwyd i gynnal y cyfarfod arbennig hwnnw o'r Comisiwn trannoeth y bleidlais yn Synod Eglwys Loegr ar y Cyfamod Seisnig. Pleidlais nacaol a gafwyd gan Eglwys Loegr, a chafodd hynny effaith bellgyrhaeddol ar waith y Comisiwn a'r Cyfamod yng Nghymru. Sylweddolwyd wrth sefydlu'r Cyfamod yng Nghymru y byddai'n anodd i eglwysi a oedd yn rhan o gyfundeb Prydeinig, fel y Methodistiaid, Yr Eglwys Ddiwygiedig Unedig a'r Bedyddwyr Saesneg, symud tuag at uno heb fod datblygiadau cyffelyb yn Lloegr. Yn yr un modd yr oedd Yr Eglwys yng Nghymru yn ymwybodol o'i pherthynas ag Eglwys Loegr a'i safle fel rhan o'r Gymundeb Anglicanaidd. Nid yw'n ormodedd dweud bod gwrthodiad y Cyfamod yn Lloegr (er bod Cyfamod Cymru o natur wahanol i un Lloegr ac wedi ei dderbyn cyn i eglwysi Lloegr ddechrau paratoi eu Cyfamod hwy) wedi bod yn ergyd fawr i gyfamodi yng Nghymru, a bod yr awyrgylch wedi newid yn llwyr oddi mewn i'r Comisiwn o hynny ymlaen. Bu cyfnod o rai blynydd-oedd pan na chafwyd gwaith o bwys gan y Comisiwn. Gan fod y drws tuag at uno i bob pwrpas wedi ei gau gan benderfyniad Lloegr, rhoddwyd mwy o bwyslais ar geisio cymell

[12] *Egwyddorion Undeb Gweledig* (1980) — Comisiwn yr Eglwysi Cyfamodol.

gweithredu lleol ac addysgu aelodau ynglŷn â'r Cyfamod. Gellir dweud na ddaeth ffrwyth mawr o'r gweithgarwch hwn.

Wedi cyfnod heb fawr o gyfeiriad iddo penderfynodd y Comisiwn ymaflyd yn y broblem ddiwinyddol fwyaf, o bosibl, ar lwybr uno, sef y Weinidogaeth. Ffurfiwyd grŵp arall, ac ymhen amser cyhoeddwyd *Gweinidogaeth mewn Eglwys sy'n Uno.*[13] Trafodwyd y ddogfen hon yn llawn yn y llysoedd eglwysig ond daeth yn amlwg unwaith yn rhagor nad oedd aeddfedrwydd yn yr eglwysi, ac yn arbennig yr Eglwys yng Nghymru, i dderbyn yr adroddiad. Mynegodd yr enwadau eu hymrwymiad i'r Cyfamod ei hun ac anogwyd y Comisiwn i barhau â'i waith. Yn y blynyddoedd diwethaf hyn bu'r Comisiwn wrthi yn paratoi, ymysg pethau eraill, trefn gwasanaeth bedydd a threfn gwasanaeth ar gyfer derbyn aelodau newydd ar y cyd. Gwnaeth ymateb yr enwadau i'r ddogfen ar y Weinidogaeth hi'n eglur, fodd bynnag, na welid ffurfio Eglwys Unedig oddi mewn i'r Cyfamod am genhedlaeth o leiaf. Am fod yr Eglwysi Ymneilltuol yn nes at ei gilydd, gwnaethpwyd yr awgrym y dylid meddwl am undeb rhyngddynt hwy, oddi mewn i'r Cyfamod, ond ni chafodd hyn fawr o groeso gan y Comisiwn. Yng nghwrs y blynyddoedd cafwyd awgrym yng Nghymru y dylai'r ddau enwad Methodistaidd uno â'i gilydd, ac yn Lloegr (gydag oblygiadau ar gyfer Cymru) bod y Methodistiaid a'r Eglwys Ddiwygiedig Unedig yn uno. Trafodwyd peth ar y ddau syniad, ond llugoer fu'r ymateb.

III

Golygodd y gweithgarwch ecwmenaidd, a drafodwyd yn y ddwy adran flaenorol, lawer iawn o lafur mewn pwyllgorau a chomisiwn. Rhoddodd nifer o arweinwyr eglwysig a rhai o'r meddylwyr galluocaf, a Griffith Thomas Roberts yn amlwg yn eu plith, lawer iawn o'u hamser i gynllunio a pharatoi dog-

[13] *Gweinidogaeth mewn Eglwys sy'n Uno* (1986) — Comisiwn yr Eglwysi Cyfamodol.

fennau o wahanol fathau. Yn fwy na thebyg rhoddwyd mwy i'r ymdrech i uno'r enwadau, o ran amser, arian ac egni, nag i unrhyw weithgaredd eglwysig arall yng Nghymru yn y chwarter canrif o 1955 i 1980. Y blynyddoedd hyn a welodd benllanw y gweithgarwch a'r disgwyliadau ecwmenaidd yng Nghymru. Teg yw gofyn faint o ffrwyth fu i'r holl waith? Y mae'n gwbl amlwg na lwyddwyd i uno eglwysi â'i gilydd. Ni ddaethom yng Nghymru yn agos at weld uno dau neu ragor o enwadau, hyd yn oed y rhai agosaf at ei gilydd o ran credo, hanes a llywodraeth eglwysig. Ni roddwyd ystyriaeth ddifrifol i'r awgrym i uno'r ddau gorff Methodistaidd, ac nid aeth yr Eglwys Fethodistaidd a'r Eglwys Ddiwygiedig Unedig, fel y dywedwyd eisoes, ymhellach na chael pwyllgor i ystyried y mater. Ni fu cynllun y pedwar enwad yn agos at lwyddo. Er bod rhai wedi gobeithio gweld ymateb ffafriol i'r cynllun, prin bod y llysoedd eglwysig wedi meddwl o ddifrif y byddai'r cynllun yn arwain at sefydlu Eglwys Unedig, ac nid oedd mwyafrif yr aelodau yn y pedwar enwad wedi ystyried o gwbl y posibilrwydd y sefydlid Eglwys Unedig.

Ni lwyddodd yr eglwysi i benderfynu a oeddent am weld uno gydag enwadau agos atynt o ran traddodiad a llywodraeth eglwysig, neu ai doethach oedd ceisio undeb ehangach. Bu rhai yn argymell dechrau ar y broses drwy uno'r ddau gorff Methodistaidd cyn symud ymlaen i uno'r enwadau Ymneilltuol ac yna wynebu cwestiynau uno â'r Eglwys yng Nghymru. Bu trafod hefyd rhwng yr Eglwys Fethodistaidd ym Mhrydain a'r Eglwys Anglicanaidd yn Lloegr a Chymru. Ar y cyfan, fodd bynnag, credid mai'r llwybr doethaf oedd peidio ag afradu egni ac adnoddau ar uno bychan. Gwyddys mai hyn oedd agwedd G. T. Roberts ynglŷn ag uno'r ddau gorff Methodistaidd. Hwn oedd un o'r rhesymau a roddwyd hefyd am beidio â pharhau â gweithgarwch Pwyllgor y Pedwar Enwad. Dywedwyd yn benodol y dylai'r ymdrech am uno'r pedwar enwad ddyfod yn rhan o ymchwil am uno ehangach.

Ar wahân i gynllun y pedwar enwad, yr unig gam sylweddol arall a gymerwyd yng Nghymru tuag at uno oedd y Cyfamod. Yn y blynyddoedd cynnar, wrth baratoi ac wedi derbyn y

Cyfamod, bu lleiafrif yn credu y byddai'r Cyfamod yn arwain at sefydlu Eglwys Unedig mewn cyfnod rhesymol o amser, ond yn fuan iawn diflannodd y gobeithion ac ni ddaeth y Cyfamod erioed yn agos at greu Eglwys Unedig. Er bod lle digon parchus i'r Cyfamod ym mywyd eglwysig Cymru, gyda'r mwyafrif — ond nid pawb o bell ffordd — yn llawenhau o'i blegid ac yn croesawu'r cydweithio a'r cydaddoli a ddaeth yn ei sgîl, ac o ganlyniad i hynny y cynhesrwydd cynyddol ym mherthynas yr enwadau â'i gilydd, eto i gyd ni roddwyd ystyriaeth ddifrifol i'r posibilrwydd yr arweiniai hyn at Eglwys Unedig. Prin bod mwyafrif aelodau'r enwadau cyfamodol wedi sylweddoli'n llawn bod y Cyfamod yn fwy na chytundeb rhwng enwadau a'i fod yn ymrwymiad cysegredig gerbron Duw. Pan ddaeth adroddiadau o'r Comisiwn gerbron y llysoedd eglwysig, dangoswyd bod lleiafrif sylweddol yn wrthwynebus iddynt ac na fyddai modd symud tuag at uno, o leiaf heb greu rhwyg a fyddai'n debyg o arwain at ffurfio nifer o eglwysi newydd a fyddai mewn gwirionedd yn barhad o'r hen enwadau. Ond ar wahân i'r gwrthwynebiad ni ddangoswyd, ond ymhlith lleiafrif, y brwdfrydedd sydd yn angenrheidiol cyn cymryd cam mor fawr. Pan ofynnwyd barn yr eglwysi ar faterion penodol, fel y Weinidogaeth, gwelwyd bod digon o leiafrif gwrthwynebus i sicrhau na fyddent yn derbyn argymhellion y Comisiwn. 'Roedd hyn yn arbennig o wir am yr adroddiad ar y Weinidogaeth yn Yr Eglwys yng Nghymru, ac i raddau llai yn Eglwys Bresbyteraidd Cymru.

Un o'r prif rwystrau ym mhob symudiad tuag at uno, ac y mae hyn yn wir nid yn unig am Gymru ond am y rhan fwyaf o'r gwledydd lle bu cynlluniau uno gerbron y llysoedd eglwysig, yw fod gwahaniaethau diwinyddol ac eglwysig i'w cael ym mhob enwad o'r bron. Canlyniad hyn yw fod digon o leiafrif ym mhob eglwys i sicrhau na cheid y mwyafrif angenrheidiol i gymeradwyo cynllun uno. Gwelwyd hyn yn Lloegr yn y pleidleisio ar y cynllun i uno Eglwys Loegr â'r Eglwys Fethodistaidd, ac yn ddiweddarach ar y Cyfamod. Yn y pleidleisiau hyn gwelwyd lleiafrif sylweddol o Anglo-Catholigion nad oeddent am weld Eglwys Loegr yn uno gydag enwadau Ymneilltuol. Y mae yr un mor sicr, pe bai cynllun uno Eglwys Loegr â'r Eglwys Babyddol yn cael ei baratoi, y byddai'r garfan efengylaidd yn Eglwys Loegr yn ei wrthwynebu ac yn rhwystro ei weithredu. Yma yng Nghymru gwelir yr un peth yn yr Eglwys yng Nghymru. Y mae'r elfen uchel-eglwysig, yn arbennig, yn yr Eglwys yng Nghymru yn ddigon mawr i rwystro unrhyw a phob symudiad i uno ag eglwysi oddi allan i'r olyniaeth apostolaidd. Ceir rhaniadau hefyd oddi mewn i Eglwys Bresbyteraidd Cymru, gyda rhai yn amharod i weld uno â'r Eglwys Anglicanaidd, ac eraill yn ddi-sêl ynglŷn ag uno gydag eglwysi mwy Ymneilltuol eu naws. I raddau llai gwelir yr un patrwm oddi mewn i'r Eglwys Fethodistaidd yng Nghymru. Ar y cyfan maent wedi mynegi parodrwydd i uno naill ai â'r Eglwys yng Nghymru neu'r enwadau Ymneilltuol, ond eto ceir rhai a fyddai'n gyndyn iawn o weld unrhyw uno a fyddai'n eu pellhau oddi wrth eu gwreiddiau yn yr Eglwys Anglicanaidd a hefyd oddi wrth y Gynhadledd Fethodistaidd Brydeinig, a rhai, ar y llaw arall, a fyddai'n anfodlon gweld pellhau'r Eglwys Fethodistaidd oddi wrth eu cymrodyr Ymneilltuol. Y mae eglwysi sydd ar ganol y sbectrwm eglwysig i gyd yn cael eu tynnu i fwy nag un cyfeiriad, ac nid yw'n hawdd gweld y bydd unrhyw uno sylweddol yn debyg o gael y mwyafrifoedd angenrheidiol i sicrhau cymeradwyaeth. Hyd yn oed pe bai modd cyrraedd y mwyafrif angenrheidiol — ac mae'r ganran yn amrywio o ddwy ran o dair i dri-chwarter, sydd yn ganran uchel iawn — y mae'n eithaf posibl y byddai enwadau yn amharod i ystyried y posibilrwydd o greu rhaniadau ac achosi chwerwedd yn enw undeb eglwysig, ac y byddai'n well ganddynt beidio ag uno.

Nid yw eglwysi sydd ar ymylon y sbectrwm eglwysig yn wynebu'r anhawster hwn. Gan nad oes safbwyntiau mwy 'eithafol' o ran eglwysyddiaeth nag Annibyniaeth ar y naill law a Phabyddiaeth ar y llaw arall, nid yw eglwysi sydd ar ymylon y sbectrwm eglwysig yn cael eu tynnu i ddau gyfeiriad. Yr hyn a welwyd oddi mewn i'r eglwysi hyn pan fu trafod undeb oedd bod un garfan yn barod i ystyried 'ystwytho' eu cred er mwyn gweld uno, a charfan arall yn amharod i ildio o gwbl. Dangosodd profiad y gorffennol fod lleiafrif digon mawr yn cefnogi'r naill ddewis neu'r llall i allu rhwystro unrhyw symud gwirioneddol tuag at undeb.

Wrth i argyfwng crefydd gyfundrefnol waethygu yng Nghymru, gwelir yr eglwysi yn mynd yn fwy ceidwadol, yn enwadol neu'n ddiwinyddol. Yn enwadol ceir pwyslais ar hanes a thraddodiadau enwad ac ymgais i ddiogelu hunaniaeth enwad a chryfhau ei beirianwaith. Yn ddiwinyddol gwelir y geidwadaeth ar y naill law yn nhwf y nifer sy'n 'efengylaidd', yn bennaf yn yr Eglwysi Ymneilltuol, ac ar y llaw arall yn nhwf y nifer sy'n 'uchel-eglwyswyr' yn yr Eglwys yng Nghymru. Gan mai ymhlith y gweinidogion iau y gwelir y tueddiadau hyn amlycaf, mae'n anodd gweld sut y bydd modd cael mwyafrif o blaid cymryd camau pendant tuag at uno am genhedlaeth o leiaf. Wrth i nifer y gweinidogion a daniwyd gan y weledigaeth ecwmenaidd yn y blynyddoedd cyn ac ar ôl yr Ail Ryfel Byd leihau, mae'r rhagolygon am weld uno yn pellhau hefyd.

Y mae'n anodd rhagweld sut y bydd modd symud o gwbl tuag at uno. Yn gyffredinol dau lwybr yn unig sydd: naill ai paratoi cynllun uno a'i gyflwyno i'r eglwysi sydd yn rhan o'r trafodaethau, neu ynteu symud tuag at uno yn raddol gan wynebu'r anawsterau, diwinyddol ac eglwysig, fesul un wrth i'r berthynas rhwng yr enwadau wella. Cafwyd enghreifftiau o'r dewis cyntaf yng nghynllun y Pedwar Enwad a'r trafodaethau rhwng yr Eglwysi Anglicanaidd a'r Eglwys Fethodistaidd. Y dewis arall oedd y Cyfamod. Dywedwyd o blaid y llwybr cyntaf ei fod yn haws ei weithredu, yn gynt ac yn rhatach o ran arian, amser ac egni i'r eglwysi. Dywedwyd ymhellach nad oedd modd mynd i'r afael â'r anawsterau mwyaf, fel natur yr Eglwys, y Weinidogaeth a'r Sacramentau, yn dameidiog ac mai mewn un cynllun uno cyfansawdd y gellid eu hwynebu. Ymresymwyd nad oedd modd delio'n foddhaol â mater mor fawr a chynhennus â'r Weinidogaeth, er enghraifft, yn raddol; nad oes modd symud tuag at gytundeb a chymodi gweinidogaethau o gam i gam. Yr unig ffordd i wneud hynny yw oddi mewn i gynllun uno, a hwnnw'n cael ei weithredu ar un adeg penodedig. Dywedir o blaid yr ail lwybr nad yw'n realistig cael enwadau i dderbyn unrhyw gynllun uno heb eu bod mewn perthynas agos â'i gilydd eisoes. Ynfydrwydd yw sôn am briodi heb gyfnod o ganlyn yn gyntaf. Dadleuwyd yr edrychir ar anawsterau diwinyddol mewn goleuni gwahanol os oes perthynas dda rhwng enwadau. Symudir y rhagfarnau a deuir i sylweddoli mai'r rhain sy'n gyfrifol am lawer o'r pegynu barn. Yn ogystal, cynhelir y trafodaethau mewn awyrgylch gwahanol a chydag ysbryd gwahanol. Dywedwyd hefyd y byddai cyfnod o gydweithio yn creu mwy o awydd am symud ymlaen tuag at uno oddi mewn i'r gwahanol eglwysi.

Ar wahanol adegau dilynodd Comisiwn yr Eglwysi Cyfamodol ei hun y ddau lwybr. Bu adegau pan gredodd mai ei waith oedd symud rhag blaen i ddarparu cynllun uno. Ar adegau eraill rhoddodd bwyslais ar waith addysgol ac ar ddyfnhau'r berthynas rhwng yr eglwysi. Yn y cyfnod cyntaf wedi'r Cyfamodi dilynodd y Comisiwn y llwybr cyntaf. Yn ail gyfarfod y Comisiwn, a gynhaliwyd ym mis Chwefror 1976, penderfynwyd "y dylid paratoi cynllun (uno) i'w ystyried gan yr eglwysi mor fuan ag y bo modd, ac yn sicr ddim diweddarach na'r Pasg 1980". Am gyfnod, yr argyhoeddiad a'r gobaith hwn oedd y prif sbardun y tu ôl i waith y Comisiwn. Yn raddol, wrth sylweddoli anaeddfedrwydd yr eglwysi i ystyried cynllun uno ac wrth ddyfod yn fwyfwy ymwybodol o'r anawsterau, symudwyd tuag at ddilyn yr ail lwybr. Fel y dywedwyd eisoes, ymateb y Comisiwn i fethiant Cyfamod Lloegr oedd rhoddi pwyslais ar waith addysgol. Wedi dilyn y llwybr hwn am gyfnod o ddwy neu dair blynedd, daethpwyd i deimlo nad oedd modd symud ymlaen yn sylweddol mewn cydweithio a chydaddoli heb wynebu'r cwestiynau diwinyddol. Oherwydd hynny penderfynwyd paratoi dogfen ar y Weinidogaeth. Y gobaith oedd y byddai cytundeb ar y Weinidogaeth yn agor y ffordd unwaith yn rhagor tuag at baratoi cynllun uno. Fel y gwyddys ni chafodd *Gweinidogaeth mewn Eglwys sy'n Uno* gymeradwyaeth yr Eglwysi. Un canlyniad oedd gyrru'r Comisiwn yn ôl i lwybr hybu cydweithio. Yn wir, ymateb mwyaf amlwg yr enwadau i'r adroddiad oedd gofyn am fwy o gydweithio, yn sicr ar y lefel leol. Yn ystod deunaw mlynedd ei fodolaeth gwelwyd y Comisiwn yn pendilio rhwng llwybr symud yn syth tuag at uno a llwybr symud yn raddol tuag ato. Ni lwyddodd erioed i benderfynu pa un o'r ddau lwybr y dylai ei ddilyn. Wrth i un llwybr ymddangos yn anaddawol symudwyd pwyslais y Comisiwn i'r llwybr arall nes i hwnnw, yn ei dro, beidio â dwyn ffrwyth yn ôl y disgwyl. Bu'r newid meddwl a newid cyfeiriad hwn yn niweidiol i waith y Comisiwn ac i'r Cyfamod ei hun. Mae angen pwysleisio, fodd bynnag, mai o raid ac nid o wirfodd y gorfodwyd y Comisiwn i wneud hyn. Pe bai'r eglwysi wedi bod yn barod i weithredu yn unol â'r Cyfamod ni fyddai'r sefyllfa wedi codi. Er bod y newid cyfeiriad wedi llesteirio gwaith y Comisiwn llwyddwyd drwyddo i symud ymlaen a gellir edrych ar y broses fel cwch hwylio yn mynd yn igam-ogam i gymryd mantais ar y gwynt.

Mae angen dweud hefyd bod agwedd pobl tuag at yr iaith Gymraeg wedi ac yn dylanwadu ar undeb eglwysig yng Nghymru. Ar un llaw ceir rhai sy'n ofni y byddai sefydlu Eglwys Unedig yng Nghymru, yn enwedig gyda nifer o'r Eglwysi sy'n defnyddio'r Gymraeg fel eu hunig neu brif iaith, yn golygu na fyddai'r lle priodol yn cael ei roddi i aelodau di-Gymraeg. Ar y llaw arall, mae ofn mwy cyffredinol o lawer y byddai uno gydag Eglwysi dwy-ieithiog neu uniaith Saesneg yn golygu dirywiad pellach yn safle a statws y Gymraeg. Nid oes unrhyw amheuaeth nad yw agwedd pobl tuag at yr iaith yn dylanwadu ar eu hagwedd tuag at undeb eglwysig. Mae'n bosibl mai oddi mewn i'r Cyfamod y mynegir y pryder hwn amlaf. Ofnir y llyncid y dystiolaeth Ymneilltuol pe gwelid undeb â'r Eglwys yng Nghymru, a ystyrir, yn gam neu'n gymwys, gan amryw Ymneilltuwyr fel corff Seisnig. Dylid nodi, wrth fynd heibio, bod awgrymiadau wedi eu gwneud droeon i symud tuag at Eglwys Unedig Gymraeg, ond nid yw'r mater erioed wedi derbyn unrhyw ystyriaeth ddifrifol.

Gyda phob llwybr tuag at uno wedi ei droedio eisoes, gyda'r

pedwar enwad Ymneilltuol yn bodloni ar geisio sicrhau gweinidogaeth bro, gyda dirwyn Cyngor Eglwysi Cymru i ben a chreu corff newydd ac iddo amcanion mwy cyfyng, a chyda Comisiwn yr Eglwysi Cyfamodol yn ceisio ffyrdd i gadw'r momentwm ar fynd, nid oes llawer o argoelion y gwelir undeb eglwysig yng Nghymru am genhedlaeth neu ragor. A ydym i ddweud felly mai seithug oedd y weledigaeth ecwmenaidd ac mai'n ofer y llafuriodd G. T. Roberts a'i genhedlaeth? Ydym, i raddau, oherwydd ni wireddwyd eu gobeithion o weld sefydlu Eglwys Unedig o unrhyw fath yng Nghymru. Ond nid mudiad i uno eglwysi yn unig yw'r Mudiad Ecwmenaidd. Mudiad ydyw i hybu cyd-ddeall a chymod rhwng y gwahanol ganghennau o Eglwys Crist. Yn hynny o beth bu'n llwyddiant digamsyniol. Yn ystod yr hanner canrif diwethaf gweddnewidiwyd perthynas yr eglwysi â'i gilydd. Lle gynt y bu cystadlu, gwelir cydweithio yn awr; lle gynt y bu gelyniaeth, gwelir goddefgarwch a chyfeillgarwch yn awr. Er mai byrhoedlog oedd y breuddwyd am Eglwys Unedig, y mae'n weddol sicr y gweddnewidiwyd perthynas eglwysi â'i gilydd yn barhaol ac na welir eto yng Nghymru gystadlu a drwgdeimlad y gorffennol. Bydd hyn yn aros yn gofadail barhaol i'r ymdrechion i uno eglwysi Cymru yn yr ugeinfed ganrif. Y mae hi bron yn gwbl sicr y bydd mwy o gydweithio a chydaddoli rhwng eglwysi Cymru, yn genedlaethol a lleol, yn y dyfodol. Os bydd y sefyllfa grefyddol yn dwysáu yng Nghymru, nid oes amheuaeth na welir yr enwadau yn rhannu eu hadnoddau ac yn dibynnu fwyfwy ar ei gilydd.

Dylid sylwi nad yw'r dadleuon o blaid uno wedi eu tanseilio na'u hateb o gwbl. Erys yr un mor wir heddiw ag yn nechrau'r ganrif ein bod yn gwastraffu'n hadnoddau drwy fod ar wahân. Llesteirir cenhadaeth yr Eglwys drwy ein rhaniadau. Nid yw'r rhai sydd naill ai'n wrthwynebus neu'n llugoer tuag at undeb eglwysig wedi ateb yn effeithiol y dadleuon ysgrythurol a diwinyddol cryf o blaid undeb. Dangosodd yr ymdrechion i greu Eglwys Unedig mai ceidwadaeth a diffyg menter yr enwadau yw'r prif faen tramgwydd. Ni fychanodd yr arweinwyr ecwmenaidd erioed yr anawsterau ar lwybr sicrhau undeb. Gwyddent o'r cychwyn nad ar chwarae bach y mae cael enwadau gyda chanrifoedd o hanes y tu cefn iddynt i gymryd cam mor fawr â ffurfio eglwys unedig, ond rhyfeddodd rhai na sylweddolid mai uno oedd un o'r ffyrdd mwyaf effeithiol o wynebu argyfwng crefydd gyfundrefnol yr ugeinfed ganrif. Gwnaeth to o arweinwyr eglwysig yng Nghymru yn ail hanner y ganrif — a G. T. Roberts yn amlwg iawn yn eu plith — ymdrech lew i ffurfio Eglwys Unedig. Methiant fu eu hymdrechion, ond heuwyd had a fydd yn dwyn ffrwyth, mewn amrywiol ffyrdd, yn y dyfodol.

*Y Newyddion Da**

GRIFFITH THOMAS ROBERTS

Wrth gyfarfod yn Rhuthun, y mae'r Gymanfa fel petai'n dyfod adref, oblegid yma y siglwyd crud Wesleaeth Gymraeg. Nid hwn oedd yr unig grud, mae'n wir, ond cylchdaith Rhuthun oedd y gylchdaith Gymraeg gyntaf mewn hanes, a bu gan y dref a'r ardal hon ran anrhydeddus yng nghychwyniad y Cyfundeb yng Nghymru Gymraeg. Ni all neb ohonom, sy'n ymwybodol o'n gwreiddiau, ddyfod i'r dref hon heb deimlo rhyw gynyrfiadau rhyfedd yn ei gerdded.

Ond beth am ein presennol? Beth yw galwad Duw arnom, fel Eglwys Fethodistaidd Gymraeg, heddiw? Cyn sefydlu Wesleaeth Gymraeg yn ffurfiol, addawsai John Bryan ddyfod i bregethu i Ruthun, ac ar fore Sul o Ebrill aeth nifer o ddynion ieuainc o'r dref allan i gyfarfod ag ef. Cyfarfuant ar ben Moel Fama, ac yno ymunwyd i ganu, 'Newyddion braf a ddaeth i'n bro'. A buont yn canu ar hyd y ffordd nes cyrraedd y dref. Pobl ieuainc mewn llawn afiaith yn cyhoeddi newyddion da oedd ein Tadau, ac yr oedd y newyddion da hynny'n cyrraedd clust a chalon y bobl. Daethom i'r wlad hon gyda chenadwri a enynnai frwdfrydedd ac a enillai deyrngarwch pobl ieuainc.

Nid brwdfrydedd crefyddol yw un o'n nodweddion amlwg ni heddiw: pobl ddigalon ydym ar y cyfan, yn edrych yn hiraethlon i gyfeiriad rhyw ogoniant a fu, ac yn pryderu wrth wynebu'r dyfodol. Yn un o'i ysgrifau y mae W. J. Gruffydd yn sôn am ryw siopwr yng Nghaernarfon gynt a oedd wedi aros

* Crynodeb o Anerchiad Llywydd y Gymanfa a draddodwyd yng Nghapel Bathafarn, Rhuthun, nos Lun, Mai 13, 1968, ac a argraffwyd yn Rhifyn Hydref 1968 (Cyfrol 160) o *Yr Eurgrawn*.

yn y gorffennol ac wedi colli ei gwsmeriaid i gyd, er ei fod yn agor ei siop yn rheolaidd bob bore, ac yn cyflawni'r defodau yn gyson — 'tynnu'r llwch oddi ar yr hetiau hybarch a'r coleri oesol' a 'rhoi rhyw ysgytwad caredig i'r trowsusau' a oedd yn y ffenestr — ac yna'n cymryd 'ei stondin ar stepan y drws i ddisgwyl am y cwsmer na ddeuai byth'. Ni fyddai raid newid llawer ar y darlun i'w wneud yn ddisgrifiad eithaf cywir o eglwysi Cymru heddiw: deil y ffyddloniaid i agor y drws yn rheolaidd ac i gyflawni'r defodau'n gyson, ond llifo heibio iddynt yn ddihidio y mae bywyd y byd. Ni thrôi neb i mewn i'r siop yng Nghaernarfon am nad oedd gan y siopwr ddim i gyflenwi eu hangen: yr oedd dydd ei nwyddau ef wedi hen fynd heibio. A yw'r un peth yn wir am ein hefengyl ni? A yw hi wedi peidio â bod yn newyddion da?

Ymfalchïai'n Tadau fod ganddynt hwy efengyl i bawb, ac nad oedd unrhyw gyfyngu, fel yr haerai'r diwinyddion Calfinaidd, ar ei galwad hi:

Mae croeso i bawb i ddod at Dduw,
Mae'r alwad i holl ddynol-ryw.

Bu dadlau ffyrnig yn Nyffryn Clwyd gynt, pan oedd Owen Davies a Thomas Jones o Ddinbych yn eu hanterth, ond y mae'r dadleuon hynny ymhell oddi wrthym ni heddiw, a sŵn y frwydr wedi distewi'n llwyr. Ychydig erbyn hyn sy'n gwybod beth oedd y Pum Pwnc, heb sôn am gael eu cynhyrfu ganddynt. Nid unrhyw gyfyngu dwyfol ar yr alwad sydd yn ein blino ni, ond yn hytrach y ffaith fod dynion mor fyddar i'r gwahoddiad. A aeth galwad yr efengyl yn ddiystyr, a'i haddewidion yn amherthnasol?

Cyn y gallwn ateb y cwestiwn yn foddhaol, rhaid inni geisio adnabod ein hoes a'i hanghenion yn ogystal â deall ein hefengyl. Bu amryw o'm rhagflaenwyr yn y swydd hon yn trafod gwahanol agweddau ar fywyd cyfoes, ac nid wyf fi'n bwriadu aros gyda'r pwnc hwnnw yn awr, er ei bwysiced. Y mae'n amlwg i bawb bellach fod y byd yn mynd drwy chwyldro mawr yn y dyddiau hyn: cyfundrefnau economaidd yn gwegian, y tyndra rhwng y dyn gwyn a'r dyn tywyll ei groen yn cynyddu, y naill argyfwng yn dilyn y llall yn barhaus.

Things fall apart; the centre cannot hold;
Mere anarchy is loosed upon the world,
The blood-dimmed tide is loosed, and everywhere
The ceremony of innocence is drowned;
The best lack all conviction, while the worst
Are full of passionate intensity.

A oes gennym ni rywbeth i'w ddweud wrth ddyn mewn oes fel hon?

Ni all unrhyw genadwri fod yn argyhoeddiadol, yn ôl un athronydd, onid yw (1) yn cynnig dewis rial i bobl, (2) yn cynnig dewis na ellir mo'i osgoi, a (3) yn cynnig dewis sy'n dyngedfennol. Y mae'n amheus a gred llawer fod y dewis a gynigiwn iddynt yn un rial, oblegid iddynt hwy gweddill ofergoelion hen yw'r gred yn Nuw. 'Yn fuan,' meddai Julian Huxley, 'bydd mor amhosibl i ddyn deallus a gafodd addysg gredu mewn duw ag ydyw credu yn awr fod y ddaear yn fflat.' A ellir argyhoeddi pobl oleuedig ein hoes ni fod Duw a'r byd ysbrydol yn bod? Mi gredaf fi fod hynny'n bosibl, ond nid yw yn hawdd, a rhaid inni ddysgu cyfarfod â phobl yn eu hamheuon a'u hanghrediniaeth. Rhaid inni hefyd eu hargyhoeddi fod y dewis rhwng credu yn yr efengyl a'i gwrthod yn un anorfod. Yr wyf yn sicr fod ein Tadau'n llawer mwy llwyddiannus na ni yn y gwaith o bwyso'r dewis hwn ar feddwl a chydwybod pobl, eu gyrru i fwlch yr argyhoeddiad. Ni fydd dim llwyddiant ar ein cenhadaeth ninnau oni fynnwn gael dedfryd gan bobl. A rhaid inni hefyd eu hargyhoeddi fod y ddedfryd yn dyngedfennol iddynt hwy eu hunain ac i'r byd cyfan.

Ymddengys i mi mai dyna'r dasg sy'n wynebu'r Eglwys heddiw: dwyn pobl wyneb yn wyneb mewn gwirionedd ag Iesu Grist, eu hargyhoeddi fod y dewis a roddir o'u blaen yn un rial, yn un anorfod ac yn un tyngedfennol.

Yr ydym ni, Fethodistiaid, wedi sôn llawer am y profiad a gafodd John Wesley yn y seiat honno yn Aldersgate Street ym mis Mai 1738. Profiad pur gymhleth oedd hwnnw, ac y mae gwahanol bobl wedi dewis pwysleisio gwahanol elfennau ynddo, megis y galon gynnes neu'r sicrwydd o faddeuant, ond yr elfen sylfaenol ynddo oedd yr hyn a fynegir yn y frawddeg hon: 'I felt I did trust in Christ, Christ alone, for salvation'. Dyna fan cychwyn pob gwir brofiad o'r efengyl: ymddiriedaeth lwyr yng Nghrist, ac yng Nghrist yn unig.

Ar yr wyneb, o leiaf, nid yw llawer o'n cyfoeswyr yn ymboeni am achubiaeth bersonol, ac nid yw'r gair 'iechydwriaeth' yn cyfleu odid ddim iddynt. Fel y dilladau hynny yn y siop yng Nghaernarfon, gweddillion amherthnasol o oes a fu yw llu o'n hymadroddion diwinyddol iddynt hwy, ac nid ydynt yn cydio yn eu dychymyg nac yn cynhyrfu eu deall a'u teimladau. Y mae dyfodol y byd yn pwyso mwy arnynt na iechydwriaeth bersonol. Ond oni allwn ninnau *gychwyn* yn y fan honno? Os ydynt yn poeni ynghylch tynged y byd, oni allwn geisio eu hargyhoeddi fod gan Iesu Grist rywbeth i'w ddweud am hynny? Y mae tynged y byd hwn yn dibynnu ar Grist, ac arno Ef yn unig.

Bu llawer o sôn yn ddiweddar am ddyn wedi dyfod i'w oed, ond pan ddefnyddiwyd ef gyntaf ni olygai fod dyn wedi cyrraedd aeddfedrwydd moesol. Y mae dyn wedi aeddfedu'n gyflym ryfeddol yn ei ddealltwriaeth o'r cread ac yn ei feistrolaeth arno. Gwelsai'r Salmydd bosibiliadau dyn:

> Ti a'i gwnaethost ef ychydig llai na Duw . . .
> Gosodaist bob peth dan ei draed ef.

Y mae dyn wedi sylweddoli'r posibiliadau hyn i raddau annisgwyl erbyn hyn, ac ni ellir gweld pen draw ei ddatblygiad. Yn yr ystyr yma y mae wedi dyfod i'w oed. Ond fe ddisgrifiwyd yr oes hon gan rywun yn ddiweddar fel oes ffyrnigrwydd, *the age of violence,* ac y mae'r disgrifiad hwnnw hefyd yn gywir. Y dyn hwn, sydd wedi dyfod i'w oed, sydd wrthi'n brysur yn perffeithio moddion i iachâu clefydau ac sydd yr un mor brysur yn perffeithio cyfryngau i ddinistrio ei fyd a phawb sydd ynddo. Er dyfod ohono i'w oed, mewn un ystyr, ac yn wir oherwydd dyfod ohono i'w oed, y mae arno gymaint o angen am ei waredu ag erioed.

Yr ydym wedi symud yn gyflym aruthr yn ddiweddar, ond nid ydym eto'n sicr o derfyn y daith, pa un ai gwae ai dydd o wynfyd sydd o'n blaenau. Un o'n peryglon yw mawrygu cymaint ar gyflymder y symud nes esgeuluso ystyried ei gyfeiriad. Gwelodd Ioan y ddinas sanctaidd, Jerwsalem newydd, yn dyfod i waered oddi wrth Dduw i'n daear ni, 'a marwolaeth ni bydd mwyach, na thristwch, na llefain, na phoen ni bydd mwyach, oblegid y pethau cyntaf a aeth heibio'. Dyna un terfyn posibl i daith dynolryw. Ar y llaw arall, gall Armagedon fod yn derfyn eitha'r siwrnai. Y gresyndod heddiw yw nad yw llawer fel petaent yn ymwybodol o'r dewis nac yn adnabod y ffordd. Y maent yn llwyr ar goll mewn byd newydd.

Braint a chyfrifoldeb yr Eglwys yw arwain pobl i ffordd y bywyd, a'u hargyhoeddi mai drwy ymddiried yn Iesu Grist, ac ynddo Ef yn unig, y gwaredir dyn rhag y dinistr eithaf ac yr arweinir ef i'r Jerwsalem newydd. Y mae credu yn Iesu Grist, ac ynddo Ef yn unig, yn golygu dwyn bywyd yn gyfan-gwbl dan lywodraeth cariad. Ofer yw i ni, bobl grefyddol, wfftio at D. H. Lawrence a byw'n dawel gyda'r bom heidrogen. Rhaid dwyn gwleidyddiaeth gydwladol, yn ogystal â pherthynas y rhywiau, dan awdurdod cariad Crist.

Yng nghofiant Puleston disgrifir y gŵr mawr a dewr hwnnw'n annerch cyfarfod heddwch ym Mhwllheli ynghanol rhyferthwy'r Rhyfel Byd Cyntaf:

> Yr oedd Prydain Fawr (meddai) am i gariad fynd i'r gegin i olchi llestri ond nid oedd am ei ollwng i'r parlwr i lywodraethu'r holl dŷ. Yr oedd yn fodlon i gariad gyflawni pob rhyw gymwynasau bychain, ond nid oedd am gael teyrnasu. Nid gwas oedd cariad i fod ond brenin. Ar y ffordd i'r orsedd yr oedd cariad. Diweddodd yn rymus gyda'r pennill:
>
> Pe unwaith y darfyddai
> Awdurdod Calfari,
> [Darfyddai pob cysuron
> Ar unwaith gennyf fi].

Y mae ymddiried yng Nghrist, yng Nghrist yn unig, yn golygu ymddiried ynddo i achub politics a llywodraethau'r byd. Ac nid oes ffordd arall, heblaw'r ffordd sy'n arwain i ddistryw. Rhaid i'r byd hwn gymryd Iesu Grist a'i ffordd o ddifrif neu drengi. Yn boliticaidd, yn ogystal ag yn bersonol,

Mae gobaith meibion dynion
Yn llifo i maes ynghyd
Oddi wrth yr awr trywanwyd
Creawdwr mawr y byd.

Y mae'r dewis yn un tyngedfennol.

Ac y mae'r dewis ar gyfer unigolion yr un mor dyngedfennol. Fe'n dallwyd gymaint gan ddyfeisiau a moethau'r byd cyfoes nes colli ohonom olwg yn llwyr ar werth ac ystyr bywyd. Soniodd Joad yn rhywle am ein gyrru gorffwyll yn ein cerbydau: 'y mae dynion yn symud nef a daear er mwyn gwasgu pum milltir arall yr awr o'r hen gar i ennill deng munud, heb fod ganddynt y syniad lleiaf beth i'w wneud â hwy ar ôl eu hennill.' Wedi inni flino ar ein peiriannau, meddai, awn i chwarae pêl neu i ladd rhywbeth, a gofyn: 'Are these, one wonders, adequate occupations for the heirs of all the ages?'

Nid rhyfedd fod rhyw wacter annherfynol ym mywyd llawer o'n cyfoeswyr, ond nid oes ganddynt unrhyw syniad pa fodd i'w lenwi. Try rhai at *drugs,* â eraill i eistedd wrth draed rhyw gyfrinydd o India, a thyr eraill i lawr yn llwyr. Yr wyf fi'n gwbl argyhoeddedig nad oes feddyg i'r oes hon ond y Gŵr a ddywedodd, 'Deuwch ataf fi, bawb a'r y sydd yn flinderog ac yn llwythog, a mi a esmwythâf arnoch.'

Edrydd y Dr. E. Stanley Jones amdano'i hun yn torri i lawr yn llwyr dro ar ôl tro pan oedd yn genhadwr ieuanc yn India, ac ni welai ddim o'i flaen ond cefnu ar y maes cenhadol am byth. Un diwrnod, pan oedd yn gweddïo, clybu lais yn dywedyd wrtho, 'If you will turn that over to me and not worry about it, I will take care of it'. Atebodd yntau yn y fan, 'Lord, I close the bargain right here'. 'Daeth tangnefedd mawr i'm calon gan ymledu drosof,' meddai, '. . . Cymerodd Bywyd — Bywyd yn ei helaethrwydd — feddiant ohonof . . . Am ddyddiau prin y gwyddwn fod gennyf gorff.' Adroddodd yr hanes yn *The Christ of the Indian Road,* a chlywodd rhai ohonom ef yn tystiolaethu tua deugain mlynedd yn ddiweddarach fod yr Arglwydd yn dal i gymryd gofal o'i bryderon. Ni wnaethai'r cenhadwr ei hun ddim ond ymddiried a derbyn.

Dywedir nad yw pobl heddiw yn poeni am eu pechodau:

niwrosis a phethau felly sydd yn eu poeni hwy. Rhaid inni gychwyn gyda hwy yn y fan lle y maent, a dysgu llefaru eu hiaith. Ond yr un Meddyg sydd gennym i'w gynnig iddynt ag a gynigiai'r Tadau. Gall Ef ofalu am eu niwrosis yn ogystal â'u pechodau, ond iddynt eu bwrw arno Ef. Efallai nad ydynt yn gyfarwydd â geiriau Pantycelyn, ond y mae ef wedi mynegi'r peth mewn iaith gwbl ddealladwy:

O! cymer di fy maich a'm poen,
  A'm hofnau maith i gyd;
A rho imi heddwch yn dy glwy'
  Sydd lawer mwy na'r byd.

Yr un yw'r feddyginiaeth heddiw ag erioed: ymddiried yng Nghrist, Crist yn unig, am iechydwriaeth.

Dyna'n gwaith ni fel Eglwys, cyflwyno Iesu Grist i'n hoes. Ceisiais ddangos fod ei efengyl Ef mor berthnasol i'r oes hon ag i unrhyw oes, ond inni fynd i'r drafferth o'i mynegi yn ddealladwy i'r dyn modern. Un o'n peryglon fel eglwysi yw byw i ni ein hunain, ond y mae'r Eglwys yn bod er mwyn eraill: er mwyn cyhoeddi'r newyddion da am Iesu Grist. Pennaf gwaith y Gymanfa, yn ôl ei chyfansoddiad, yw ystyried cyflwr gwaith Duw drwy Gymru, a beth yw gwaith Duw ond gwaith gwaredigol efengyl Iesu Grist? I ystyried hynny y daethom ni yma o bob rhan o'r wlad, i ystyried pa fodd y gallwn ledaenu'r newyddion da yn fwy effeithiol drwy'r wlad. Dyna'n gwaith: boed inni ymroi ynddo.

My every sacred moment spend
In publishing the sinners' Friend.

Y mae hwn yn waith i bawb ohonom, yn weinidogion ac yn lleygwyr: dweud yn dda am Iesu Grist, unig Waredwr y byd.

A gawn ni, felly, ymgysegru, bawb ohonom, i'r gwaith hwn?.

Enaid a chorff eu rhoi a wnawn
  Yn gyflawn iti byth;
Cymer ohonom feddiant llawn
  I oesoedd rif y gwlith.